学ぶ人は、
変えて
ゆく人だ。

目の前にある問題はもちろん、
人生の問いや、
社会の課題を自ら見つけ、
挑み続けるために、人は学ぶ。
「学び」で、
少しずつ世界は変えてゆける。
いつでも、どこでも、誰でも、
学ぶことができる世の中へ。

旺文社

英単語ターゲット

改訂版

ターゲット編集部 編

TARGET 1200 -2nd Edition-

はじめに

高校の3年間で，どのくらいの英単語をどのように覚えればよいのだろうか？——だれもが一度は疑問に思うことでしょう。もちろん，1つでも多くの単語をゆっくりと地道に覚えられればよいのですが，時間がいくらあっても足りない皆さんにとって，それはむずかしいことでしょう。結局のところ，よく使われる単語から順に効率よく覚えることが一番の近道になるのです。

ターゲットシリーズは，刊行されてから実に数十年もの間，皆さんの先輩方にあたる多くの高校生や受験生に使われてきました。こんなにも長く愛されている理由は，ずばり「データベースによる頻度分析」と「一語一義」という一貫したコンセプトです。教科書や最新の入試問題をコンピューターで徹底的に分析し，よく使われる見出し語を選び出し，それに対応する最も頻度の高い意味を掲載する，それがターゲットシリーズなのです。

本書『英単語ターゲット1200』を使えば，高校必修の1200単語を中心に，中学既習の200単語，重要な300熟語，合わせて1700の単熟語を覚えることができます。見出し語の選定やその意味の確定にあたっては，コンピューター分析に頼るだけでなく，大学受験のプロである現場の先生方や入試問題に精通しているスタッフが一丸となって精査し，悩み抜いた末，最もふさわしいものに決めています。

ぜひ繰り返し使って1700の見出し語すべてを自分のものにしてください。本書が皆さんの英語学習の一助になり，さらに，次の『ターゲット1400』『ターゲット1900』へのステップとなることを心より願っています。

ターゲット編集部

CONTENTS

英単語ターゲットシリーズの特長

英単語ターゲットの３大特長

❶ 教科書や入試問題を徹底分析した「でる順」×「一語一義」で効率的に覚えられる！

❷「TG（ターゲットフレーズ）やコロケーションを含む例文」で単語の使い方がよくわかる！

❸ 単語を効果的に覚えるための工夫がある！

特長 ❶「でる順」×「一語一義」！

単語は教科書や入試問題を徹底分析して,「でる順」(出題頻度順)に配列！しかも超頻出の意味だけ掲載している「一語一義」(１つの単語について，使われやすい中心的な意味を１つ掲載)なので，効率的に覚えられる！

improve ⇔ を改善する；よくなる

１つの単語（一語）⇔ １つの意味（一義）

入試問題を徹底的に分析！

長年『全国大学入試問題正解』を刊行してきた旺文社だからこそ持ち得る膨大な蓄積データから，最新の入試問題を分析し，それに教科書での使用頻度も加え，ベースとなる出題頻度順データを作成しました。それぞれの単語について，どの品詞が最も多く出題されているか，また，どの活用形(派生形)で最も多く使われているかも徹底的に分析しました。

見出し語[*1]を決定！

4ページで述べたベースとなる出題頻度順データを元に，高校必修レベルの1700の単熟語を，英語の専門家チームで選び出しています。選定にあたっては，高校・中学校の教科書を分析した頻度データを参照したり，CEFR（外国語の学習・教授・評価のためのヨーロッパ言語共通参照枠）を指標のひとつに加えたりして，精度を高めています。

見出し語の品詞を決定！

1つの単語で複数の品詞がある場合は，それぞれの出題回数をカウントし，最も多いものを選択しました。また，interest - interesting - interested のような派生形も，最もよく出るものを見出し語として選択しました。

見出し語の意味[*2]を決定！

見出し語を多数の入試英文や教科書の用例を詳細に検証し，複数ある意味のうち，『1200レベル』として最も覚えておく価値があると判断した意味を赤字で掲載しています。このため，意味の並び順が辞書と異なったり，同じターゲットシリーズでも，書籍ごとに掲載している意味などが異なったりすることがあります。また，赤字は中心的な意味なので，ほかの意味の場合でも，文脈の中で意味を推測・判断できるようになります。そのほかにも覚えておきたい意味は黒字で示しています。

同じつづりで品詞違いの単語[*3]も重要度が高い場合は，品詞アイコン（動 動詞　名 名詞　形 形容詞　副 副詞　前 前置詞　接 接続詞）と意味を示しています。発音が異なる場合は発音記号も入れています。

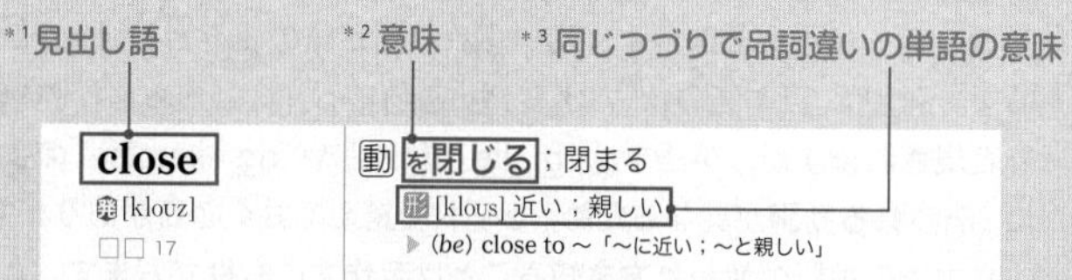

特長② 「使える」単語力を身に付けられる！

試験でよく出る「TG（ターゲットフレーズ）」や，「コロケーション（よく用いられる語の組み合わせ）を含むシンプルな例文」で単語の使い方がよくわかる！

見出し語が最も使われる形を示した TG ターゲットフレーズ

教科書や入試英文から頻出の表現を分析し，覚えておきたい重要表現をTGとしました。見出し語と合わせて覚えられます。

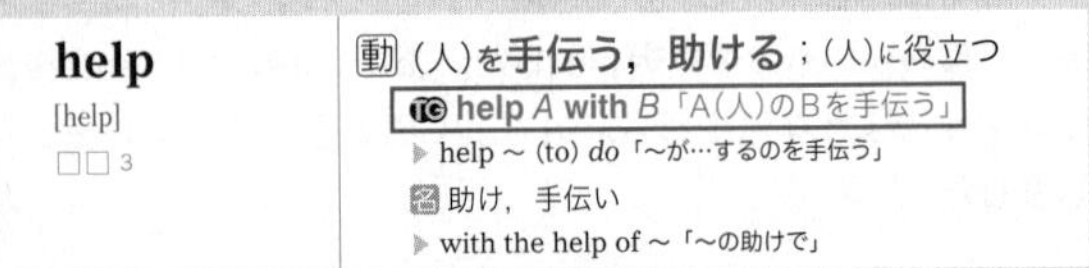

その他の重要表現

▶は，TGほど頻出ではないが，重要な熟語表現や定型表現です。
▶は，見出し語の補足説明や関連情報などを示しています。

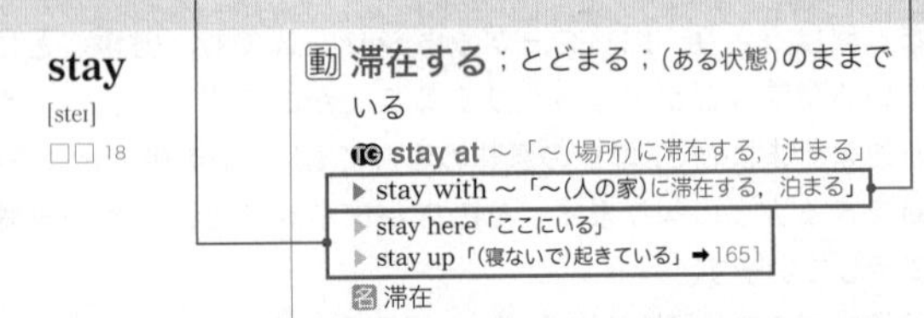

コロケーション[*4]を含んだオリジナル例文[*5]

見出し語と意味を効果的に覚えるための例文で，コロケーションや単語の意味をイメージしやすい語の組み合わせを含みます。

コロケーションとは，「よく用いられる語と語の組み合わせ」のことです。例えば，日本語の「努力する」や「運動する」は，どちらも「～する」で表現されますが，英語では "make efforts" や "do exercise" のように，使われる動詞が異なるため，セットで覚えておく必要があります。

文中での単語の使われ方を知ることは英作文にも役立ちます。

TGは必ず例文中で使用し，▶の表現も一部使用しています。

*5 オリジナル例文　*4 コロケーション

My brother **bought me a present.**	弟は私にプレゼントを買ってくれた。

※ 例文そのものを「完全な文」の形で提示してあるのはターゲットシリーズのこだわりで,「使える単語力」という考えを反映したものです。すなわち，ライティングであれスピーキングであれ，表現される最終形は「文」の形であることが基本なので，例文をそのような形できちんと示すことが大切だと考えました。

特長③ 覚えやすくする工夫がたくさん！

単語を効果的に覚えるための工夫があるから，学習を続けられる！ ※9ページ以降の「おすすめ学習法」も見てみよう！

段階的に学習できる「セクション」構成

1400の単語を5つのセクションに分け，各セクションの最後に50～70の熟語を掲載しました。

Section	内訳	グループの区切り	熟語
1	中学校で習った200語	品詞ごと	50個
2	基礎を固める300語	品詞ごと	60個
3	テーマで身に付ける500語	テーマごと	60個
4	語法で覚える200語	使い方が同じ単語ごと	60個
5	入試によく出る200語	品詞ごと	70個

どこでも使える「ハンディタイプ」

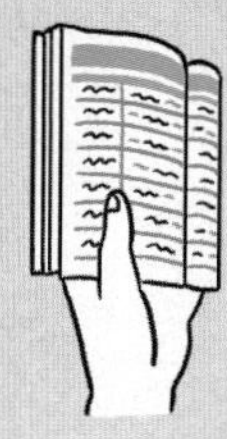

コンパクトな新書サイズであることも英単語ターゲットシリーズの特長です。軽くて持ち運びやすいのはもちろん，開きやすいので片手で使うことができます。

本書で使っているその他の表記について

発 発音・アク アクセント／□□チェックボックス／関連語／参照先

private 発 アク [práɪvət] □□ 327	形 私的な，個人的な（⇔ public ➡1493）；私立の；秘密の TG **a private lesson**「個人指導」 ▶ *one's* private life「私生活」 ▶ in private「誰もいない所で，内密に」 □ prívacy 名 プライバシー

すべての見出し語に発音記号（アメリカ発音）を付け，特に注意すべき単語にはそれぞれのアイコンを付けています。また，覚えた単語にチェックを付けられるようにしています。

各見出し語には必要に応じて派生語や関連語を掲載し，また，関連のある別の見出し語の参照先も示しています。➡の後についている数字は，見出し語の単語番号です。

凡例

品詞アイコン

動 動詞　名 名詞　形 形容詞　副 副詞　前 前置詞　接 接続詞　代 代名詞

関連情報の表示

⇔	反意語（句）
≒	同義語（句）・類義語（句）・代替語（句）
＝	言い換え表現
米	アメリカ式英語
英	イギリス式英語
主に米	アメリカ式英語でよく使われる
主に英	イギリス式英語でよく使われる
（～s）	複数形でよく使われる
（the ～）	冠詞 the を伴う
（a ～）	不定冠詞 a または an を伴う
（略）	略称

語句表示

～	名詞句を表す（ただし，名詞句が2つある場合は *A*,*B* で表す）
...	英文中の節を表す
…	和文中の動詞句または節を表す
[ ]	直前の語（句）と置き換え可能
( )	省略可能・補足説明
be	be 動詞
do	原形動詞
to *do*	不定詞
doing	動名詞・現在分詞
done	過去分詞
one's, *oneself*	主語と同じ人を表す
；（セミコロン）	意味の中でさらに区分する場合の大きな区分
，（コンマ）	意味の中でさらに区分する場合の比較的小さな区分

おすすめ学習法

自分に合った覚え方が選べる！ 試せる！
だから続けられる！

「“単語学習はコツコツ地道に覚えていくことが大事！”と言われても，なかなか覚えられない…」というのが現実ではないでしょうか。意欲はあっても途中でペースダウンしたり，1語ずつ確実に覚えるまで前に進めなかったり・・・。

そんなあなたにゴールまで挫折せずに継続できる学習法をお教えします。

1 グループごとに覚えよう！

Section 1，2，5は品詞ごと，**Section 3**はテーマごと，**Section 4**は語法を軸に，いくつかのグループに分けていますので，グループごとに繰り返して学習を進めるのがおすすめです。セットで覚えたほうがよいもの（同義語や反意語など）を，ゆるやかにグルーピングし，より記憶に定着するように工夫もしています。

セクションごとに間違えた単語をリストアップしていくとミスは減ります。

先輩の声

2 折って覚えよう！

本書の見出し語の部分を折って使用することで，見出し語部分や意味を隠して使うことができます。覚えたところを折ることにすれば，どこまで覚えたか一目瞭然です。折ってさらにコンパクトになることで，カバンのすきまや，制服のポケットなどにも入ります。

先輩の声

ページを折って使っていました。答えが完全に見えないようにすると，覚えた気になっている（けれど覚えていない）英単語を発見することができると思います。

3 例文中の下線フレーズで覚えよう！

「見出し語」と「意味」を１つずつ覚えるという基本的な暗記法のほかに，例文を活用した覚え方ができます。具体的には，例文に引いた下線部分の「フレーズ」暗記を通じて単語の意味を覚えるという方法です。例文は，可能な限り語数を少なくしているので，そもそも覚えやすいのですが，1文まるごとの暗記よりもさらに負担を減らすために，暗記しやすい部分に下線を引いています。その部分を暗記しましょう。単語だけを覚えるよりも，その単語のイメージをつかみやすく，記憶に残りやすくなります。下線部分はコロケーションを含むものが多いので，単語の使い方も同時に学べます。

4 公式アプリを併用して覚えよう！

公式アプリ「ターゲットの友」では，スマートフォンアプリならではの，さまざまな学習サポート機能を用意しています。書籍で学習した成果をアプリの確認テストでチェックしたり，単語の音声をアプリで聞きながら書籍で覚えたりと，書籍とアプリを連動させた学習法で効果を高めます。

「ターゲットの友」でできること

①暗記の成果をテストで確認！

- 単語テスト「ターゲット選手権」に挑戦できる
- 4択とスペリング問題でテンポよく取り組める
- 全国ランキングで自分の実力が確認できる

②手軽にリスニング学習！

- 書籍掲載単語の音声（見出し語・例文）をすぐに再生できる
- 発音やアクセントが気になったらいつでも確認できる
- 英語の聞き流しで耳から英語の音に慣れる

③毎日単語を覚える習慣がつく！

- 毎日朝と夜に出題されるミニテスト「今日の5問」で学習習慣がつく
- 頑張った記録はカレンダーのマークで確認できる

公式アプリ「ターゲットの友」について

公式サイトからダウンロードできます

https://www.obunsha.co.jp/pr/tg30/

ターゲットの友 検索

※ iOS / Android 対応
※無料アプリ（一部アプリ内課金あり）
※本サービスは予告なく終了されることがあります

学校の行き帰りの電車の中で「今日の5問」をやり，知らない単語を覚えました。リスニングは速度を変えることができるので，おすすめです！

先輩の声

5 耳（音）で覚えよう！

音声は旺文社 HP 内の専用サイトからも無料で聞くことができます。（音声ダウンロードの方法は12ページ参照。）特に発やアクのマークが付いた単語は，音声と文字情報をセットにして覚えると効率的です。音声のポーズ（無音）で，自分で発音したり意味を思い浮かべたりといったトレーニングがおすすめです。

また，通学時間や入浴時間なども有効活用し，リラックスした状態で耳から聞くことで，記憶への定着度がアップします。

全部のセクションで，音声を聞いて発音を確認し，その後に音声と一緒に読んだら，発音とアクセントが完璧になりました。

先輩の声

音声ファイルダウンロードについて

本書の音声は，音声ファイルの形で無料でダウンロードすることができます。（音声はストリーミング再生も可能です。詳しくは専用サイトをご覧ください。）

音声の聞き方

公式サイトからダウンロードできます

https://www.obunsha.co.jp/tokuten/target/

①パソコンからインターネットで専用サイトにアクセス

②『**英単語ターゲット1200**（**改訂版**）』をクリック

③パスワード「**tg1200**」をすべて半角英数字で入力して，音声ファイルをダウンロード

音声ファイルはZIP形式で圧縮されていますので，解凍（展開）して，デジタルオーディオプレーヤーなどでご活用ください。解凍［展開］せずに利用されると，ご使用の機器やソフトウェアにファイルが認識されないことがあります。

デジタルオーディオプレーヤーへの音声ファイルの転送方法は，各製品の取扱説明書やヘルプをご参照ください。

【注意】

・スマートフォンやタブレットでは音声をダウンロードできません。

・音声ファイルはMP3形式です。音声の再生にはMP3ファイルを再生できる機器などが別途必要です。

・ご使用機器，音声再生ソフトなどに関する技術的なご質問は，ハードメーカーもしくはソフトメーカーにお願いします。

・本サービスは予告なく終了することがあります。

音声の内容

① 13・14ページの「本書で使っている発音記号とその音の具体例」

② 1700の「見出し語（英語）」

③ 1700の「見出し語（英語）➡見出し語の意味（日本語）」

④ 1700の「見出し語の意味（日本語）➡見出し語（英語）」

⑤ 1700の「見出し語（英語）➡見出し語の意味（日本語）➡例文（英語）」

本書で使っている発音記号とその音の具体例

本書で使っている発音記号をまとめました。

母音				
1	iː	**people** [píːpl]	**tea** [tiː]	**week** [wiːk]
2	i	**happy** [hǽpi]	**study** [stʌ́di]	**India** [índiə]
3	ɪ	**city** [síti]	**give** [gɪv]	**rich** [rɪtʃ]
4	e	**friend** [frend]	**egg** [eg]	**many** [méni]
5	æ	**cat** [kæt]	**apple** [ǽpl]	**act** [ækt]
6	ɑː	**palm** [pɑː*l*m]	**father** [fɑ́ːðə*r*]	**calm** [kɑːm]
7	ʌ	**country** [kʌ́ntri]	**sun** [sʌn]	**come** [kʌm]
8	əː*r*	**world** [wəː*r*ld]	**girl** [gəː*r*l]	**learn** [ləː*r*n]
9	ə	**arrive** [əráɪv]	**woman** [wʊ́mən]	**today** [tədéɪ]
10	ə*r*	**center** [séntə*r*]	**percent** [pə*r*sént]	**river** [rívə*r*]
11	ɔː	**tall** [tɔːl]	**all** [ɔːl]	**draw** [drɔː]
12	ʊ	**wood** [wʊd]	**look** [lʊk]	**put** [pʊt]
13	uː	**moon** [muːn]	**cool** [kuːl]	**rule** [ruːl]
14	eɪ	**take** [teɪk]	**day** [deɪ]	**break** [breɪk]
15	aɪ	**high** [haɪ]	**like** [laɪk]	**fly** [flaɪ]
16	ɔɪ	**oil** [ɔɪl]	**noise** [nɔɪz]	**enjoy** [ɪndʒɔ́ɪ]
17	aʊ	**house** [haʊs]	**down** [daʊn]	**loud** [laʊd]
18	oʊ	**home** [hoʊm]	**go** [goʊ]	**moment** [móʊmənt]
19	ɪə*r*	**here** [hɪə*r*]	**near** [nɪə*r*]	**clear** [klɪə*r*]
20	eə*r*	**hair** [heə*r*]	**bear** [beə*r*]	**care** [keə*r*]
21	ɑː*r*	**heart** [hɑː*r*t]	**hard** [hɑː*r*d]	**large** [lɑː*r*dʒ]
22	ɔː*r*	**door** [dɔː*r*]	**support** [səpɔ́ː*r*t]	**war** [wɔː*r*]
23	ʊə*r*	**poor** [pʊə*r*]	**pure** [pjʊə*r*]	**tour** [tʊə*r*]

子音				
1	p	**pen** [pen]	**play** [pleɪ]	**keep** [ki:p]
2	b	**book** [bʊk]	**club** [klʌb]	**absent** [ǽbsənt]
3	m	**milk** [mɪlk]	**room** [ru:m]	**summer** [sʌ́mər]
4	t	**tree** [tri:]	**stand** [stænd]	**meet** [mi:t]
5	d	**sad** [sæd]	**desk** [desk]	**dream** [dri:m]
6	n	**tennis** [ténɪs]	**one** [wʌn]	**night** [naɪt]
7	k	**cloud** [klaʊd]	**cook** [kʊk]	**class** [klæs]
8	g	**good** [gʊd]	**sugar** [ʃʊ́gər]	**pig** [pɪg]
9	ŋ	**think** [θɪŋk]	**ink** [ɪŋk]	**king** [kɪŋ]
10	tʃ	**teacher** [tí:tʃər]	**kitchen** [kítʃən]	**catch** [kætʃ]
11	dʒ	**bridge** [brɪdʒ]	**join** [dʒɔɪn]	**strange** [streɪndʒ]
12	f	**life** [laɪf]	**laugh** [læf]	**phone** [foʊn]
13	v	**voice** [vɔɪs]	**drive** [draɪv]	**every** [évri]
14	θ	**three** [θri:]	**mouth** [maʊθ]	**birthday** [bə́:rθdèɪ]
15	ð	**this** [ðɪs]	**mother** [mʌ́ðər]	**smooth** [smu:ð]
16	s	**sea** [si:]	**west** [west]	**bus** [bʌs]
17	z	**zoo** [zu:]	**surprise** [sərpráɪz]	**easy** [í:zi]
18	ʃ	**special** [spéʃəl]	**she** [ʃi]	**fish** [fɪʃ]
19	ʒ	**vision** [víʒən]	**treasure** [tréʒər]	**usual** [jú:ʒuəl]
20	h	**hand** [hænd]	**hope** [hoʊp]	**head** [hed]
21	l	**light** [laɪt]	**tell** [tel]	**little** [lítl]
22	r	**rain** [reɪn]	**right** [raɪt]	**true** [tru:]
23	w	**wind** [wɪnd]	**work** [wə:rk]	**swim** [swɪm]
24	*h*w	**white** [*h*waɪt]	**whale** [*h*weɪl]	**while** [*h*waɪl]
25	j	**young** [jʌŋ]	**year** [jɪər]	**use** [ju:z]

Section 1

中学校で習った

200語

動詞 1

change 発 [tʃeɪndʒ] □□ 1	動 **を変える**；変わる；を替える TG **change** *one's* **life**「～の人生を変える」 ▶ change trains [buses]「電車[バス]を乗り換える」 ▶ change clothes「服を着替える」 名 変化；おつり，小銭
learn [ləːrn] □□ 2	動 **(を)学ぶ**；を身につける TG **learn** (*A*) **from** *B*「Bから(Aを)学ぶ」 ▶ learn about ～「～について学ぶ」 ▶ learn that ...「…ということを知る」
help [help] □□ 3	動 (人)を**手伝う，助ける**；(人)に役立つ TG **help** *A* **with** *B*「A(人)のBを手伝う」 ▶ help ～ (to) *do*「～が…するのを手伝う」 名 助け，手伝い ▶ with the help of ～「～の助けで」
need [niːd] □□ 4	動 を**必要とする** TG **need to** *do*「…する必要がある」 名 必要(性) ▶ *be* in need of ～ ➡576
live [lɪv] □□ 5	動 **住んでいる**；生きる；暮らす TG **live in** ～「～に住む」 ▶ 三人称単数形lives [lɪvz] と，名詞life(➡33)の複数形lives [laɪvz] が同形なので注意。 形 [laɪv] 生きている；生の ▶ live animals「生きた動物」 ▶ live music「生演奏音楽」 □ líving 形 生きている ▶ living things「生き物」
ask [æsk] □□ 6	動 に**頼む**；に尋ねる TG **ask** ～ **to** *do*「～に…するよう頼む」 ▶ ask (*A*) for *B*「(Aに)Bを求める[頼む]」
enjoy [ɪndʒɔ́ɪ] □□ 7	動 を**楽しむ** TG **enjoy** *oneself*「楽しんで過ごす」 ▶ enjoy *doing*「…するのを楽しむ」 ▶ Enjoy!「楽しんでね！」(決まり文句として)

This book **changed** my life.	この本は私の人生を変えた。
I **learned** a lot from my teachers.	私は先生たちから多くのことを学んだ。
She **helped** me with my homework.	彼女は私の宿題を手伝ってくれた。
He **needs** to practice harder.	彼はもっと熱心に練習する必要がある。
They have **lived** in this town since this April.	彼らは今年の４月からこの町に住んでいる。
I'll **ask** her to help us.	彼女に私たちを手伝ってくれるよう頼むことにするよ。
He **enjoyed** himself at the party.	彼はパーティーで楽しく過ごした。

wait
[weɪt]
□□ 8

[動] **待つ**
TG **wait for ～**「～を待つ」
▶ wait (for) a long time「長い間待つ」

cook
[発][kʊk]
□□ 9

[動] (加熱して)(を)**調理する**，(食事)を作る
TG **cook ～ for dinner [lunch]**
「夕食[昼食]に～を料理する」
▶ cook rice [pasta]「ご飯を炊く[パスタをゆでる]」
▶ 加熱しない場合はmakeやprepareなどを使う。
ex. make salad「サラダを作る」
▶ cook [make] dinner「夕食を作る」
[名] 料理人
□ **cóoking** [名] 料理

talk
[tɔːk]
□□ 10

[動] **話す**
TG **talk to [with] ～**
「～(人)と話をする，～(人)に話しかける」

speak
[spiːk]
□□ 11

[動] (を)**話す**
▶ speak to [with] ～ ➡216
[活] **speak - spoke** [spoʊk] **- spoken** [spóʊkən]
□ **speech** [名] スピーチ ➡134

meet
[miːt]
□□ 12

[動] (に)**会う**
▶ Nice to meet you.「初めまして」(初対面の相手に)
[活] **meet - met** [met] **- met**
□ **méeting** [名] 会議，会合

mean
[miːn]
□□ 13

[動] のことを**指して言う**；を意味する
TG **(Do) You mean ...?**「…ということですか」
▶ 相手の発話内容を確認するときの表現。
▶ What does ～ mean?「～はどういう意味ですか」
▶ I know what you mean.「おっしゃることはわかります」
[活] **mean - meant** [ment] **- meant**
□ **méaning** [名] 意味

「話す」**talk**(➡10)，**speak**(➡11)，**tell**(➡1220)，**say**
□ talk　「(相手とのコミュニケーションとして)話す」(speakよりもくだけた語)
□ speak「(言語)を話す；言葉を発する」
□ tell　「(言葉や文字で)(人)に(情報・話の内容など)を伝える，命じる」
□ say　「(言葉や文字で)(伝える内容)を言う，述べる」

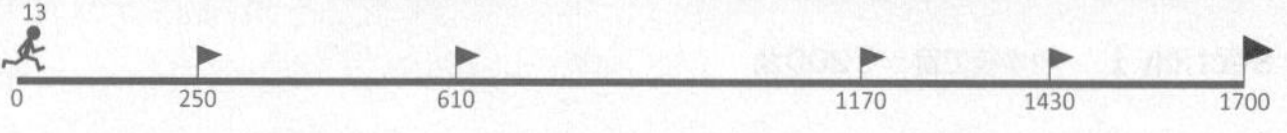

I'll **wait** for you at the school gate.	校門の所であなたを待っているね。
I **cooked** chicken for dinner last night.	昨晩は夕食にチキンを料理した。
He's **talking** to his friend over there.	彼は向こうで友達と話している。
My teacher **speaks** three languages.	私の先生は3か国語を話す。
I'm happy to **meet** you.	あなたにお目にかかれてうれしいです。
You **mean** he's not coming?	彼は来ないということですか。

- ☐ talk with him 「彼と話す」
- ☐ speak Chinese 「中国語を話す」
- ☐ tell you my phone number 「あなたに私の電話番号を伝える[教える]」
- ☐ say goodbye to her 「彼女に別れを告げる」

buy
[baɪ]
□□ 14

動 を買う
TG **buy O_1 O_2**「O_1(人)にO_2を買ってあげる」
(≒ buy O_2 for O_1「O_2をO_1(人)に買ってあげる」)
活 buy - bought [bɔːt] - bought

travel
[trǽvəl]
□□ 15

動 旅行する；(人・乗り物などが)行く，進む
TG **travel in [to / around] ～**
「～を[～まで／～中を]旅行する」
▶ travel by train [bus]「電車[バス]で移動する」
名 旅行

build
発 [bɪld]
□□ 16

動 を建てる，建設する，作る
活 build - built [bɪlt] - built
□ buílding 名 建物

close
発 [klouz]
□□ 17

動 を閉じる；閉まる
形 [klous] 近い；親しい
▶ (*be*) close to ～「～に近い；～と親しい」

stay
[steɪ]
□□ 18

動 滞在する；とどまる；(ある状態)のままでいる
TG **stay at ～**「～(場所)に滞在する，泊まる」
▶ stay with ～「～(人の家)に滞在する，泊まる」
▶ stay here「ここにいる」
▶ stay up「(寝ないで)起きている」➡ 1651
名 滞在

move
発 [muːv]
□□ 19

動 を動かす；動く；引っ越す；を感動させる
TG **move *A* to *B***「A(物)をB(場所)へ動かす」
▶ move to [from] ～「～に[～から]引っ越す」
□ móvement 名 動き；動作
□ mótion [móuʃən] 名 運動

plan
[plæn]
□□ 20

動 を計画する
TG **plan *A* for *B***「Bに向けてAを計画する」
▶ plan to *do*「…するつもりだ」
名 計画
▶ a plan for ～「～の計画」

My brother **bought** me a present.	弟は私にプレゼントを買ってくれた。
They are still **traveling** in South America.	彼らはまだ南米を旅行している。
That temple was **built** about 600 years ago.	あの寺は約600年前に建てられた。
Please **close** your textbook.	教科書を閉じてください。
She will **stay** at the hotel tonight.	彼女は今晩そのホテルに泊まるつもりだ。
Please **move** these chairs to the next room.	これらの椅子を隣の部屋に移動させてください。
They **planned** a trip for spring vacation.	彼らは春休みに向けて旅行を計画した。

write [raɪt] □□ 21	動 (を)**書く** TG **write down** (～)「(～を)書き留める」 ▶ write (to) ～「～(人)に手紙[Eメールなど]を書く」 活 write - wrote [rout] - written [rítən]
listen 発 [lísən] □□ 22	動 (意識して)**聞く** TG **listen to** ～「～(の話)を聞く」
happen [hǽpən] □□ 23	動 **起こる，生じる** TG **happen to** ～ 「(何かの結果として)～に起こる[生じる]」 ▶ What happens if ...?「…したらどうなるのだろう」 ▶ happen to *do*「たまたま[偶然]…する」 □ háppening 名 出来事；事件
lose 発 [lu:z] □□ 24	動 を**失う，なくす**；に負ける 活 lose - lost [lɔ(:)st] - lost □ lost 形 道に迷った ▶ get lost「道に迷う」 □ loss 名 紛失；損失
stand [stænd] □□ 25	動 **立つ，立っている** TG **stand up**「立ち上がる」 ▶ can't stand ～「～を我慢できない」 ▶ stand for ～ ➡ 1145 活 stand - stood [stud] - stood 名 屋台，売店
grow [grou] □□ 26	動 **育つ**；を栽培する；増大する TG **grow well**「よく育つ」 ▶ grow up ➡ 209 活 grow - grew [gru:] - grown [groun] □ growth 名 成長
sound [saund] □□ 27	動 ～(のよう)に**聞こえる**，思える TG **It [That] sounds** ～. 「～のように聞こえる[思われる]」 ▶ "～" は形容詞。主語を省略して Sounds ～. とも表す。 ▶ sound like ～「～のように聞こえる」("～" は名詞) 名 音

I **wrote** down the shopping list.	私は買い物リストを書き留めた。
Listen to me carefully.	私の言うことをよく聞いてください。
What **happened** to your leg?	あなたの脚，どうしたのですか。
I've **lost** the ticket to the play.	その芝居のチケットをなくしてしまった。
We **stood** up and welcomed them.	私たちは立ち上がって彼らを迎えた。
Plants **grow** well in her garden.	彼女の庭では植物がよく育つ。
That **sounds** interesting!	それはおもしろそうだね！

rain [reɪn] □□ 28	動 **雨が降る** TG **it rains (hard [heavily])** 「(激しく)雨が降る」 名 雨 □ ráiny 形 雨の，雨の多い ▶ snow 動 雪が降る 名 雪
worry 発 [wə́:ri] □□ 29	動 **心配する**；を心配させる TG **worry about ～**「～のことを心配する」 名 心配，悩み □ wórried 形 心配して ▶ *be* worried about ～ ➡580
teach [ti:tʃ] □□ 30	動 (を)**教える** TG **teach** O_1 O_2「O_1(人)にO_2を教える」 (≒ teach O_2 to O_1「O_2をO_1(人)に教える」) 活 teach - taught [tɔ:t] - taught
hope [houp] □□ 31	動 を**望む，期待する** TG **hope (that) ...**「…ということを望む」 ▶ hope to *do*「…することを望む」 ▶ I hope so.「そう願っています」 ▶ I hope not.「そうならないように願っています」 名 希望
hold [hould] □□ 32	動 を**持つ**，抱える；を保つ；(会合など)を催す TG **hold ～ in *one's* arms**「～を両腕に抱く」 ▶ Hold on, please.「(切らずに)お待ちください」(電話で) 活 hold - held [held] - held

名詞 1

life [laɪf] □□ 33	名 **一生，生涯**；人生；(日常の)生活；命 TG **in *one's* life**「生涯で，人生において」 ▶ 複 lives [laɪvz] ▶ school [everyday] life「学校[日常]生活」 ▶ save ～'s life「～の命を救う」➡96 □ live 動 生きる ➡5
thing [θɪŋ] □□ 34	名 **事**；物 TG **have a thing to *do***「…すべきことがある」

It **rained** hard this morning.	今朝は雨が激しく降った。
Don't **worry** about me too much.	あまり私のことを心配しすぎないで。
He **taught** me some Chinese.	彼は私に中国語を教えてくれた。
I **hope** we can win the game.	試合に勝てるといいのだけど。
Can I **hold** this rabbit in my arms?	このウサギを抱っこしてもいいですか。
I'm going to try new things in my **life**.	私は人生で新しいことに挑戦するつもりだ。
I have so many **things** to do today.	今日はすべきことがとてもたくさんある。

country 発[kʌ́ntri] □□ 35	名 国；(the ～)田舎 TG **a foreign country**「外国」 ▶ cóuntryside ➡415
example [ɪgzǽmpl] □□ 36	名 例，実例 TG **a good example (of ～)**「(～の)よい例」 ▶ for example ➡1684
place [pleɪs] □□ 37	名 場所，所；順位 TG **a place to** *do*「…する[すべき]場所」 ▶ a place for ～「～のための場所」 ▶ from place to place「場所によって；あちこちに」 ▶ first place「第1位」 動 を置く
part [pɑːrt] □□ 38	名 部分；役；役割 ▶ in parts「部分的に，ところどころ」 ▶ in part「ある程度」
trip [trɪp] □□ 39	名 旅行 TG **go on a trip to ～**「旅行で～に行く」
problem [prɑ́(:)bləm] □□ 40	名 問題 TG **have a problem (with ～)**「(～に)問題を抱えている」 ▶ No problem.「問題ないですよ」
question 発[kwéstʃən] □□ 41	名 質問；(試験)問題 TG **ask (～) a question**「(～に)質問をする」 ▶ out of the question ➡1169
color [kʌ́lər] □□ 42	名 色 □ cólorful 形 色彩豊かな
point [pɔɪnt] □□ 43	名 要点；点；得点 TG **a good point**「よい点」 動 指さす；(を)(指し)示す

She has many friends in foreign **countries**.	彼女には外国に多くの友人がいる。
This is a good **example** of his works.	これは彼の作品のよい例だ。
There are many **places** to see in this city.	この市には見るべき場所が多い。
Which **part** of the story do you like best?	あなたはその話のどの部分が一番好きですか。
We went on a school **trip** to Taiwan.	私たちは修学旅行で台湾に行った。
He has a big **problem** with his neighbor.	彼は隣人との間に大きな問題を抱えている。
He asked me some **questions** about my club.	彼は私のクラブについていくつか質問をしてきた。
What **color** is your bike?	あなたの自転車は何色ですか。
That's a good **point**.	それはよい点を突いているね。

language 発 [lǽŋgwɪdʒ] □□ 44	名 **言語** TG **a foreign language**「外国語」
word [wəːrd] □□ 45	名 **単語，語**；言葉 ▶ the words「歌詞」 ▶ in other words ➡ 1687
health [helθ] □□ 46	名 **健康(状態)** TG *be* **good** [**bad**] **for** *one's* **health**「健康によい[悪い]」 ▶ *be* in good health「健康だ」 □ héalthy 形 健康な；健康によい
report [rɪpɔ́ːrt] □□ 47	名 **報告(書)，レポート**；報道 TG **write a report about** [**on / for**] **～**「～についての報告書を書く」 動 (を)報告する；(を)報道する □ repórter 名 記者，レポーター
minute 発 [mínət] □□ 48	名 (時間の)**分**；少しの間 TG **for about ～ minute(s)**「約～分間」 ▶ Just a minute.「少しお待ちください」
reason [ríːzən] □□ 49	名 **理由** TG **a reason for ～**「～の理由」 ▶ for this reason「この理由のために」 □ réasonable 形 道理をわきまえた；(値段が)手頃な
line [laɪn] □□ 50	名 **路線**；線；列，行列 TG **take the ～ Line**「～線に乗る」 ▶ draw a line「線を引く」
month 発 [mʌnθ] □□ 51	名 (暦の)**月** TG **in ～ month(s)**「～か月後に」 ▶ last [every] month「先月(に)[毎月]」

It's not easy to learn foreign **languages**.	外国語を学ぶのは簡単ではない。
I couldn't remember that **word**.	私はあの単語を思い出せなかった。
Eating fruits is good for your **health**.	果物をとることは健康によい。
She wrote a **report** about her volunteer work.	彼女はボランティア活動についてのレポートを書いた。
I run for about 30 **minutes** every day.	私は毎日約30分走っている。
I have two **reasons** for this.	これには２つの理由があります。
Take the Yamanote **Line**.	山手線に乗ってください。
My birthday is in a **month**.	私の誕生日は１か月後だ。

week [wiːk] □□ 52	名 **週** TG **last [this / next] week** 「先週[今週/来週](に)」 ▶ この副詞的な用法では，前置詞in等や冠詞をつけない。 ▶ since last week「先週以来(ずっと)」 ▶ wéekend 名 週末
date [deɪt] □□ 53	名 **日にち**；デート ▶ *one's* date of birth / *one's* birth date「生年月日」 動 (と)デートする
event アク [ɪvént] □□ 54	名 **行事**；出来事 TG **have an event**「行事がある」
future [fjúːtʃər] □□ 55	名 **未来，将来** 形 未来の ▶ présent ➡ 1302 ▶ past ➡ 1512
design [dɪzáɪn] □□ 56	名 **デザイン**；設計図 ▶ a design for ～「～の設計図」 動 (を)デザイン[設計]する □ desígner 名 デザイナー
end [end] □□ 57	名 **終わり**；端；目的 TG **at the end of** ～「～の終わりに[～の端に]」 ▶ at the end of the street「通りの突き当たりに」 ▶ in the end ➡ 231 動 終わる；を終える □ énding 名 (話の)結末
computer [kəmpjúːtər] □□ 58	名 **コンピューター** TG **on a computer**「コンピューターで」
plant [plænt] □□ 59	名 **植物**；(製造)工場，発電所 TG **water the plants**「植物に水をやる」 ▶ a power plant「発電所」 動 を植える

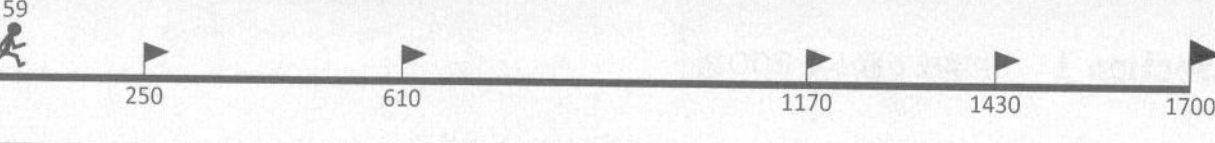

See you next **week**.	また来週(会いましょう)。
"What's the **date** today?" "May the second."	「今日は何日？」 「5 月 2 日だよ」
We have a big school **event** this month.	今月は大きな学校行事がある。
What are your plans for the **future**?	あなたの将来の計画は何ですか。
The **design** of the building is very interesting.	その建物のデザインはとても興味深い。
Does your family go home at the **end** of the year?	あなたの家族は年末に帰省しますか。
He worked on his **computer** all day.	彼は一日中コンピューターで仕事をしていた。
Be careful not to water the **plants** too much.	植物に水をやりすぎないよう気をつけてね。

art [ɑːrt] □□ 60	名 **美術**；芸術 □ ártist 名 芸術家 ➡630
chance [tʃæns] □□ 61	名 **機会，好機**；可能性；偶然 TG **have a chance to *do***「…する機会がある」 ▶ (a) chance of *doing*「…する可能性」 ▶ by chance「偶然に」
history [hístəri] □□ 62	名 **歴史** □ histórical 形 歴史(上)の □ históric 形 歴史上重要な
festival [féstɪvəl] □□ 63	名 **祭り** TG **have [host] a festival**「祭りを開く」 ▶ the Star Festival「七夕」
season [síːzən] □□ 64	名 **季節**，時季 TG **the rainy season**「雨季，梅雨」 ▶ the baseball season「野球シーズン」
fun [fʌn] □□ 65	名 **楽しみ** TG **a lot of [great / good] fun**「とても楽しい」 ▶ Have fun!「楽しんでね」 □ fúnny 形 おかしい ➡352
host 発 [houst] □□ 66	名 (催しなどでもてなす側の)**主人**，主催者 ▶ a host country [city] for ～「～の主催国[都市]」 動 を主催する
message 発 [mésɪdʒ] □□ 67	名 **伝言，メッセージ** TG **take a message**「伝言[用件]を聞く」 ▶ leave a message「伝言を残す」
step [step] □□ 68	名 **段階**；歩み，一歩；(階段の)段 TG **the first [next] step**「第一[次の]段階」 ▶ Watch your step.「足元にご注意を」 動 歩を進める ▶ step out「(少し)外出する」

Art is my favorite subject.	美術は私のお気に入りの科目だ。
You'll have many **chances** to meet her.	彼女に会う機会はたくさんありますよ。
Tell me more about the **history** of your town.	あなたの町の歴史についてもっと教えてください。
We have a school **festival** in June.	6月に文化祭が行われる。
The rainy **season** in Japan begins in June.	日本の雨季は6月に始まる。
The show was a lot of **fun**.	そのショーはとても楽しかった。
I got a present from my **host** mother.	ホストマザーからプレゼントをもらった。
Can I take a **message**?	ご伝言をお伺いしましょうか。
The next **step** is to make *dashi*.	次の段階では，出汁をとります。

形容詞 1

popular [pá(:)pjulər] □□ 69	形 **人気のある** TG *be* **popular with** [**among**] ～ 「～に人気がある」
most 発 [moust] □□ 70	形 **大部分の，たいていの**；〔the most ～〕最も～な 副 最も ▶ most of all「とりわけ」 名 大部分 ▶ most of the students「生徒の大部分」
different [dífərənt] □□ 71	形 **違う，異なる** TG *be* **different from** ～「～とは異なる」 ▶ fromの代わりにthanが用いられることもある。 □ dífference 名 違い
such [sʌtʃ] □□ 72	形 **そのような** TG **such a** [**an**] ～「そのような～」 ▶ *A* such as *B* ➡ 241
last [læst] □□ 73	形 **この前の**；最後の TG **for the last week** [**month**] 「この1週間[1か月間]」 ▶ 定冠詞を付けることに注意。(last week ➡ 52) ▶ in the last week of [in] April「4月の最終週に」 動 続く　名 最後　副 最後に
same [seɪm] □□ 74	形 〔the ～〕**同じ，同様の**；同一の TG **the same** *A* **as** *B*「Bと同じA」 名 同じ物[事]
great 発 [greɪt] □□ 75	形 **すばらしい**；元気な；偉大な；大変な ▶ (That's [Sounds]) Great! 「すばらしい！／それはいい！」 ▶ feel great「調子がいい」
open [óupən] □□ 76	形 **開店[営業]している**；開いている 動 を開ける；開く；(店など)を開店[開設]する □ ópening 名 開業；(文章などの)冒頭部分

The movie is **popular** among young people now.	その映画は今，若者たちの間で人気がある。
Most students here come to school by train.	ここにいる大部分の生徒は電車で通学してくる。
Your plan is very **different** from ours.	あなた方の計画は私たちのとはかなり異なる。
I've never seen **such** a cute dog.	そのようなかわいい犬を見たことがない。
He's been busy for the **last** two weeks.	彼はこの２週間ずっと忙しい。
He had the **same** problem as mine.	彼は私と同じ問題を抱えていた。
That's a **great** idea!	それはすばらしいアイデアだ！
Is that restaurant **open** on Sunday?	あのレストランは日曜日に開いているかな？

own [oʊn] □□ 77	形 **自分自身の**；特有の TG ～ **of** *one's* **own**「自分(専用)の～；独特の～」 ▶ 所有格の後に用いる。 ▶ our own custom「私たち自身[特有]の習慣」 動 を所有している
kind [kaɪnd] □□ 78	形 **親切な**；優しい TG *be* **kind to** ～「～に親切である」 名 種類 ▶ this [what] kind of ～「この種の[どんな種類の]～」 ▶ a kind of ～ ➡239
difficult [dífɪkəlt] □□ 79	形 **難しい**(⇔ easy ➡1611) TG **It is difficult** (**for** ～) **to** *do*. 「(～にとって)…するのは難しい」 □ dífficulty 名 難しさ，困難
enough 発 [ɪnʌ́f] □□ 80	形 **十分な** TG **enough** ～ **to** *do*「…するのに十分な～」 副 十分に ▶ enough to *do*「…するほど十分に」 名 十分な数[量]
special [spéʃəl] □□ 81	形 **特別な** 名 特別番組，おすすめ[特価]品
famous [féɪməs] □□ 82	形 **有名な** TG *be* **famous for** ～「～で有名だ」
bad [bæd] □□ 83	形 **悪い**(⇔ good「よい」) TG **have a bad day** 「良くない[ついてない]日を過ごす」 ▶ That's too bad.「それは残念[お気の毒]です」 活 bad - worse [wəːrs] - worst [wəːrst]
short [ʃɔːrt] □□ 84	形 **短い**；(背が)低い；足りない ▶ *be* short of ～ ➡578 □ shórtage 名 不足

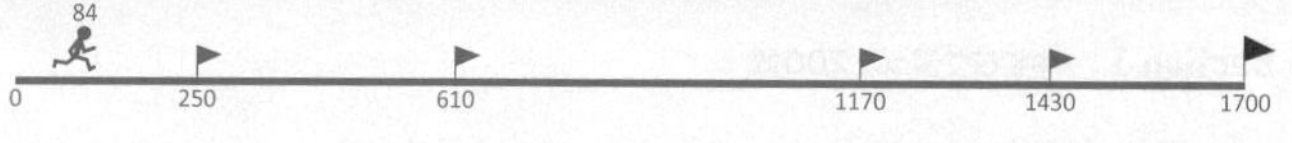

I want a room of my **own**.	私は自分の部屋が欲しい。
My sister is **kind** to everyone.	妹は誰にでも親切だ。
It was **difficult** for me to answer that question.	あの質問に答えるのは私には難しかった。
I didn't have **enough** money to buy them.	私にはそれらを買うのに十分なお金がなかった。
Obon is a **special** time for Japanese people.	お盆は日本人にとって特別な時だ。
My city is **famous** for its beautiful castle.	私の市は美しい城で有名だ。
I've had a really **bad** day today.	今日は本当についてない日だった。
Short hair looks nice on you.	短い髪はあなたに似合っているよ。

useful [júːsfəl] □□ 85	形 役に立つ TG *be* **useful for** [**to**] ～「～に役に立つ」
afraid [əfréɪd] □□ 86	形 恐れて，怖がって TG *be* **afraid of** ～「～を恐れている」 ▶ I'm afraid (that) ... 「残念ながら[恐れ入りますが]…」 (相手にとって都合の悪い話を切り出すとき)
favorite [féɪvərət] □□ 87	形 お気に入りの 名 お気に入り(の物[人]) ▶ *Tempura* is my favorite.「天ぷらが私の好物です」
expensive [ɪkspénsɪv] □□ 88	形 高価な(⇔ cheap ➡1061)；費用のかかる

動詞 2

carry [kǽri] □□ 89	動 を運ぶ ▶ carry out ～ ➡552
break 発 [breɪk] □□ 90	動 壊れる，割れる；を壊す，を割る TG **break easily**「壊れやすい」 ▶ break *one's* leg「脚を骨折する」 活 break - broke [broʊk] - broken [bróʊkən] 名 休憩 ▶ lunch break「昼休み」
arrive [əráɪv] □□ 91	動 到着する TG **arrive at** ～「～(地点)に到着する」 (= get to ～ ➡207 / reach ➡1455) ▶ arrive in ～「～(地域)に到着する」 □ arríval 名 到着
fall [fɔːl] □□ 92	動 落ちる 活 fall - fell [fel] - fallen [fɔ́ːlən] 名 落下；米 秋；(～s)滝

This book is **useful** for studying Japanese history.	この本は日本の歴史を勉強するのに役に立つ。
I was **afraid** of dogs when I was small.	私は幼い頃，犬が怖かった。
What is your **favorite** Japanese food?	お気に入りの日本食は何ですか。
Vegetables are **expensive** this winter.	この冬は野菜の価格が高い。
Would you **carry** these bags for me?	これらのかばんを運んでもらえますか。
Be careful, these glasses **break** easily.	気をつけて，これらのグラスは壊れやすいから。
The singer **arrived** at the hotel last night.	その歌手は昨晩ホテルに到着した。
The leaves **fall** in late October.	10月下旬には葉が落ちる。

miss [mɪs] □□ 93	動 **がいなくて[なくて]さみしく思う**； **に乗り遅れる**；**を逃す** ▶ miss the bus「バスに乗り遅れる」 ▶ Don't miss it!「お見逃しなく！」
cover [kʌ́vər] □□ 94	動 **を覆う** TG *be* **covered with** [**by** / **in**] ～ 「～で覆われている」 名 カバー，覆い
catch [kætʃ] □□ 95	動 **を捕まえる** ▶ catch a train「電車に間に合う」 ▶ catch (a) cold「風邪をひく」 活 catch - caught [kɔːt] - caught 名 捕まえること ▶ Nice catch!「ナイスキャッチ！」 ▶ play catch「キャッチボールをする」
save [seɪv] □□ 96	動 **を救う**；**を節約する** TG **save** ～**'s life**「～の命を救う」 ▶ save O_1 O_2「O_1(人)のO_2(お金・時間など)を節約する」 Cooking for yourself will save you money. 「自炊をすればお金の節約になる」
check [tʃek] □□ 97	動 **を点検する，確かめる** ▶ check in「(ホテル・空港で)チェックインする」 ▶ check out「(ホテルで)チェックアウトする」 ▶ check out ～ ➡ 1633 名 点検
introduce [ìntrədjúːs] □□ 98	動 **を紹介する**；**を導入する** TG **introduce** *A* **to** *B*「AをBに紹介する」 ▶ introduce *oneself*「自己紹介する」 ▶ *be* introduced to [into] ～ 「(動植物・制度・製品などが)～に導入される[持ち込まれる]」
join [dʒɔɪn] □□ 99	動 **(に)加わる**；(集団・組織など)の一員になる TG **join** *A* (**for** *B*)「(Bのことで)A(人)に加わる」 ▶ join in ～「～(活動など)に加わる」

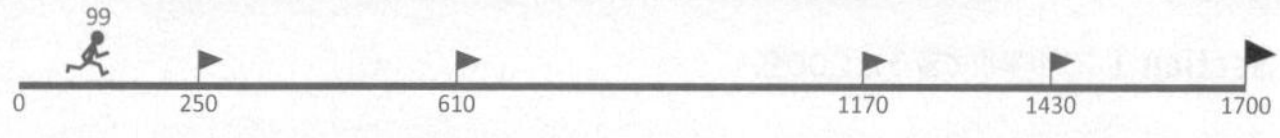

We'll **miss** you so much.	私たちはあなたがいなくなるととてもさみしくなります。
The mountain top is **covered** with snow.	その山頂は雪で覆われている。
Did you **catch** any fish yesterday?	昨日は魚が釣れましたか。
The doctor **saved** the child's life.	医師はその子の命を救った。
I **checked** my hair in the mirror.	私は鏡で髪型をチェックした。
Can I **introduce** you to my parents?	あなたを両親に紹介してもいいかな？
Join us for lunch, will you?	私たちとランチをご一緒しませんか。

clean [kliːn] □□ 100	動 をきれいにする，清掃する 形 きれいな，汚れていない(⇔ dirty ➡436) ▶ clean energy「クリーンエネルギー」
answer [ǽnsər] □□ 101	動 (に)答える；(に)応答する TG **answer the question**「質問に答える」 ▶ answer the phone「電話に出る」 名 答え
throw [θroʊ] □□ 102	動 を投げる TG **throw O_1 O_2**「O_1(人)にO_2を投げる」 (≒ throw O_2 to O_1「O_2をO_1(人)に投げる」) 活 throw - threw [θruː] - thrown [θroʊn]
invite アク [ɪnváɪt] □□ 103	動 を招待する，招く TG **invite *A* to *B***「A(人)をBに招待する」 ▶ Thank you for inviting me. 「お招きいただきありがとうございます」 □ invitátion 名 招待
pick [pɪk] □□ 104	動 を摘み取る，つまみ取る；を選び出す ▶ pick up ～ ➡215
die [daɪ] □□ 105	動 死ぬ；枯れる TG **die of [from] ～**「～(が原因)で死ぬ」 ▶ die out ➡1117 □ dead 形 死んでいる ➡879 □ death 名 死 ➡1264
return [rɪtə́ːrn] □□ 106	動 戻る；を返す TG **return from *A* to *B***「AからBに戻る」 名 戻ること；返却
fly [flaɪ] □□ 107	動 飛ぶ；飛行機で行く ▶ fly to Hiroshima「広島に飛行機で行く」 活 fly - flew [fluː] - flown [floʊn] 名 ハエ □ flight 名 (飛行機の)定期便，フライト；飛行

Students have to **clean** their classroom after school.	生徒は放課後に教室を清掃しなければならない。
I couldn't **answer** the question.	私はその質問に答えることができなかった。
Throw me my hat.	私の帽子をこちらに投げて。
She **invited** some close friends to her wedding.	彼女は親しい友人たちを結婚式に招待した。
We enjoyed **picking** strawberries to eat there.	私たちはそこでイチゴを摘み取って食べるのを楽しんだ。
Many animals **died** from the cold this winter.	この冬，多くの動物が寒さで死んだ。
He **returned** from Osaka to New York.	彼は大阪からニューヨークに戻った。
Penguins cannot **fly**.	ペンギンは飛べない。

cut [kʌt] □□ 108	動 を**切る** TG **cut** *A* **into** *B*「AをBに切る」 活 cut - cut - cut 名 切ること
hit [hɪt] □□ 109	動 (災害などが)を**襲う**；をたたく；を打つ ▶ hit a home run「ホームランを打つ」 活 hit - hit - hit 名 ヒット作
excuse 発[ɪkskjúːz] □□ 110	動 を**許す** TG **Excuse me.**「すみませんが；失礼しました，(ちょっと)失礼します」 ▶ Excuse me?「何とおっしゃいましたか」(相手に聞き返して) 名 [ɪkskjúːs] 言い訳
wash [wɑ(ː)ʃ] □□ 111	動 を**洗う**
cry [kraɪ] □□ 112	動 (と)**叫ぶ**；泣く 名 泣き声，鳴き声；叫び声
borrow [bɔ́(ː)roʊ] □□ 113	動 を**借りる**(⇔ lend ➡1193) TG **borrow** *A* **from** *B*「AをBから借りる」
kill [kɪl] □□ 114	動 を**殺す** TG *be* **killed in** ～「～(事故・戦争など)で死ぬ」
push [pʊʃ] □□ 115	動 (を)**押す**(⇔ pull ➡366) 名 押すこと
climb 発[klaɪm] □□ 116	動 (を)**登る**，よじ登る ▶ climb to the top「てっぺんまで登る」

He **cut** the pizza into six pieces.	彼はピザを6つに切った。
A big typhoon **hit** the area again.	大型台風がまたその地域を襲った。
Excuse me. Can I have some more water?	すみません。水をもう少しもらえますか。
Wash your hands before you eat.	食べる前に手を洗いなさい。
"Help!" he **cried**.	「助けて！」と彼は叫んだ。
I **borrowed** the textbook from my friend.	私は教科書を友達から借りた。
A lot of people were **killed** in the war.	大勢の人々がその戦争で死亡した。
He **pushed** the door, but it didn't open.	彼はドアを押したが，開かなかった。
They will **climb** Mt. Fuji next weekend.	次の週末に彼らは富士山に登る。

laugh 発 [læf] □□ 117	動 (声を立てて)笑う TG **laugh at [about] ～**「～を笑う」 □ laughter 名 笑い(声)
smile [smaɪl] □□ 118	動 ほほえむ TG **smile at ～**「～にほほえむ」 名 ほほえみ ▶ with a (big) smile「ほほえんで(満面の笑みで)」
hurry [hə́ːri] □□ 119	動 急ぐ；急いで行く ▶ Hurry up!「急いで！」 ▶ hurry to ～「～に急いで行く」 名 急ぐこと ▶ in a hurry ➡593
cheer [tʃɪər] □□ 120	動 を元気づける；(に)喝采を送る TG **cheer up ～ / cheer ～ up**「～を元気づける」 ▶ Cheer up!「元気を出して！」 名 歓声，声援 □ chéerful 形 元気な ➡951

名詞2

volunteer ア [vɑ̀(ː)ləntíər] □□ 121	名 ボランティア；志願者 TG **work as a volunteer** 「ボランティア(活動)をする」 ▶ Any volunteers? 「誰か引き受けてくれる人はいませんか」 動 進んで申し出る ▶ volunteer to *do*「進んで…する」
side [saɪd] □□ 122	名 側；わき；(対立する一方の)側 TG **on the ～ side (of ...)**「(…の)～側で」 ▶ on the [*one's*] side「(～の)わきに，そばに」 ▶ on ～*'s* side / on the side of ～「～の味方で」
front 発 [frʌnt] □□ 123	名 前，正面；前部 TG **in front of ～**「～の前で[に]」 ▶ in the front of ～「～(の中)の前方[前面]に」 形 前の ▶ front teeth [legs]「前歯[前足]」

Nobody **laughed** at his jokes.	彼の冗談に笑った人は誰もいなかった。
He **smiled** at me.	彼は私にほほえんだ。
You'll catch the train if you **hurry**.	急げば電車に間に合うよ。
The anime always **cheers** me up.	そのアニメはいつも私を元気づけてくれる。
I work as a **volunteer** on Sundays.	私は日曜日にボランティアをしている。
We drive on the left **side** of the road in Japan.	日本では車は道路の左側を通行する。
I'll wait for you in **front** of the school gate.	校門の前で君を待っているね。

concert [ká(:)nsə*r*t] □□ 124	名 **コンサート**，演奏会 TG **give [do] a concert**「コンサートを行う」
fire [fáɪə*r*] □□ 125	名 **火事**；火 TG **a fire drill**「火災避難[消防]訓練」 ▶ make [build] a fire「火をおこす」 ▶ catch fire「(〜に)火がつく」 ▶ fírefighter 名 消防士 ▶ fírework(s) 名 花火
village [vílɪdʒ] □□ 126	名 **村**
lesson [lésən] □□ 127	名 **レッスン**；課；英 授業；教訓 TG **take [have] a lesson**「レッスンを受ける」 ▶ learn a lesson from 〜「〜から教訓を得る」
light [laɪt] □□ 128	名 **明かり，照明**；光 TG **traffic light(s)**「交通信号」 ▶「交通信号」の意味はlight(s)だけでも表せる。 ▶ 信号の「赤，青，黄色」はred，green，yellowで表す。 ▶ dáylight 名 昼間，日中 形 軽い；明るい 動 を明るくする
Internet ア [íntə*r*nèt] □□ 129	名 〔the 〜〕**インターネット** TG **on the Internet**「インターネットで」 ▶ 頭文字の “I” は常に大文字。
weather [wéðə*r*] □□ 130	名 **天気** ▶ How's the weather today? = What's the weather like today? 「今日の天気はどうですか」
voice [vɔɪs] □□ 131	名 **声**；意見 TG **in a 〜 voice**「〜な声で」

The group will give a big **concert**.	そのグループは盛大なコンサートを行う予定だ。
We had a **fire** drill at school this afternoon.	今日の午後に学校で火災避難訓練があった。
Many tourists enjoyed their stay in the **village**.	大勢の観光客がその村での滞在を楽しんだ。
He takes piano **lessons** every Saturday.	彼は毎週土曜日にピアノのレッスンを受けている。
The traffic **light** turned green.	信号が青に変わった。
I often do the shopping on the **Internet**.	私はよくインターネットで買い物をする。
How will the **weather** be tomorrow?	明日の天気はどうですか。
He spoke to me in a small **voice**.	彼は私に小声で話しかけてきた。

piece [piːs] □□ 132	名 1つ，1枚；部品 TG **a piece of** ～「1つ[1枚]の～」 ▶ "～" は数えられない名詞。
goal [goʊl] □□ 133	名 目標；ゴール；得点 TG **work toward a goal** 「目標に向かって努力する」
speech [spiːtʃ] □□ 134	名 スピーチ，演説 TG **give [make] a speech (on [about] ～)** 「(～について)スピーチする」 ▶ in a [*one's*] speech (on [about] ～) 「(～についての)スピーチで」 □ speak ➡ 11
fan [fæn] □□ 135	名 ファン；うちわ；換気扇 TG **a big fan of** ～「～の大ファン」
dream [driːm] □□ 136	名 夢 TG *one's* **dream is to** *do*「夢は…することだ」 ▶ have a dream about ～「～の夢を見る」 動 夢に見る
mistake [mɪstéɪk] □□ 137	名 間違い，誤り TG **make a mistake**「間違いをする」 ▶ by mistake ➡ 588 動 を間違える 活 mistake - mistook [mɪstʊ́k] - mistaken [mɪstéɪkən] ▶ mistake *A* for *B*「AをBと間違える」
meter 発 [míːtər] □□ 138	名 メートル；(計量)メーター TG *be* ～ **meter(s) high [tall]** 「高さ～メートルだ」 ▶ a gas meter「ガスメーター」 ▶ céntimeter 名 センチメートル ▶ kilómeter 名 キロメートル

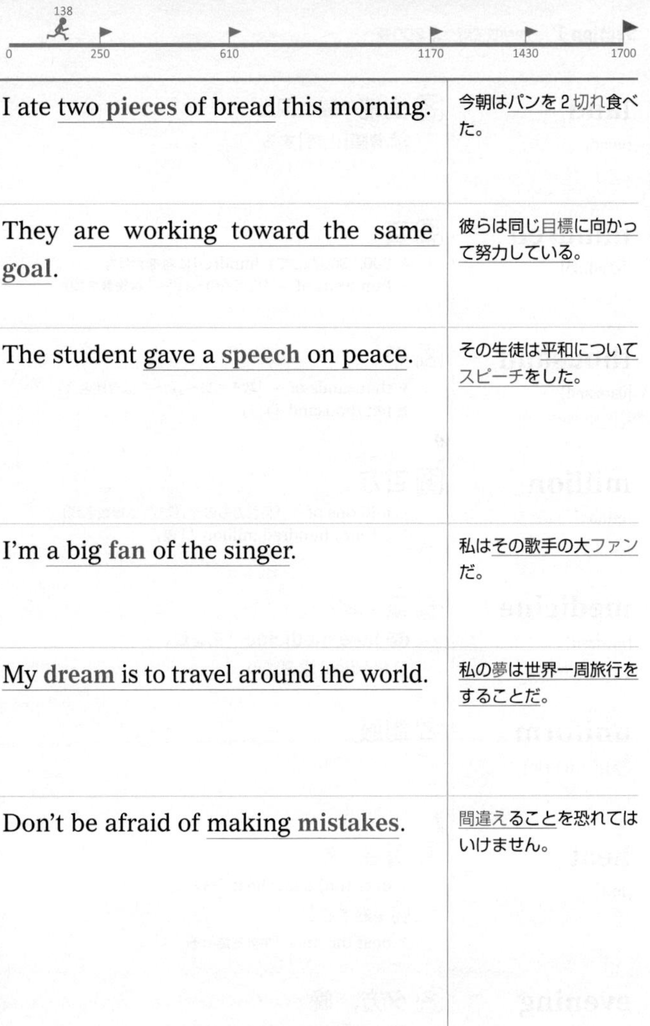

I ate two **pieces** of bread this morning.	今朝はパンを2切れ食べた。
They are working toward the same **goal**.	彼らは同じ目標に向かって努力している。
The student gave a **speech** on peace.	その生徒は平和についてスピーチをした。
I'm a big **fan** of the singer.	私はその歌手の大ファンだ。
My **dream** is to travel around the world.	私の夢は世界一周旅行をすることだ。
Don't be afraid of making **mistakes**.	間違えることを恐れてはいけません。
Tokyo Sky Tree is 634 **meters** high.	東京スカイツリーは高さ634メートルだ。

land [lænd] □□ 139	名 **土地**；陸；国土 動 着陸[上陸]する
hundred [hʌ́ndrəd] □□ 140	名 **百** ▶ 200，300などでもhundredに-sを付けない。 ▶ hundreds of ～「何百もの～」(“～” は複数名詞)
thousand [θáuzənd] □□ 141	名 **千** ▶ thousands of ～「数千もの～」(“～” は複数名詞) ▶ ten thousand「1万」
million [míljən] □□ 142	名 **百万** ▶ millions of ～「何百万もの～」(“～” は複数名詞) ▶ a [one] hundred million「1億」
medicine [médsən] □□ 143	名 **薬**；医学 TG **take medicine**「薬を飲む」 □ médical 形 医学の
uniform アク [júːnɪfɔ̀ːrm] □□ 144	名 **制服**
heat [hiːt] □□ 145	名 **暑さ**；熱 ▶ over [on] a low heat「弱火で」 動 を熱する ▶ heat the milk「牛乳を温める」
evening [íːvnɪŋ] □□ 146	名 **夕方，晩** TG **in the evening**「夕方[晩]に」
noon [nuːn] □□ 147	名 **正午** TG **at (12) noon**「(ちょうど)正午に」

They bought some **land** and built a house.	彼らはいくらかの土地を買って家を建てた。
One **hundred** and two hundred are three hundred.	100足す200は300。
The number of the visitors was over one **thousand**.	来場者数は千人を超えていた。
He needs three **million** yen to buy the car.	彼はその車を買うのに三百万円を必要としている。
Did you take your **medicine**?	薬を飲みましたか。
She likes her school **uniform**.	彼女は自分の学校の制服を気に入っている。
I don't like the summer **heat**.	私は夏の暑さが好きではない。
I often go to the library in the **evening**.	私はよく夕方に図書館に行く。
The store will open at **noon** today.	その店は今日は正午に開く。

holiday [hɑ́(ː)lədèɪ] □□ 148	名 休日，祝日 TG **a national holiday**「国民の祝日」 ▶ on holiday「休暇で」
course [kɔːrs] □□ 149	名 講座，課程；進路 TG **take a course in ～** 「～の講座をとる，～を受講する」 ▶ 前置詞はofではなくinを用いる。 ▶ of course ➡235
rule [ruːl] □□ 150	名 ルール，規則 TG **the rule(s) of ～**「～のルール[規則]」 ▶ follow [break] a rule「規則に従う[を破る]」
forest [fɔ́(ː)rəst] □□ 151	名 森林 TG **rain forest**「熱帯雨林」 ▶ rainforestと1語で表すこともある。
farm [fɑːrm] □□ 152	名 農場 TG **work on a farm**「農場で働く」 □ fármer 名 農場経営者（農場で雇われる側はfarm worker）
treasure 発 [tréʒər] □□ 153	名 大切な物，宝物 ▶ a national treasure「国宝」
hole 発 [hoʊl] □□ 154	名 穴
cloud 発 [klaʊd] □□ 155	名 雲 □ clóudy 形 曇った
phone [foʊn] □□ 156	名 電話（= telephone）；電話機 TG *be* **on the phone**「電話で話している」 ▶ a [*one's*] phone number「電話番号」

Japan has many national **holidays**.	日本には国民の祝日がたくさんある。
You should take a **course** in music.	あなたは音楽の講座をとるべきだ。
Do you know the **rules** of the game?	そのゲームのルールを知ってる？
Think about how to save the rain **forest**.	熱帯雨林を守る方法を考えてみよう。
They are working on the **farm** since early morning.	彼らは早朝から農場で働いている。
Let me show you my **treasure**.	私の宝物を見せてあげましょう。
Dad, you have a **hole** in your sock.	お父さん，靴下に穴が開いているよ。
There's not a **cloud** in the sky today.	今日は空に雲一つない。
I was on the **phone** then.	私はそのとき電話中だった。

形容詞２

sorry [sá(:)ri] □□ 157	形 **すまなく思って**；残念[気の毒]に思って TG (I'm) **Sorry,** (but) **....**「すみませんが，…」 ▶ I'm sorry (that) ...「…ということですみません」 I'm sorry I'm late.「遅れてごめんなさい」 ▶ *be* [feel] sorry for ～「～(人)を気の毒に思う」 ▶ Sorry?「何ですって？」(相手に聞き返して)
careful [kéərfəl] □□ 158	形 **注意深い**(⇔ careless ➡1326) TG *be* **careful of** [**about**] ～「～に気をつける」 □ cárefully 副 注意深く □ care ➡1467
wonderful [wʌ́ndərfəl] □□ 159	形 **すばらしい** TG **have a wonderful time** 「すばらしい時を過ごす」
heavy [hévi] □□ 160	形 **重い**；(程度が)大きい，ひどい ▶ heavy rain [snow]「大雨[大雪]」
sick [sɪk] □□ 161	形 **病気の**；吐き気がする TG **get sick**「病気になる」 ▶ sick people「病人」 ▶ feel sick「吐き気がする」
dear [dɪər] □□ 162	形 **親愛なる** TG **Dear ～,**「親愛なる～様」 ▶ 手紙などの書き出し。Dear ～: とコロンにする場合もある。
glad [glæd] □□ 163	形 **うれしい** TG *be* **glad** (**that**) **...** 「…ということをうれしく思う」 ▶ *be* glad to *do*「…してうれしい」
dark [dɑːrk] □□ 164	形 **暗い**；(色が)濃い TG **get dark**「暗くなる」 名 日暮れ ▶ after dark「日が暮れてから」

Sorry, I can't hear you well.	すみませんが，あなたの声がよく聞こえません。
Be **careful** of those websites.	そうしたウェブサイトには気をつけなさい。
We had a **wonderful** time today.	私たちは今日すばらしい時を過ごした。
Your suitcase is too **heavy** for me.	あなたのスーツケースは私には重すぎるよ。
He got **sick** again last weekend.	彼は先週末にまた病気になった。
Dear Alice, How have you been?	親愛なるアリス， お元気でしたか？
I'm **glad** you came.	あなたが来てくれてうれしい。
It's getting **dark**.	暗くなってきた。

sad [sæd] □□ 165	形 **悲しい** TG **make ～ sad**「～を悲しくさせる」 □ sádness 名 悲しみ
cute [kjuːt] □□ 166	形 **かわいい**
free [friː] □□ 167	形 **暇な，時間のある**；自由な；無料の TG **in *one's* free time**「時間のあるときに」 ▶ a free ticket「無料チケット」 ▶ for free ➡ 590 ▶ feel free to *do* ➡ 1119 □ fréely 副 自由に □ fréedom 名 自由 ➡ 1265
foreign 発 [fɔ́(ː)rən] □□ 168	形 **外国の** TG **in a foreign country**「外国で」 □ fóreigner 名 外国人
low 発 [loʊ] □□ 169	形 **低い** TG **low in ～**「～が低い[少ない]」 ▶ at a low price「安い価格で」
safe [seɪf] □□ 170	形 **安全な**(⇔ dangerous ➡ 1589) □ sáfely 副 安全に
angry [ǽŋgri] □□ 171	形 **怒った** TG ***be* angry with** [at] ～「～(人)に怒っている」 ▶ *be* angry about [at] ～「～(事・物)に怒っている」 ▶ make ～ angry「～を怒らせる」 □ ánger ➡ 943
lucky [lʌ́ki] □□ 172	形 **幸運な** TG ***be* lucky to *do***「…して幸運だ」 ▶ How lucky!「なんて幸運なんだ！」 □ luck ➡ 524

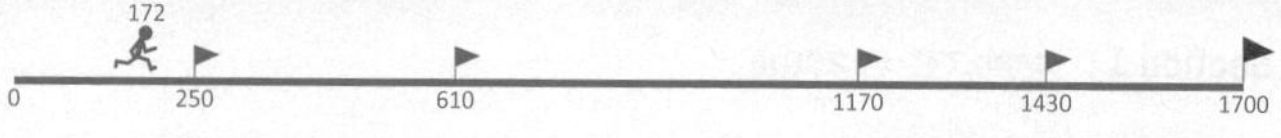

The news made me **sad**.	その知らせで私は悲しくなった。
Baby animals are **cute**.	動物の赤ちゃんはかわいい。
He often plays the guitar in his **free** time.	彼は暇なときによくギターを弾く。
Japanese pop culture is loved in many **foreign** countries.	日本のポップカルチャーは多くの外国で愛されている。
The dish is **low** in fat.	この料理は低脂肪だ。
Have a **safe** trip.	安全なご旅行を。
Please don’t be so **angry** with her.	彼女にそんなに怒らないで。
I was **lucky** to win at bingo.	ビンゴに勝って幸運だった。

bright [braɪt] □□ 173	形 **輝いて**，（たくさんの光で）明るい
soft [sɔ(:)ft] □□ 174	形 **柔らかい**（⇔ hard「硬い」➡1336）
loud 発 [laʊd] □□ 175	形（音・声・音楽などが）**大きい** TG **in a loud voice**「大声で」 ▶ 人・機械・場所・交通などについてはnoisy「騒々しい」を使う。（noisy neighbors「騒々しい隣人」） 副【略式】大声で，大きな音で □ lóudly 副 大声で；騒々しく ▶ Don't talk so loudly [loud]. 「そんなに大きな声で話さないで」

副詞

even [í:vən] □□ 176	副 **～でさえ**；〔比較級を強調して〕さらに ▶ 原則として強調する語句の前に置く。助動詞の場合はその直後に置く。 He has even been to the island. 「彼はその島に行ったことすらある」 ▶ even so「たとえそうでも」
back [bæk] □□ 177	副 **戻って**；後ろに ▶ call ～ back「～に電話をかけ直す[折り返し電話する]」 ▶ write back「返事を書く」 名 背中；後部
still [stɪl] □□ 178	副 **まだ，なお**；それにもかかわらず
early 発 [ə́:rli] □□ 179	副 **早く** 形 早い；初期の ▶ in early June「6月の初めに」
soon [su:n] □□ 180	副 **すぐに，まもなく** ▶ See you soon.「ではまた」（別れ際の挨拶） ▶ as soon as ... ➡604

The moon was **bright** last night.	昨晩は月が輝いていた。
This bed is too **soft** for me.	このベッドは私には柔らかすぎる。
He was talking in a **loud** voice.	彼は大声で話していた。
He had to work **even** on holidays.	彼は休日でさえ働かなければならなかった。
She'll be **back** by 2 p.m.	彼女は午後2時までに戻ってきます。
It's **still** raining.	まだ雨が降っている。
I walk my dog **early** in the morning.	私は朝早くに犬を散歩させている。
We will **soon** arrive there.	もうすぐそこに到着しますよ。

away [əwéɪ] □□ 181	副 **離れて**，遠くへ TG **far away**「(遠く)離れて」
almost [ɔ́:lmòust] □□ 182	副 **ほとんど，ほぼ**；もう少しで TG **almost every** ～「ほとんど全部の～」
together 発 [təgéðər] □□ 183	副 **一緒に** ▶ put together ～ ➡ 1140
maybe ア [méɪbi] □□ 184	副 **もしかすると**，おそらく ▶ "Is he coming?" "Maybe."「彼は来るの？」「たぶんね」(同意も反対もしないとき) ▶ Maybe next [some other] time.「また次の[別の]ときにね」(誘いを遠回しに断るとき)
once 発 [wʌns] □□ 185	副 **1度[回]**；かつて TG **once a week [month]**「週[月]に1度」 ▶ once more [again]「もう一度」 ▶ at once「すぐに」(≒ right away ➡ 1419) ▶ all at once「いっせいに；突然」 接 いったん…すると
else [els] □□ 186	副 **ほかに** TG **someone [something] else**「ほかの誰か[何か]」 ▶ (Would you like) Anything else?「ほかに何かいかがですか」(注文時などに)
ago 発 [əgóu] □□ 187	副 (今から)**～前に** ▶ 直前には期間を表す語句がくる。 ▶ long ago「ずっと前に」 ▶ not long ago「つい先頃」
straight 発 [streɪt] □□ 188	副 **まっすぐに** TG **go straight (down [along] ～)**「(～を)まっすぐに行く」 形 まっすぐな ▶ a straight line「直線」

The park is not so far away from here.	その公園はここからそれほど遠く離れてはいない。
I read books almost every night.	私はほとんど毎晩読書をする。
Why don't we have lunch together?	一緒にランチを食べませんか。
Maybe he is wrong.	もしかすると彼は間違っているかもしれない。
He eats curry and rice once a week.	彼は週に１度カレーライスを食べる。
Could you ask someone else about that?	それについてはほかの誰かに聞いていただけますか。
We moved from Sendai four years ago.	私たちは４年前に仙台から引っ越してきた。
Go straight down this road. You can't miss it.	この道をまっすぐ進んでください。見逃すことはありませんよ。

slowly [slóuli] □□ 189	副 **ゆっくりと** □ slow 形 ゆっくりした
suddenly [sʌ́dənli] □□ 190	副 **突然，急に**(⇔ gradually ➡1617) □ súdden 形 突然の

接続詞

until ア [əntíl] □□ 191	接 **…するまで** ▶ until節内は，未来の内容でも現在形で表す。 前 ～まで ▶ until tomorrow「明日まで」
since [sɪns] □□ 192	接 **…したときから**；(理由)…だから 前 ～以来 ▶ since then「それ以来」

前置詞

around [əráund] □□ 193	前 **～のあちこちを**；～の周りに[を]；(時間・場所が)～のあたりに TG **around the world**「世界中を[で]」 ▶ people around us「私たちの周りの人々」 ▶ around here「このあたりに」 副 あちこちに[を]；(ぐるりと回って)向こう側に ▶ show ～ around「～にあちこち見せて回る」 ▶ look around「振り向く，見回す」
over [óuvər] □□ 194	前 **～を超えて，越えて**；～の上[上方]に；～じゅうを TG **for over ～ years**「～年間以上」 ▶ "～" の数値は厳密には含まない。 children over six「7歳以上の子供」(= 6歳を超える子供) ▶ climb over the wall「その壁を乗り越える」 ▶ a bridge over the river「その川(の上)にかかる橋」 副 向こうに；上方に；終わって ▶ over there ➡237

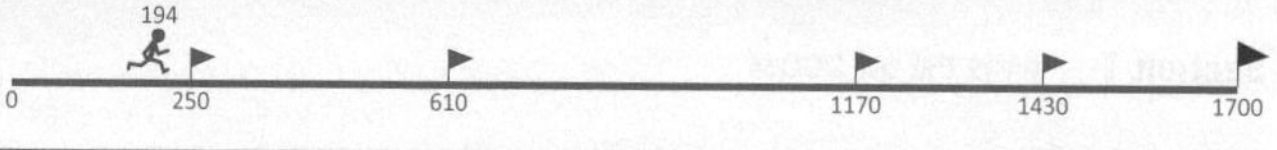

Would you speak more slowly?	もう少しゆっくり話していただけますか。
The taxi stopped suddenly.	タクシーは急停車した。
Shall we wait until he comes back?	彼が戻ってくるまで待ちましょうか。
She has lived in Japan since she was ten.	彼女は10歳の時から日本に住んでいる。
People from around the world come to this event.	世界中から人々がこのイベントにやって来る。
I haven't seen him for over a year.	私は彼と1年間以上会っていない。

Section 1 単語

without
アク [wɪðáut]
□□ 195

前 **～なしに**
▶ without saying goodbye「さよならも言わずに」

through
発 [θru:]
□□ 196

前 (期間)**～の間じゅう**；～を通り抜けて；～の至る所に[を]；(手段・原因)～を通じて
TG (all) **through the night**「一晩中」
▶ through a forest「森を通って」

between
[bɪtwíːn]
□□ 197

前 **～の間に[を]**
TG **between *A* and *B***「AとBの間に[を]」
▶ between Tokyo and Aomori「東京と青森の間に[を]」

during
[dɚ́ːrɪŋ]
□□ 198

前 **～の間に**；～の間じゅう(ずっと)
▶ duringの後には特定の期間を表す語句がくる。
▶ duringは「いつのことか」(←When ...?)を，forは「どれくらいの期間か」(←How long ...?)を表す。
He'll stay here during *the* week [for *a* week].
「彼はその週の間(ずっと)[1週間]ここに滞在する」

behind
[bɪháɪnd]
□□ 199

前 **～の後ろに**；～の背後に
▶ the reason behind ～「～の背後にある理由」
副 後ろに
▶ leave ～ behind「～を(場所)に残す，置いてくる」

along
[əlɔ́(ː)ŋ]
□□ 200

前 **～に沿って**
TG **walk** [**go**] **along** ～「～に沿って歩く[進む]」
▶「～の外側に沿って」と「～自体を通って」の両方の意味。
▶ Go along this street, and ....
「この道を進んで，そして…」(道案内などで)
副 前方へ；一緒に
▶ along with ～ ➡ 1153

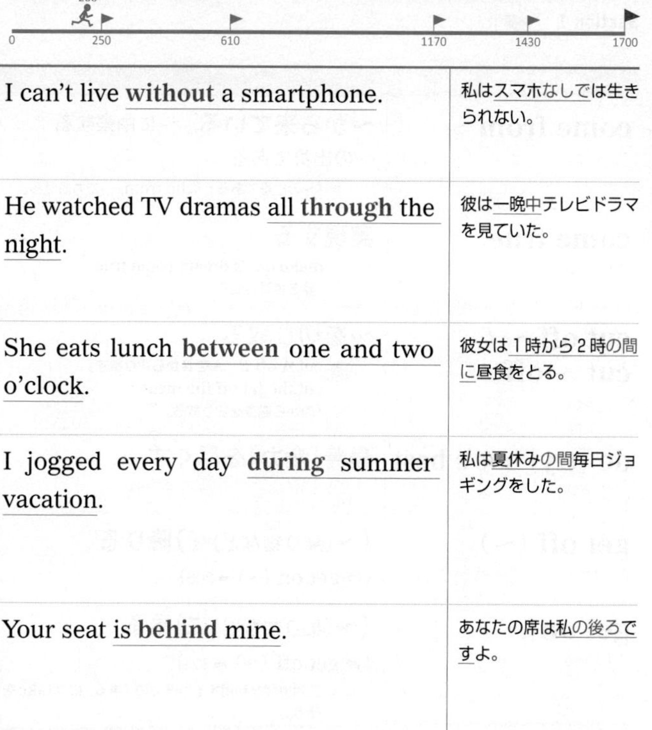

I can't live **without** a smartphone.	私はスマホなしでは生きられない。
He watched TV dramas all **through** the night.	彼は一晩中テレビドラマを見ていた。
She eats lunch **between** one and two o'clock.	彼女は1時から2時の間に昼食をとる。
I jogged every day **during** summer vacation.	私は夏休みの間毎日ジョギングをした。
Your seat is **behind** mine.	あなたの席は私の後ろですよ。
They walked **along** the river.	彼らはその川沿いに歩いた。

一般動詞を含む熟語

come from ～ □□ 201	**～から来ている**，～に由来する；～の出身である ▶「～の出身である」は*be* from ～ でも表せる。
come true □□ 202	**実現する** ▶ make *one's* dream come true「夢を実現させる」
cut off ～ / cut ～ off □□ 203	**～を切り取る** ▶ cut *A* off *B*「AをBから切り離す」 cut the fat off the meat「肉から脂身を切り取る」
do [try] *one's* best □□ 204	**最善[全力]を尽くす**
get off (～) □□ 205	**(～(乗り物など)を)降りる** (⇔ get on (～) ➡206)
get on (～) □□ 206	**(～(乗り物など)に)乗る** (⇔ get off (～) ➡205) ▶ 交通機関を利用する意味での「乗る」にはtakeを使う。
get to ～ □□ 207	**～(場所)に到着する**，達する (= arrive at [in] ～ ➡91 / reach ➡1455)
go through ～ □□ 208	**～を経験する**；～を通り抜ける
grow up □□ 209	**成長する，大人になる**
hear of ～ □□ 210	**～のことを聞き知る**，～のうわさを聞く ▶ hear from ～「～から連絡がある」
help *oneself* (to ～) □□ 211	**(～を)自由にとって食べる[飲む]**

All these Japanese foods **came from** China.	これらの日本食はすべて中国から来ている。
I hope your dreams **come true**.	あなたの夢が実現するといいですね。
She **cut off** her long hair.	彼女は長い髪を切り取った。
I'll **do my best** to help them.	全力を尽くして彼らを援助します。
Are we **getting off** at the next bus stop?	次のバス停で降りるの？
Maybe we **got on** the wrong train.	もしかすると私たちは間違った電車に乗ったのかもしれない。
He **got to** London last night.	彼は昨晩ロンドンに到着した。
He has **gone through** many troubles.	彼は多くの困難を経験してきた。
He wants to be a pilot when he **grows up**.	彼は大人になったらパイロットになりたいと思っている。
I've never **heard of** such a thing.	そのようなことは聞いたことがない。
Help yourself to coffee and tea if you like.	よろしければ，コーヒーと紅茶はご自由にとってお飲みください。

look for ～ □□ 212	**～を探す**
look forward to ～ □□ 213	**～を楽しみに待つ** ▶ toは前置詞なので，後には名詞や動名詞が続く。
look like ～ □□ 214	(外見が)**～に似ている**； ～のように見える[思える] ▶ It looks like rain.「雨が降りそうだ」 ▶ 形容詞が続く場合は〈look＋形容詞〉。
pick up ～ / **pick ～ up** □□ 215	**～を拾い上げる**；～を引き取る； ～(人)を(車で)迎えに行く[来る] ▶ pick up the phone 「受話器を取る，電話に出る」 ▶ pick up *one's* suitcase 「スーツケースを引き取る」 ▶ Pick me up at 7.「7時に迎えに来て」
speak to [with] ～ □□ 216	**～(人)と話す**，～に話しかける
take care of ～ □□ 217	**～の世話をする**(≒ look after ～ ➡561)；～に気をつける ▶ Take care of yourself.「体に気をつけて；お大事に」(別れ際の挨拶などで)
take off ～ / **take ～ off** □□ 218	～(衣類など)**を脱ぐ**(⇔ put on ～ ➡1386)；〔take offで〕離陸する
take part in ～ □□ 219	**～に参加する**
think of ～ □□ 220	**～を思いつく**；～のことを考える

I'm looking for a present for my father.	父へのプレゼントを探しています。
She is looking forward to seeing you.	彼女はあなたに会うのを楽しみにしています。
My sister looks just like me.	妹は私とよく似ている。
We picked up cans and bottles on the street yesterday.	昨日私たちは通りの缶や瓶を拾った。
I need to speak to you about the problem.	その問題について君と話をする必要がある。
I'll take care of your dog while you're away.	あなたの留守中に私が犬の世話をしましょう。
You don't have to take off your shoes here.	ここでは靴を脱ぐ必要はありません。
She took part in the event as a volunteer.	彼女はボランティアとしてそのイベントに参加した。
The chef thought of a new idea for the dinner menu.	料理長はディナーメニュー用に新しいアイデアを思いついた。

副詞・前置詞の働きをする熟語

after school □□ 221	放課後に
all over (～) □□ 222	(～の)至る所に[で] (= around)
all the time □□ 223	いつ(で)も；その間ずっと
at first □□ 224	最初は，初めのうちは ▶ 通例 but ... などが続き，その後の対比状況を述べる。
at home □□ 225	在宅して；くつろいで ▶ feel at home「くつろぐ」
at last □□ 226	ついに，やっと
at that time □□ 227	その時に(は)，当時(は)
at the same time □□ 228	同時に
for a long time □□ 229	長い間
for the first time □□ 230	初めて
in the end □□ 231	結局；最後に
in the future □□ 232	将来 (⇔ in the past ➡596) ▶ in the near future「近いうちに」(≒ soon)
in this way □□ 233	このようにして

Where are we going **after school** today?	今日の放課後はどこに行こうか。
This video game has been played **all over** the world.	このテレビゲームは世界中で行われてきている。
He's late for the lesson **all the time**.	彼はいつもレッスンに遅れてくる。
At first I didn't like him, but now we're good friends.	最初は彼のことが好きではなかったが，今では仲良しだ。
I'll be **at home** tomorrow morning.	明日の午前中は家にいるよ。
At last I've finished my report.	やっとレポートを仕上げた。
At that time, I lived in Aichi.	その当時，私は愛知に住んでいた。
We arrived here **at the same time**.	私たちは同時にここに到着した。
She has known him **for a long time**.	彼女は彼と長い間知り合いだ。
I tried the fruit **for the first time**.	私はその果物を初めて食べてみた。
In the end, they decided to travel to Hawaii.	結局，彼らはハワイに旅行することにした。
What do you want to be **in the future**?	将来何になりたいですか。
Cut these vegetables **in this way**.	このようにしてこれらの野菜を切ってください。

more than ～ □□ 234	**～より多い，～以上**(≒ over ➡194) ▶ 厳密には“～”の数値を含まない。“～”を基準として大まかに捉えるときは「～以上」として構わない。 more than five people 「5人より多く[6人以上]」
of course □□ 235	**もちろん** ▶ (Yes,) Of course.「もちろんです」(同意して)
on *one's* [the] way (to ～) □□ 236	**(～に行く)途中で** ▶ on *one's* way home「家に帰る途中で」
over there □□ 237	**あそこに[で]**
these days □□ 238	**近ごろ(は)** ▶ in those days「当時(は)」

形容詞・接続詞・その他の働きをする熟語

a kind [sort] of ～ □□ 239	**一種の～，～のようなもの**
a lot of ～ / lots of ～ □□ 240	**たくさんの～** ▶ 数と量のどちらにも用いられる。
A* such as *B □□ 241	**BのようなA**(= such *A* as *B*)， **A，例えばB**
and so on [forth] □□ 242	**～など**(≒ etc.(書き言葉として))
here is [are] ～ □□ 243	**これが～です，～をどうぞ** ▶ 相手に物や話題などを提示するときの表現。

There were **more than** 10,000 visitors on the day.	その日は１万人以上の来訪者があった。
Of course you can join our futsal club.	もちろん君も私たちのフットサルクラブに加わっていいよ。
I usually listen to music **on my way to** school.	私は学校に行く途中たいてい音楽を聞いている。
Look at that tower **over there**.	あそこにあるあの塔を見て。
He's very busy with his work **these days**.	彼は近ごろ仕事でとても忙しい。
Haiku is **a kind of** poem.	俳句は一種の詩のようなものだ。
We had **a lot of** snow last year.	昨年はたくさんの雪が降った。
She likes ball games **such as** soccer and rugby.	彼女はサッカーやラグビーといった球技が好きだ。
We bought cups, dishes, **and so on**.	私たちはカップや皿などを買った。
Here's the book I told you about.	これがあなたに話した本です。

How about ～? □□ 244	（提案・勧誘）**～（して）はいかがですか**（≒ Why don't you *do*?）； （意見を求めて）～についてはどうですか ▶ How about you? / What about you? 「あなたはどうですか」（相手に意見を求めて）
no longer ～ □□ 245	**もはや～ない**（≒ not ～ any longer） ▶ 右の例文はThis computer is not used any longer. とも表せる。
not only *A* but (also) *B* □□ 246	**AだけでなくBも** （≒ *B* as well as *A* ➡ 1691） ▶ "B" の方に焦点がある。
so ～ that ... □□ 247	**とても～なので…** ▶ that節で「結果」を表す。thatは省略されることもよくある。
too ～ to *do* □□ 248	**あまりに～なので…できない** ▶ to *do*の意味上の主語はfor ～「～にとって」で表す。
used to *do* [be ～] □□ 249	**以前はよく…した[～であった]** ▶ used toの発音は [júːstə]。 ▶ 現在の状況とは異なる，過去の習慣的行為や状態を対比的に表す。 This building used to be a CD shop. 「この建物は以前CDショップだった」 ▶ *be* used to ～ ➡ 1400
would like [love] to *do* □□ 250	**…したいと思う** ▶ would like ～ to *do* 「～(人)に…してほしいのですが」

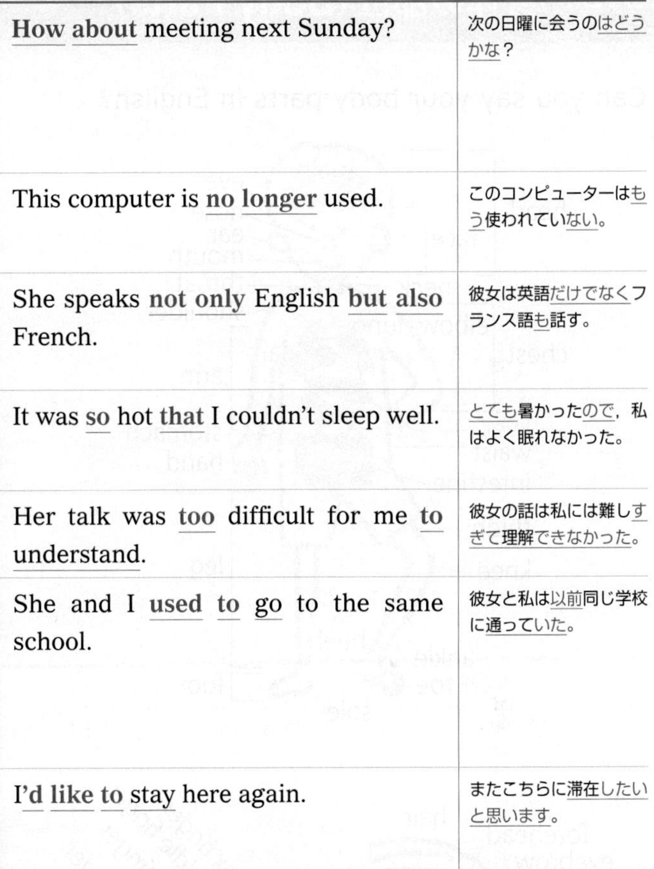

How about meeting next Sunday?	次の日曜に会うのはどうかな？
This computer is **no longer** used.	このコンピューターはもう使われていない。
She speaks **not only** English **but also** French.	彼女は英語だけでなくフランス語も話す。
It was **so** hot **that** I couldn't sleep well.	とても暑かったので，私はよく眠れなかった。
Her talk was **too** difficult for me **to** understand.	彼女の話は私には難しすぎて理解できなかった。
She and I **used to** go to the same school.	彼女と私は以前同じ学校に通っていた。
I'**d like to** stay here again.	またこちらに滞在したいと思います。

コラム① 身体の部位 (Body Parts)

Can you say your body parts in English?

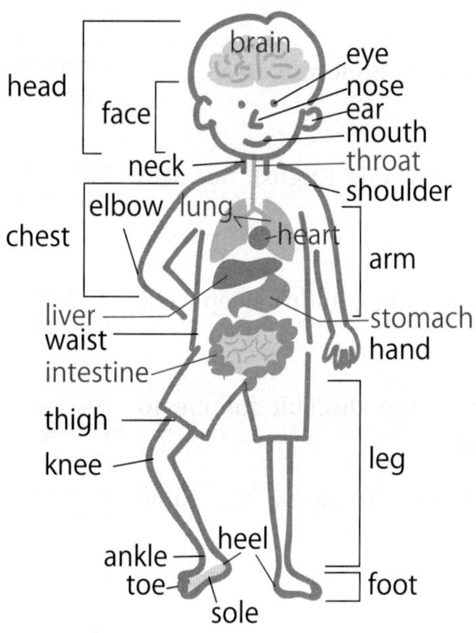

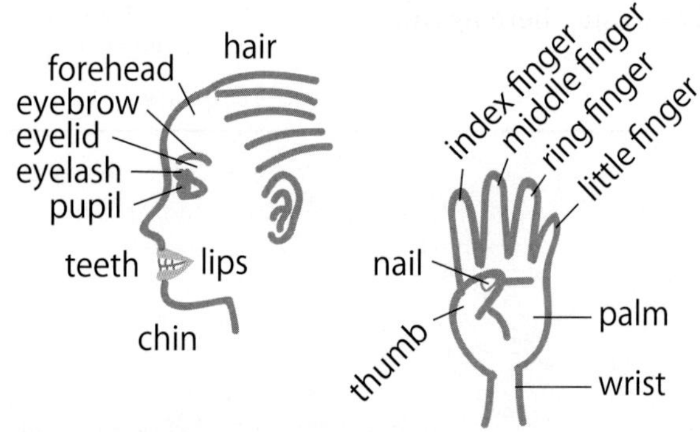

Section 2

基礎を固める

300語

動詞 1

create 発 [kri(:)éɪt] □□ 251	動 **を創造する** □ creátor 名 創作者 □ creátive 形 独創[創造]的な
base [beɪs] □□ 252	動 **の基礎を置く** TG ***be* based on** ～「～に基づいている」 名 土台，基底；基礎 □ básic 形 基本の，重要な；基礎的な
repair [rɪpéər] □□ 253	動 **を修理[修復]する** 名 修理，修復
fail [feɪl] □□ 254	動 **失敗する**；(に)不合格になる TG **fail to *do***「…できない，…し損なう」 ▶ never fail to *do* ➡ 1646 名 不合格 ▶ without fail「いつも；(相手に対して)必ず(…するように)」 □ fáilure 名 失敗，…できないこと
accept [əksépt] □□ 255	動 **を受け入れる**(⇔ refuse ➡ 1232) □ accéptance 名 受けること，承諾
belong [bɪlɔ́(:)ŋ] □□ 256	動 **属する** TG **belong to** ～「～に所属する，～の一員である」 ▶ This bag belongs to her.「このかばんは彼女の物だ」 □ belóngings 名 身の回りの物，所持品
exchange 発 [ɪkstʃéɪndʒ] □□ 257	動 **を交換する**；を取り替える；を両替する TG **exchange *A* with *B***「AをB(人)と交換する」 ▶ exchange *A* for *B*「AをBに取り替える[両替する]」 exchange the shirt for a smaller one 「そのシャツを小さいのに取り替える」 名 交換；両替
complete [kəmplíːt] □□ 258	動 **を完成させる**，終える 形 完全な；(叙述用法)完成した □ complétely 副 完全に

She created all these recipes.	彼女はこれらのレシピすべてを創作した。
This book is based on a true story.	この本は実話に基づいている。
The shop repaired my watch in an hour.	お店は１時間で私の腕時計を修理した。
They failed to finish their work on schedule.	彼らは予定通りに仕事を終えられなかった。
She accepted the invitation to the party.	彼女はパーティーの招待に応じた。
I belong to the tennis club.	私はテニス部に所属している。
I exchanged gifts with him at the party.	私はパーティーで贈り物を彼と交換した。
Complete the following sentences using the words below.	下の語句を使い，次の文を完成させなさい。

treat 発 [triːt] □□ 259	動 **を扱う**；を治療する TG **treat *A* like [as] *B*** 「AをBのように[Bとして]扱う」 ▶ treat *A* with *B*「AをBをもって取り扱う」 名 もてなし，楽しみ；〔*one's* 〜〕おごり □ tréatment 名 治療；取り扱い
cross [krɔ(ː)s] □□ 260	動 (を)**横切る**；(と)交差する TG **cross a road [street]**「道[通り]を渡る」 ▶ with *one's* legs [arms] crossed 「脚[腕]を組んだまま」 名 十字架
hide [haɪd] □□ 261	動 **を隠す**；隠れる TG **hide *A* in [from] *B*** 「AをBの中に[Bから]隠す」 活 hide - hid [hɪd] - hidden [hídən]
shake [ʃeɪk] □□ 262	動 **を振る**；揺れる TG **shake *one's* head**「首を横に振る」 ▶ 否定や失望の動作。 ▶ nod「首を縦に振る，うなずく」(同意・理解・会釈などの動作) ▶ shake hands with 〜「〜と握手をする」 活 shake - shook [ʃʊk] - shaken [ʃéɪkən] 名 振ること
challenge ア [tʃǽlɪndʒ] □□ 263	動 **に挑戦する** TG **challenge *A* to *B***「A(人)にBを挑む」 名 (挑むべき)課題，難題；挑戦 □ chállenging 形 やりがいのある
connect [kənékt] □□ 264	動 **をつなぐ**，つながる；を関連づける TG **connect (*A*) to *B*** 「(ネットワークなどで)(Aを)Bと接続する」 ▶ connect him with the crime 「彼をその犯罪と関連づける」 □ connéction 名 接続；関連
reply ア [rɪpláɪ] □□ 265	動 **返事をする**；応じる；と答える TG **reply to 〜**「〜に返事をする」 名 返事，応答

They treat me like their family member.	彼らは私を家族の一員のように扱ってくれる。
The duck family crossed the road safely.	カモの一家は無事に道路を渡った。
I know my sister hides something in the drawer.	私には妹が何かを引き出しに隠しているのがわかっている。
She shook her head at the bad news.	彼女はその悪い知らせを聞いて首を横に振った。
He challenged me to a game of tennis.	彼は私にテニスの試合を挑んできた。
You can connect to the Wi-Fi here.	ここではWi-Fiに接続することができます。
She hasn't replied to my questions yet.	彼女はまだ私の質問に返事をしていない。

beat
[biːt]
□□ 266

動 **を打ち負かす**；(を)(連続して)打つ，たたく；を(強く)かき混ぜる

TG **beat** *A* **at** [**in**] *B*「A(人)をBで打ち負かす」

▶ beat at [against / on] ～「～を(続けて)たたく」
▶ beat an egg「卵をかき混ぜる」

活 beat - beat - beaten [bíːtn]

名 連打の音；鼓動；拍子

share
[ʃeər]
□□ 267

動 **を分かち合う**；を共有する，シェアする

TG **share** *A* **with** *B*「AをBと共有する」

▶ share a house with three people「家を3人で共同で使う」

名 株；分担；市場占有率

observe
[əbzə́ːrv]
□□ 268

動 **を観察する**；に気づく

▶ watchよりも堅く，watch ～ carefullyの意味合い。

□ observátion 名 観察
□ obsérver 名 観察者；傍聴人

mark
[mɑːrk]
□□ 269

動 **にしるしをつける**；(～の日)にあたる

TG **mark** *A* **with** *B*「AにBでしるしをつける[示す]」

▶ mark the spot in red「その地点を赤色でしるしをつける」

名 しるし；跡；記号

burn
[bəːrn]
□□ 270

動 **を焦がす，焦げる**；を燃やす，燃える；やけどする，日焼けする

活 burn - burned [burnt] - burned [burnt]

名 やけど，日焼け

locate
㋐ [lóukeɪt]
□□ 271

動 〔*be* located で〕**位置している**；(場所・物など)を特定する

TG *be* **located in** [**near**] ～「～に[の近くに]ある」

□ locátion 名 位置，場所

fix
[fɪks]
□□ 272

動 **を修理する**；を固定する；を(明確に)決める

▶ fix a shelf to the wall「棚を壁に固定する」
▶ fix a date for ～「～の日にちを決める」

He always **beats** me at that online game.	彼はいつもあのオンラインゲームで私を打ち負かす。
I **shared** the good news with my family.	私はそのよい知らせを家族と分かち合った。
Many student teachers **observed** our class.	大勢の教育実習生が私たちの授業を見学した。
He **marked** the spot with a colored pin.	彼はその地点を色つきのピンで示した。
I **burned** the fish again.	また魚を焦がしてしまった。
The hotel is **located** near the lake.	そのホテルは湖の近くにある。
A friend of mine **fixed** my computer.	友達の1人が私のコンピューターを直してくれた。

Section 2 単語

suit 発 [suːt] □□ 273	動 に最適[好都合]である；(人)に似合う ▶ That suits me fine.「それで結構です」(承諾して) 名 スーツ；～着 □ súited 形 (叙述)適した ▶ *be* suited to [for] ～「～に適している」 □ súitable 形 (特定の目的に)適した ▶ a suitable place for camping「キャンプに適した場所」
destroy アク [dɪstrɔ́ɪ] □□ 274	動 を破壊する □ destrúction 名 破壊
control 発 アク [kəntróʊl] □□ 275	動 を抑制する，制御する；を支配する，管理する TG **control *oneself*「自制する」** (≒ control *one's* feeling「感情を抑える」) 活 control - controlled - controlled 名 抑制；支配 ▶ under control「抑制[制御]されて」 ▶ out of control「制御不能で」
respond [rɪspɑ́(ː)nd] □□ 276	動 返答する；反応する；だと応答する TG **respond to ～「～に返答[反応]する」** □ respónse 名 返答；反応
depend [dɪpénd] □□ 277	動 当てにする，頼る；～次第である TG **depend on ～** 「～を当てにする，頼る；～次第である」 ▶ It [That] depends.「状況次第だ」 (明確な返答を避けるとき) □ depéndent 形 頼っている □ depéndence 名 依存
forgive [fərgív] □□ 278	動 を許す TG **forgive *A* for *B*「A(人)のBを許す」** ▶ Forgive me (for *doing*), but ... 「(…することを)お許しいただきたいのですが，…」 (言いにくいことを切り出すとき) 活 forgive - forgave [fərgéɪv] - forgiven [fərgívən]

Which day would suit you best?	どの日なら一番都合がいいですか。
The farm was completely **destroyed** by fire.	その農場は火事で全焼した。
I was so angry that I couldn't **control** myself.	私はとても腹が立っていたので，自分を抑えることができなかった。
He never **responded** to my e-mails.	彼は私のEメールに一度も返信してこなかった。
I'm **depending** on your support.	あなたの支援を当てにしています。
She never **forgave** me for telling a lie.	彼女は私がうそをついたことを決して許してくれなかった。

attack [ətǽk] □□ 279	動 **を襲う**；を攻撃する 名 攻撃；発作 ▶ a heart attack「心臓発作」
sink [sɪŋk] □□ 280	動 **沈む**（⇔ float ➡360） 活 sink - sank [sæŋk] - sunk [sʌŋk] 名（台所の）流し
appreciate 発 ア [əprí:ʃièɪt] □□ 281	動 **に感謝する**；（～のよさ）を認める ▶「感謝する」の目的語は，〈人〉ではなく〈物・事〉。 ▶ I would appreciate it if ... 「…していただけるとありがたいのですが」 □ appreciátion 名 鑑賞（力）；感謝（の気持ち）
feed [fi:d] □□ 282	動 **に食べ物[えさ・肥料]を与える** 活 feed - fed [fed] - fed 名 えさ，肥料 ▶ food 名 食べ物

名詞 1

success ア [səksés] □□ 283	名 **成功したこと[人]**；成功 TG *be* a (big) success「（大）成功である」 □ succéssful 形 成功した □ succéed 動 成功する
mystery [místəri] □□ 284	名 **謎，未知のこと**；神秘；推理小説 TG (a) mystery about ～「～に関する謎」 □ mystérious 形 不可解な；神秘的な
ceremony 発 [sérəmòʊni] □□ 285	名 **式典，儀式** TG an opening [a closing] ceremony 「開会[閉会]式」 ▶ an awards ceremony「表彰式」
schedule 発 ア [skédʒu:l] □□ 286	名 **予定（表）**；時刻表，時間割 TG have a busy [full / heavy] schedule 「予定がぎっしり詰まっている」 ▶ on schedule「予定通りに」 ▶ behind schedule「予定より遅れて」 動 を予定する

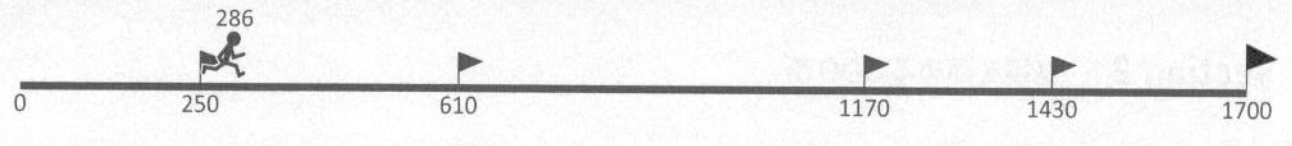

Some children were attacked by a dog.	子供が何人か犬に襲われた。
The toy boat is slowly sinking.	おもちゃの船がゆっくりと沈んでいく。
I really appreciate your advice.	あなたのご助言に本当に感謝しています。
Have you fed the dog yet?	もう犬にえさをあげた？
Our school festival was a big success.	文化祭は大成功だった。
There are many mysteries about the pyramids.	ピラミッドについては多くの謎がある。
The opening ceremony begins at 9 o'clock.	開会式は 9 時に始まる。
I have a very busy schedule this week.	私は今週，予定がぎっしり詰まっている。

damage ア [dǽmɪdʒ] □□ 287	名 **損害，悪影響** TG **cause [do] damage to ～**「～に被害[悪影響]を与える」 動 に損害を与える
model [mɑ́(:)dəl] □□ 288	名 **型**；モデル；模型；模範 TG **the latest model**「最新型[デザイン]」 ▶ a role model (for ～)「(～にとって)お手本となる人」
search 発 [səːrtʃ] □□ 289	名 **捜索**；(データの)検索 TG **in search of ～**「～を探して，求めて」 ▶ do a search on the Internet「インターネットで検索する」 動 (を)捜す；を検索する
project ア [prɑ́(:)dʒekt] □□ 290	名 **計画**；事業 TG **in ～'s project**「～の計画において」 動 を計画する；を見積もる
form [fɔːrm] □□ 291	名 **形態**；形；用紙 TG **in the form of ～**「～の形態[形]で」 ▶ all forms of ～「あらゆる形態の～」 動 を形作る；を組織する □ fórmal ➡ 713 □ formátion 名 形成；編成
scene 発 [siːn] □□ 292	名 **場面**；現場；光景 ▶ the scene of the accident「事故現場」 □ scénery 名 風景，景観
accident [ǽksɪdənt] □□ 293	名 **事故**；偶然 TG **have an accident**「事故に遭う」 □ accidéntally 副 偶然に
contact ア [kɑ́(:)ntæ̀kt] □□ 294	名 **連絡**；接触 TG **keep [stay] in contact (with ～)**「(～と)連絡を保つ」 ▶ make [lose] contact with ～「～と連絡を取る[連絡が途絶える]」 動 と連絡を取る

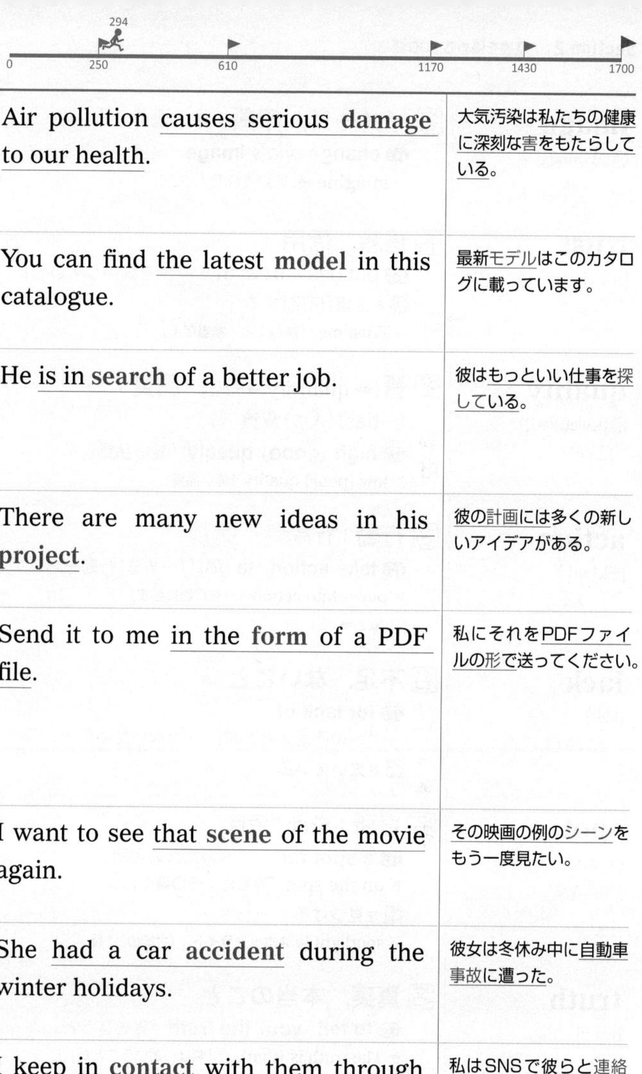

Air pollution causes serious **damage** to our health.	大気汚染は私たちの健康に深刻な害をもたらしている。
You can find the latest **model** in this catalogue.	最新モデルはこのカタログに載っています。
He is in **search** of a better job.	彼はもっといい仕事を探している。
There are many new ideas in his **project**.	彼の計画には多くの新しいアイデアがある。
Send it to me in the **form** of a PDF file.	私にそれをPDFファイルの形で送ってください。
I want to see that **scene** of the movie again.	その映画の例のシーンをもう一度見たい。
She had a car **accident** during the winter holidays.	彼女は冬休み中に自動車事故に遭った。
I keep in **contact** with them through social media.	私はSNSで彼らと連絡を取り合っている。

image 発 ア [ímɪdʒ] □□ 295	名 **イメージ，印象**；像，画像 TG **change *one's* image**「イメージを変える」 □ imágine ➡1237
trust [trʌst] □□ 296	名 **信頼，信用** TG **put *one's* trust in ～**「～を信用している」 動 を信頼[信用]する ▶ Trust me.「信じてよ，本当だよ」
quality 発 [kwɑ́(:)ləti] □□ 297	名 **質**(⇔ quantity ➡525)，**品質**； 〔～ties〕(人の)資質 TG **high［good］quality**「高い品質」 ▶ low [poor] quality「低い品質」
action [ǽkʃən] □□ 298	名 **行動**；行為 TG **take action (to *do*)**「(…する)行動を起こす」 ▶ put ～ into action「～を行動に移す」 □ act ➡381
lack [læk] □□ 299	名 **不足，ないこと** TG **for lack of ～** 「～の不足のために，～がないために」 動 を欠いている
spot [spɑ(:)t] □□ 300	名 **場所**；斑点；汚点 TG **a spot for ～**「～のための場所」 ▶ on the spot「直ちに；その場で」 動 を見つける ▶ spótlight 名 スポットライト；(世間の)注目
truth [tru:θ] □□ 301	名 **真実，本当のこと** TG **to tell (you) the truth**「実を言うと」 ▶ The truth is (that) ...「実は…ということだ」 □ true ➡1627
effort ア [éfərt] □□ 302	名 **努力**；苦労 TG **make an effort to *do***「…しようと努力する」

He wants to change his **image**.	彼は自分のイメージを変えたがっている。
Don't put your **trust** in the person like him.	彼のような人を信用してはいけません。
The high **quality** of their goods is well known.	彼らの製品の高い品質はよく知られている。
We took **action** to reduce plastic waste.	私たちはプラスチック製ごみを減らすために行動を起こした。
I couldn't do my best for **lack** of sleep.	私は睡眠不足でベストを尽くせなかった。
I'll show you the ideal **spot** for watching the fireworks.	花火見物に最適の場所へご案内しましょう。
To tell the **truth**, I really like him.	実を言うと，私は彼のことが大好きだ。
They made a great **effort** to invent new products.	彼らは新製品を開発しようと大変な努力をした。

type [taɪp] □□ 303	名 **型，タイプ**；(one's ～)好みのタイプの人 TG **what type of ～**「どのタイプの～」 ▶ this type of ～ / ～ of this type「このタイプの～」 動 をタイプ[入力]する □ typical [típɪkəl] 形 典型的な；特有の
site [saɪt] □□ 304	名 (特別な用途の)**敷地，土地**； (インターネットの)サイト(= website) TG **a site for [of] ～**「～の土地」 ▶ a building site「建設用地」 ▶ a camp(ing) site「キャンプ場」 ▶ a historic site「史跡」
tool 発 [tu:l] □□ 305	名 **手段**；道具 TG **a tool for ～**「～のための手段[ツール]」
couple [kʌ́pl] □□ 306	名 (同種の)**2つ，2人**；1対，1組； カップル，夫婦 TG **a couple of ～**「2，3の[少数の]～」
hero 発 [hí:roʊ] □□ 307	名 **ヒーロー，英雄**；(男性の)主人公 ▶「ヒーロー，英雄」の意味では男女ともに用いる。特に女性を指したり，「女性の主人公」の場合はheroineを用いる。
courage 発 ア [kə́:rɪdʒ] □□ 308	名 **勇気** TG **have the courage to *do***「…する勇気がある」 □ courágeous 形 勇気のある
board [bɔ:rd] □□ 309	名 (ある目的の)**板，掲示板**；板(材)；委員会 TG **on the board**「掲示板の[にある]」 ▶ a message board「(インターネット上の)掲示板」 ▶ a cutting board「まな板」 ▶ on board「(飛行機・船などに)乗って」
purpose 発 [pə́:rpəs] □□ 310	名 **目的，意図** TG **for the purpose of ～** 「～の目的で，のために」 ▶ The purpose of ～ is to *do*.「～の目的は…することだ」 ▶ on purpose ➡ 598

What type of music do you like?	あなたはどんなタイプの音楽が好きですか。
We found a good site for a tent.	私たちはテント用のいい場所を見つけた。
This app is a good tool for improving your English.	このアプリは英語を上達させるのによいツールだ。
I went to the country a couple of years ago.	私はその国に２，３年前に行った。
Everyone wanted to be a hero.	誰もがヒーローになりたがっていた。
I didn't have the courage to tell the truth.	私には本当のことを言う勇気がなかった。
Look at today's specials on the board.	掲示板にある今日のおすすめメニューを見てごらん。
He came to Japan for the purpose of learning Japanese cooking.	彼は日本の料理を学ぶために来日した。

waste 発 [weɪst] □□ 311	名 **無駄，浪費**；ごみ，廃棄物 TG **a waste of ～**「～の無駄」 動 を浪費する ▶ waste *A* on *B*「A(時間・お金など)をBに浪費する」
shape [ʃeɪp] □□ 312	名 **形**；状態；体調 TG **in the shape of ～**「～の形で」 ▶ in (good) shape「体調がよくて」 ▶ out of shape「体調が悪くて」 動 を形作る
technique 発 ア [tekníːk] □□ 313	名 **技能，技術** TG **a technique for ～**「～の(ための)技術[技能]」 □ téchnical 形 技術上の；専門の；工業技術の
middle [mídl] □□ 314	名 〔the ～〕**真ん中，中央**；中間，最中 TG **in the middle of ～** 「～の真ん中に；～の最中に」 ▶ in the middle of the night「真夜中に」 ▶ in the middle of dinner「夕食の最中に」 形 真ん中の；中間の
spirit [spírət] □□ 315	名 **精神，心**；魂；〔～s〕気分 TG **in spirit**「心は，気持ちの上では」 ▶ in good [high] spirits「上機嫌で」 ▶ in low [poor] spirits「意気消沈して」 □ spíritual 形 精神的な；霊的な
partner [páːrtnər] □□ 316	名 **パートナー**；仲間；配偶者，同棲(せい)者 ▶ pártnership 名 提携，協力
population [pà(ː)pjuléɪʃən] □□ 317	名 **人口** TG **the population of ～**「～の人口」 ▶ a large [small] population「多い[少ない]人口」
fever 発 [fíːvər] □□ 318	名 **熱，発熱**；興奮，熱狂 TG **have a slight [high] fever** 「微熱[高熱]がある」 ▶ football [soccer] fever「サッカー熱」

It would be a waste of time to go there.	そこに行くのは時間の無駄だろう。
She cut the apple in the shape of a rabbit.	彼女はリンゴをウサギの形にカットした。
The technique for tea ceremony is very interesting.	茶道の作法はとても興味深い。
There's a large park in the middle of this city.	この市の中心部には大きな公園がある。
Cheer up! I'll be with you in spirit.	元気を出して。心はあなたと一緒にいるよ。
She will be my partner in the next game.	彼女は次の試合で私のパートナーになる。
What's the population of your city?	あなたの市の人口はどれくらいですか。
I still have a slight fever today.	私は今日まだ微熱がある。

method [méθəd] □□ 319	名 **方法** TG **a method of [for] ～**「～の方法」
structure [strʌ́ktʃər] □□ 320	名 **構造**；構造物 TG **the structure of ～**「～の構造」 ▶ a wooden structure「木造建造物」
background ア [bǽkgràund] □□ 321	名 **経歴，生い立ち**；背景事情；背景 TG **different backgrounds** 「さまざまな経歴[生い立ち]」 ▶ *one's* social background「社会的背景」 ▶ background information「背景情報，予備知識」
combination [kɑ̀(:)mbɪnéɪʃən] □□ 322	名 **組み合わせ**，結合 TG **a combination of *A* (and *B*)** 「A(とB)の組み合わせ」 ▶ in combination (with ～)「(～と)組み合わせて」 □ combíne 動 を組み合わせる

形容詞 1

official ア [əfíʃəl] □□ 323	形 **公式の**；公の，職務(上)の TG **an official language**「公用語」 ▶ an official visit「公式訪問」 名 公務員
flat [flæt] □□ 324	形 **平らな**，起伏のない；空気の抜けた ▶ a flat road「平らな[起伏のない]道路」 ▶ a flat tire「パンクしたタイヤ」 副 平らに
serious 発 [síəriəs] □□ 325	形 **深刻な**；まじめな；本気の TG **have a serious illness**「重病である」 ▶ You can't be serious.「冗談でしょう？」 — I'm serious.「本気だよ」 □ sériously 副 深刻に；まじめに
ordinary ア [ɔ́:rdənèri] □□ 326	形 **普通の**；ありふれた TG **ordinary people**「普通の人々」 ▶ an ordinary life「普段の生活」

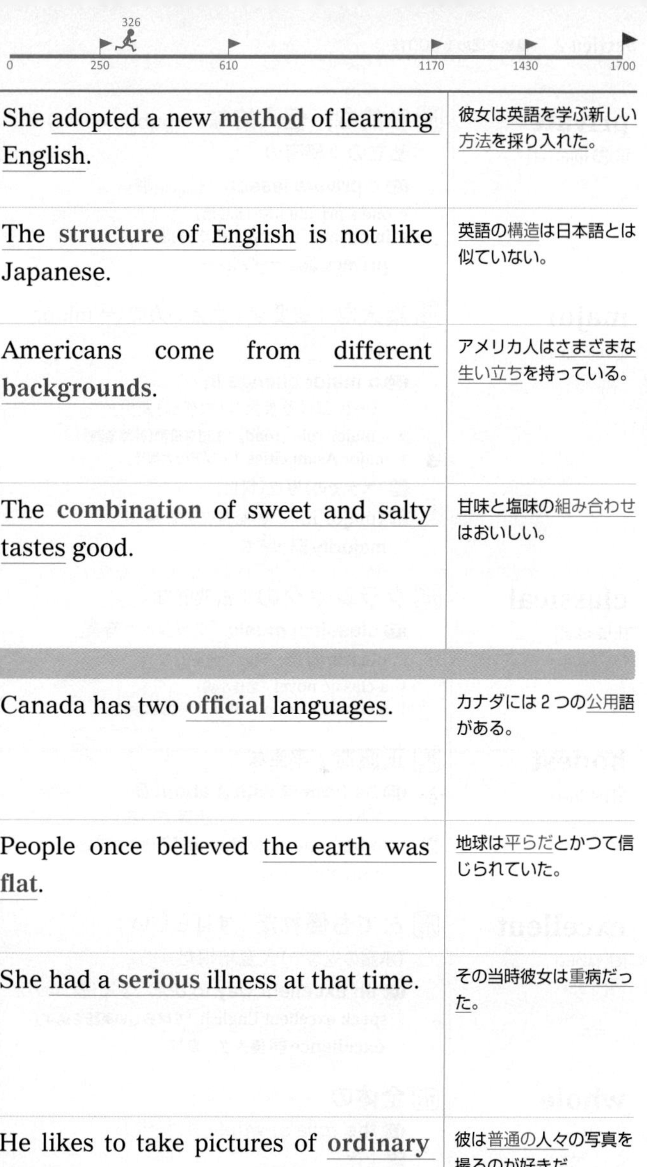

She adopted a new **method** of learning English.	彼女は英語を学ぶ新しい方法を採り入れた。
The **structure** of English is not like Japanese.	英語の構造は日本語とは似ていない。
Americans come from different **backgrounds**.	アメリカ人はさまざまな生い立ちを持っている。
The **combination** of sweet and salty tastes good.	甘味と塩味の組み合わせはおいしい。
Canada has two **official** languages.	カナダには２つの公用語がある。
People once believed the earth was **flat**.	地球は平らだとかつて信じられていた。
She had a **serious** illness at that time.	その当時彼女は重病だった。
He likes to take pictures of **ordinary** people.	彼は普通の人々の写真を撮るのが好きだ。

private 発 アク [práɪvət] □□ 327	形 **私的な，個人的な**（⇔ public ➡1493）；私立の；秘密の TG **a private lesson**「個人指導」 ▶ *one's* private life「私生活」 ▶ in private「誰もいない所で，内密に」 □ prívacy 名 プライバシー
major 発 [méɪdʒər] □□ 328	形 **重大な**；主要な；大きい方の（⇔ minor ➡456） TG **a major change in ～**「～における重大な[大きな]変更」 ▶ a major role [road]「主要な役割[幹線道路]」 ▶ major Asian cities「アジアの大都市」 名 （大学での）専攻（科目） 動 〔major in ～ で〕を専攻する ➡564 □ majórity 名 大多数
classical [klǽsɪkəl] □□ 329	形 **クラシックの**；古典的な TG **classical music**「クラシック音楽」 □ clássic 形 第一級の；典型的な ▶ a classic novel「名作小説」 ▶ a classic example of ～「～の典型的な例」
honest 発 [ά(ː)nəst] □□ 330	形 **正直な**；率直な TG *be* **honest with** *A* **about** *B*「A（人）にBについて正直でいる」 ▶ to be honest (with you)「正直に言うと」 □ hónesty 名 正直
excellent [éksələnt] □□ 331	形 **とても優れた**；すばらしい；（承諾の返答で）大変結構だ TG **an excellent way to** *do*「…する優れた方法」 ▶ speak excellent English「すばらしい英語を話す」 □ éxcellence 名 優秀さ，卓越
whole [houl] □□ 332	形 **全体の** TG **the** [*one's*] **whole ～**「～全体」 名 全体 ▶ ～ as a whole「～全体として」 ▶ on the whole ➡1683

I take private lessons for English.	私は英語の個人指導を受けている。
There were major changes in the design.	そのデザインに大きな変更があった。
I like classical music better than pops.	私はポップスよりもクラシック音楽の方が好きだ。
I was always honest with him about my feelings.	私は自分の気持ちに関してはいつも彼に正直でいた。
Watching movies is an excellent way to learn English.	映画を見るのは英語を学ぶのに優れた方法だ。
The whole world was watching this attempt.	全世界がこの試みを見守っていた。

central [séntrəl] □□ 333	形 **中心(部)の**；中心的な ▶ Central Asia [America]「中央アジア[アメリカ]」 ▶ a central part [role]「中心的な役割」 □ cénter ➡ 1489
ancient 発 [éɪnʃənt] □□ 334	形 **古代の** ▶ ancient history「古代史」
fantastic [fæntǽstɪk] □□ 335	形 **とてもすばらしい**；空想的な ▶ a fantastic story「空想上の物語」 ▶ Fantastic!「すばらしい！」
regular [régjulər] □□ 336	形 **定期的な**；規則正しい；通常の；普通サイズの TG **regular exercise [meetings]**「定期的な運動[会議]」 ▶ *one's* regular seat「いつもの席」 名 レギュラー選手 □ régularly 副 定期的に；頻繁に
basic [béɪsɪk] □□ 337	形 **基本的な，初歩的な**；重要な，基礎となる ▶ basic idea [information]「基礎となる考え[基本情報]」 名 (～s)基本，初歩
huge [hjuːdʒ] □□ 338	形 **巨大な**；莫(ばく)大な ▶ a huge success「大成功」
empty [émpti] □□ 339	形 **空(から)の，空いている** ▶ an empty room [seat]「空き部屋[空席]」 動 を空にする
smart [smɑːrt] □□ 340	形 **頭のよい，賢い** ▶「ほっそりした」という意味の「スマートな」はslim(➡888)やslender。

She lives in **central** Paris.	彼女はパリ中心部に住んでいる。
He is studying **ancient** Egypt.	彼は古代エジプトを研究している。
The view from the room was really **fantastic**.	部屋からの眺めは本当にすばらしかった。
You should take **regular** exercise.	君は定期的に運動した方がいいよ。
They can write **basic** *kanji*.	彼らは基本的な漢字は書ける。
I enjoyed a trip on a **huge** ship.	私は巨大な船での旅を楽しんだ。
Where should I put these **empty** bottles?	これらの空の瓶をどこに置いたらいいですか。
She is much **smarter** than me.	彼女は私よりもずっと賢い。

general [dʒénərəl] □□ 341	形 **大まかな**；一般的な；全般的な TG **a general idea**「大まかな考え，概要」 ▶ a general rule「一般的な規則，原則」 ▶ in general ➡ 1682 □ génerally 副 たいてい；一般的に
single [síŋgl] □□ 342	形 **たった1つ[1人]の**；個々の；独身の TG **not ... a single** ～「～のただ1つ[1人]も…ない」 ▶ every single word [day]「1語1語[毎日毎日]」
responsible [rɪspá(:)nsəbl] □□ 343	形 **責任のある** TG *be* **responsible for** ～ 「～に対して責任がある」 □ responsibílity 名 責任
fresh [freʃ] □□ 344	形 **新鮮な**，できたての；斬新な；すがすがしい ▶ fresh coffee [bread] 「いれたてのコーヒー[焼きたてのパン]」 ▶ a fresh idea「斬新なアイデア」 ▶ fresh air「さわやかな空気」
familiar アク [fəmíljər] □□ 345	形 **熟知している**；よく知られている；親しい TG *be* **familiar with** ～「～をよく知っている」 ▶ *be* familiar to ～「～(人)になじみがある」 The song is familiar to me. 「その歌は私にはなじみがある」 ▶ familiar faces「なじみの顔ぶれ」
native [néɪtɪv] □□ 346	形 **出生地の，母国の**；その土地固有の TG *one's* **native language**「母(国)語」 ▶ *one's* native land [country]「母国」 ▶ the native plants of Japan「日本固有[原産]の植物」
instant アク [ínstənt] □□ 347	形 **即席の**；即時の 名 瞬間，即時 ▶ in an instant「一瞬で」 ▶ the instant (that) ...「…するとすぐに」 □ ínstantly 副 すぐに
lovely [lʌ́vli] □□ 348	形 **すてきな，すばらしい**；美しい ▶ look lovely in ～「～(服装など)が似合う」

Did you get a general idea of the project?	その計画の概要がわかりましたか。
He didn't say a single word.	彼はただ一言も話さなかった。
We must be responsible for our actions.	私たちは自分の行動に責任を持たなければならない。
I try to eat fresh fruit and vegetables.	私は新鮮な果物と野菜を摂るようにしている。
I'm familiar with the song.	私はその歌をよく知っている。
Her native language is Italian.	彼女の母国語はイタリア語だ。
I don't drink instant coffee very often.	私はインスタントコーヒーをあまり飲まない。
I had a lovely day today.	今日はすてきな1日を過ごした。

clear [klɪər] □□ 349	形 **明白な**，はっきりした；澄んだ；晴れた TG **It is clear (to ～) (that) ....** 「…ということは(～にとって)明らかだ」 ▶ clear glass「透明なガラス」 動 を片付ける □ cléarly 副 はっきりと
convenient [kənví:niənt] □□ 350	形 **都合のよい，便利な** TG **It is convenient (for ～) to *do*.** 「…するのは(～にとって)都合がよい」 ▶ a convenient place to *do*「…するのに便利な場所」 □ convénience 名 便利(さ)
crazy [kréɪzi] □□ 351	形 **夢中で**；ばかげた；いらいらして TG ***be* crazy about ～**「～に夢中である」 ▶ drive ～ crazy「～(人)をいらいらさせる」
funny [fʌ́ni] □□ 352	形 **おかしい，滑稽な**；奇妙な TG **a funny story**「おかしい話」 ▶ That's funny.「それはおかしいな[奇妙だ]」 □ fun ➡65
secret [sí:krət] □□ 353	形 **秘密の** TG **keep *A* secret (from *B*)** 「(Bに)Aを秘密にしておく」 名 秘密；秘訣(けつ) ▶ keep a secret「秘密を守る」 ▶ in secret「ひそかに」
remote [rɪmóʊt] □□ 354	形 (距離的・時間的に)**(遠く)離れた**；かけ離れた ▶ in the remote past [future]「遠い過去[未来]に」 ▶ remote from ～「～とかけ離れた」 名 リモコン ▶ remote control「遠隔操作；(a ～)リモコン装置」

It's **clear** that they need our help.

彼らが私たちの手助けを必要としているのは明らかだ。

When is it **convenient** for you to meet?

会うのはいつがあなたには都合がよいですか。

My aunt is **crazy** about Korean dramas.

おばは韓国ドラマに夢中だ。

She often tells **funny** stories.

彼女はおかしい話をよくする。

Will you **keep it secret** from your parents?

君のご両親にはそのことを秘密にしておいてくれるかな？

They traveled to a **remote** island.

彼らは離島へ旅をした。

動詞 2

wake [weɪk] □□ 355	動 **目を覚ます**；を目覚めさせる TG **wake up**「目が覚める」 ▶ wake ～ up「～を起こす，目覚めさせる」 活 wake - woke [woʊk] - woken [wóʊkən]
release [rɪlíːs] □□ 356	動 **を解放する**；を公表[公開]する；を(新しく)発売する TG *be* **released from** ～「～(拘束・束縛など)から自由になる」 ▶ release a new game「新しいゲームを発売する」 名 解放；公表，公開
establish アク [ɪstǽblɪʃ] □□ 357	動 **を設立[創立]する**；(関係)を築く ▶ establish a relationship with ～「～との関係を築き上げる」 □ estáblishment 名 設立；組織
examine 発 [ɪgzǽmɪn] □□ 358	動 **を調べる**；を検査する □ examinátion 名 試験；検査 ▶ 日常的にはexamが使われる。
celebrate アク [séləbrèɪt] □□ 359	動 **を祝う** □ celebrátion 名 祝賀(会)
float [floʊt] □□ 360	動 (水面・空中を)**漂う**；浮く ▶「漂う」の意味では，場所や方向を表す副詞・前置詞句を伴う。
recommend アク [rèkəménd] □□ 361	動 **を推薦する** TG **recommend** *A* **to** *B*「AをB(人)に勧める」 ▶ recommend *doing*「…することを勧める」 □ recommendátion 名 推薦；推薦状
supply 発 [səpláɪ] □□ 362	動 **を供給する** TG **supply** *A* **to** [**for**] *B* / **supply** *B* **with** *A*「AをB(人など)に供給する」 名 供給(量)；(suppliesで)必需品，～用品 ▶ medical supplies「医療品」

I usually **wake up** early in summer.	夏場はたいてい早く目が覚める。
My brother was **released** from the hospital yesterday.	弟は昨日退院した。
The company was **established** in 1931.	その会社は1931年に創立された。
The police **examined** the house carefully.	警察はその家を念入りに調べた。
We **celebrated** her birthday last night.	昨晩私たちは彼女の誕生日を祝った。
Many colorful balloons are **floating** in the sky.	彩り豊かなたくさんの風船が空を漂っている。
She **recommended** this book to me.	彼女はこの本を私に勧めてくれた。
They **supplied** new uniforms to the staff.	彼らは新しい制服をスタッフに支給した。

disappear [dìsəpíər] □□ 363	動 **見えなくなる**；消滅する TG **disappear from ～**「～から消える」 ▶ disappear into ～「～(の中)に姿を消す」 □ disappéarance 名 消滅
apologize アク [əpá(:)lədʒàɪz] □□ 364	動 **謝る** TG **apologize to *A* for *B*** 「A(人)にBのことで謝る」 □ apólogy 名 謝罪
paint [peɪnt] □□ 365	動 **を塗る**；を描く TG **paint *O C***「OをC(色)に塗る」 名 ペンキ，絵の具 □ páinting 名 絵画
pull [pʊl] □□ 366	動 (を)**引く，引っ張る**(⇔ push ➡115) TG **pull *O C***「Oを引いてC(の状態)にする」
print [prɪnt] □□ 367	動 (を)**印刷する**；を出版する 名 印刷(物)
lift [lɪft] □□ 368	動 **を持ち上げる**；(持ち)上がる 名 持ち上げること；上昇
separate 発 [sépərèɪt] □□ 369	動 **を分ける**；を区別する；を引き離す；別れる TG **separate *A* from [and] *B***「AをBと分ける」 形 [sépərət] 離れた；別個の □ séparately 副 別々に
melt [melt] □□ 370	動 **を溶かす，溶ける**

I watched his car until it **disappeared** from view.	私は，彼の車が見えなくなるまで見つめていた。
I must **apologize** to her for what I said.	私は自分が言ったことで彼女に謝らなければならない。
She **painted** the wall blue.	彼女は壁を青色に塗った。
I helped her **pull** the door open.	彼女がドアを引いて開けるのを手伝ってあげた。
They **print** New Year's cards at home every year.	彼らは毎年自宅で年賀状を印刷している。
Four strong men **lifted** the piano.	4人のたくましい男性がピアノを持ち上げた。
You need to **separate** bottles from cans.	瓶と缶は分別する必要がありますよ。
First, **melt** the butter in a small pan.	まず，小さい鍋でバターを溶かしてください。

strike [straɪk] □□ 371	動 **を強く打つ，ぶつける**；当たる； （を）（突然）襲う TG **strike *A* on [against] *B*「AをBにぶつける」** 活 strike - struck [strʌk] - struck 名 ストライキ；打つこと
blow [bloʊ] □□ 372	動 **を吹き飛ばす**；風で飛ぶ；（風が）吹く TG **blow ～ away [off] / blow away [off] ～** 「～を吹き飛ばす」 ▶ blow *A* off *B*「AをBから吹き飛ばす」 ▶ blow *one's* nose「鼻をかむ」 活 blow - blew [bluː] - blown [bloʊn] 名 打撃；強打
let [let] □□ 373	動 **…させてやる，…するのを許可する**； 〔let's *do*で〕…しよう TG **let ～ *do*「～に（望むまま）…させてやる；** **～が…するのを許可する」** ▶ Let me *do*.「…させてください」 ▶ Let me see. / Let's see. 「ええと」（話す内容を少し考えているときなどに） 活 let - let - let
roll [roʊl] □□ 374	動 **転がる，を転がす**；を巻く TG **roll under [into / across] ～** **「～の下に[中に／上を]転がる」** ▶ roll down ～「～を転がり[流れ]落ちる」 名 巻いた物；回転 ▶ a roll of ～「1巻きの～」
recover [rɪkʌ́vər] □□ 375	動 **回復する**；を取り戻す TG **recover from ～「～から回復する」** □ recóvery 名 回復；取り戻すこと
surround [səráʊnd] □□ 376	動 **を囲む，取り囲む** TG ***be* surrounded by [with] ～** **「～に（取り）囲まれている」** □ surróundings 名 環境

I **struck** my head against the open door.	私は開いていたドアに頭をぶつけてしまった。
A strong wind **blew** her hat away.	強風が彼女の帽子を吹き飛ばした。
He didn't **let** me use his tablet.	彼は自分のタブレットを私に使わせてくれなかった。
A coin has **rolled** under the vending machine.	コインが自動販売機の下に転がり込んでしまった。
My sister has **recovered** from her bad cold.	妹はひどい風邪から回復した。
He was **surrounded** by reporters.	彼は記者たちに囲まれていた。

doubt 発 [daʊt] □□ 377	動 を疑う TG **doubt (that) ...** 「…ではないと思う」 ▶ doubt if ... 「…かどうか疑わしいと思う」 名 疑い ▶ no doubt ➡1417 □ dóubtful 形 疑わしい
display [dɪspléɪ] □□ 378	動 を展示[陳列]する；(感情・性質など)を表す 名 展示；(感情などの)表れ；(コンピューターの)ディスプレイ
announce ア [ənáʊns] □□ 379	動 を発表する；だと(大声で)告げる，アナウンスする TG **announce *A* to *B*** 「AをB(人)に発表する」
support [səpɔ́ːrt] □□ 380	動 を支持する；を支援する；を支える ▶ support *one's* family 「～の家族を養う」 名 支持；支え
act [ækt] □□ 381	動 行動する；振る舞う；(を)演じる ▶ act like ～ 「～のように振る舞う」 名 行為；(劇の)幕 □ áction ➡298 □ áctive ➡960
repeat [rɪpíːt] □□ 382	動 を繰り返して言う[書く]；を繰り返す；(を)復唱する ▶ repeat the exercise 「その運動を繰り返す」 ▶ Repeat after me. 「後について言ってください」 □ repetítion 名 繰り返し，反復
count [kaʊnt] □□ 383	動 (を)数える；重要である TG **count how many ～** 「いくつ～かを数える」 ▶ Friendship counts. 「友情は大切だ」 ▶ count on [upon] ～ ➡1115 名 数えること，計算

I **doubt** that he will keep a secret.	彼は秘密を守らないと思う。
Those national treasures are **displayed** in the museum.	それらの国宝は博物館に展示されている。
The regular players were **announced** to the team members.	レギュラー選手たちがチームのメンバーに発表された。
No one **supported** his idea.	誰も彼の考え方を支持しなかった。
You should **act** right now.	君は今すぐ行動すべきだよ。
Could you **repeat** that, please?	それをもう一度おっしゃっていただけますか。
I **counted** how many people were there before us.	私は自分たちの前に何人いるか数えた。

compare [kəmpéər] □□ 384	動 を比べる TG **compare *A* with [to] *B*** 「AをBと比べる」 ▶ compared with [to] ～「～と比べて」 □ compárative 形 比較による；比較的 □ compárison 名 比較
shine [ʃaɪn] □□ 385	動 **輝く**；を磨く ▶ shine *one's* shoes「靴を磨く」 活 shine - shone [ʃoun] - shone （「を磨く」は過去形・過去分詞形ともshined）
replace [rɪpléɪs] □□ 386	動 に**取って代わる**；を取り替える TG ***be* replaced by** ～「～に取って代わられる」 ▶ replace *A* with *B*「AをBに取り替える」 □ replácement 名 代わり（の人・物）

名詞2

reality アク [riǽləti] □□ 387	名 **現実**；現実の物 TG **face [accept] reality** 「現実と向き合う[を受け入れる]」 ▶ in reality「実際には」 ▶ The reality is (that) ....「現実[実際]には…である」 ▶ become a reality「現実(の物)になる」 □ real ➡ 1588
strength 発 [streŋkθ] □□ 388	名 **力**；強さ TG **with all *one's* strength**「～の力いっぱい(に)」 □ strong 形 力のある，強い
era [íərə] □□ 389	名 **時代** TG **a new era**「新しい時代」 ▶ the Edo era「江戸時代」
area 発 [éəriə] □□ 390	名 **地域，区域**；領域，分野

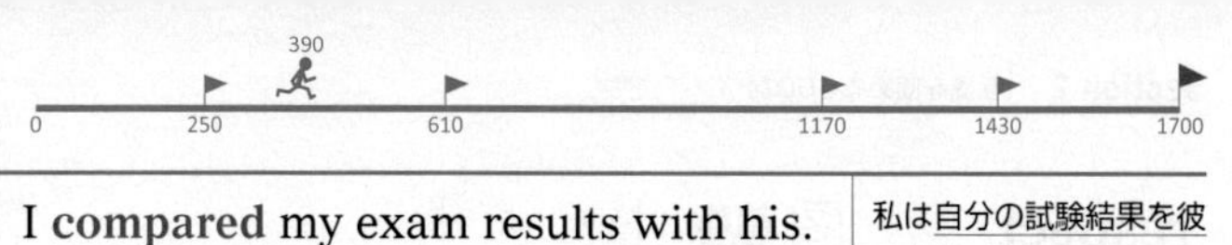

I **compared** my exam results with his.	私は自分の試験結果を彼のと比べた。
The sun **shines** like a diamond over Mt. Fuji.	富士山の上に太陽がダイヤモンドのように輝いている。
Paper books have been **replaced** by e-books by degrees.	紙の本は徐々に電子書籍に取って代わられてきている。
You should face **reality**.	あなたは現実と向き合うべきだよ。
They pulled the rope with all their **strength**.	彼らは力いっぱいロープを引いた。
This is the beginning of a new **era** for us.	これが私たちにとって新しい時代の始まりだ。
All the trees in the **area** were cut down.	その地域の木々はすべて切り倒された。

respect [rɪspékt] □□ 391	名 **尊敬**；箇所，点 TC **have respect for ～**「～を尊敬している」 ▶ look up to ～「～を尊敬する」➡1133 動 を尊敬する
pressure 発 [préʃər] □□ 392	名 **重圧**；圧力 TC **under pressure** 「プレッシャーを抱えて；圧力を受けて」 ▶ put pressure on ～「～(人)に圧力をかける」 ▶ blood pressure「血圧」 □ press ➡480
pleasure 発 [pléʒər] □□ 393	名 **喜び，楽しみ** TC **It is a pleasure to *do*.**「…してうれしいです」 ▶ with pleasure「喜んで」 ▶ for pleasure「娯楽で，楽しみに」 ▶ (It's) My pleasure.「どういたしまして」 (お礼を言われたときなどの応答)
favor [féɪvər] □□ 394	名 **親切な行為**，手助け；支持 TC **do ～ a favor**「～(人)に手助けをしてあげる」 ▶ ask ～ a favor / ask a favor of ～ 「～(人)にお願いをする」 May I ask you a favor?「お願いがあるのですが」 ▶ in favor of ～ ➡594 動 を支持する □ fávorable 形 好意的な □ fávorite 形 お気に入りの ➡87
statue 発 [stǽtʃuː] □□ 395	名 **像** ▶ the Statue of Liberty「自由の女神像」
limit [límət] □□ 396	名 **限度，限界**；制限 TC **there is a [no] limit to ～** 「～には限りがある[ない]」 ▶ a time [speed / an age] limit「時間[速度／年齢]制限」 ▶ within limits「ある程度，適度な範囲で」 動 を制限する □ limitátion 名 制限；(～s) 限界

I have a lot of **respect** for her skill.	私は彼女の腕前に大いに敬意を払っている。
She works under a lot of **pressure**.	彼女は多くのプレッシャーを抱えて働いている。
It's a **pleasure** to meet you.	お目にかかれてうれしいです。
Would you do me a **favor** and keep it secret?	お願いがあるのですが，それを秘密にしていただけますか。
Many people came to see the golden **statue**.	多くの人がその黄金の像を見にやって来た。
There's a **limit** to what I can do for you.	私があなたにしてやれることには限界がある。

bottom
[bá(:)təm]
□□ 397

名 **下部，底**(⇔ top ➡419)
TG **at the bottom of ～**「～の下[底]に」

position
[pəzíʃən]
□□ 398

名 **立場**；位置；姿勢；職
TG ***be* in a position to *do***「…する立場にある」
▶ in [out of] position「所定の[間違った]位置に」
▶ a sitting position「座った状態[姿勢]」

memory
[méməri]
□□ 399

名 **記憶(力)**；思い出
TG **have a good memory for ～**
「～に関する記憶力がよい」
▶ in [within] *one's* memory「～の記憶の範囲では」
□ mémorize 動 を記憶する

level
ア [lévəl]
□□ 400

名 **水準，レベル**；程度；(ある基準点からの)高さ
TG **a high [low] level of ～**
「高い[低い]レベルの～」
▶ the water level「水位」
▶ at chest level「胸の高さで」
形 水平な
動 を平らにする

figure
[fígjər]
□□ 401

名 〔通例～s〕**数(値)**；数字；姿；図
▶ See Figure [Fig.] 2.「図2をご覧ください」
動 だと考える；を理解する
▶ figure out ～ ➡1636

direction
[dərékʃən]
□□ 402

名 **方向**；方針；〔～s〕指示，説明書
TG **in the direction of ～**「～の方向に」
▶ この表現では，前置詞はtoではなくinを用いる。
▶ in all directions / in every direction「四方八方に」

bit
[bɪt]
□□ 403

名 **少し，少量**
TG **a (little) bit of ～**「少しの～」
▶ "～" は不可算名詞。
▶ a bit「少し」(= a little / a little bit)
wait a bit「少し待つ」
▶ quite a bit of ～「かなりの～」

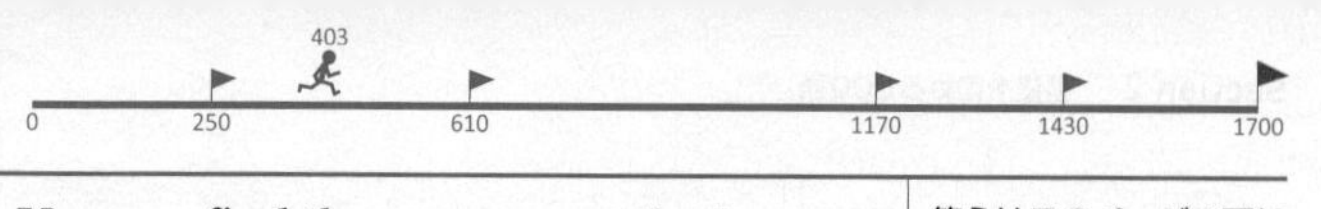

You can find the answers at the **bottom** of this page.	答えはこのページの下にあります。
I'm afraid I'm not in a **position** to decide it.	残念ながら，私はそれを決定する立場にありません。
She has a good **memory** for names.	彼女は名前に関する記憶力がよい。
That restaurant is famous for its high **level** of service.	あのレストランはレベルの高いサービスで有名だ。
Please look at the **figures** in the table.	表の数値をご覧ください。
They walked in the **direction** of the station.	彼らは駅の方向に歩いて行った。
Would you like a **bit** of chocolate?	チョコレートを少しいかがですか。

contrast アク [ká(:)ntræst] □□ 404	名 **対比，差異**；(画像・明暗などの)コントラスト TG **a contrast between *A* (and *B*)** 「A(とBと)の間の相違[対比]」 ▶ a contrast between the cultures「文化間の相違」 ▶ by [in] contrast「対照的に」 ▶ in contrast to [with] ～ ➡ 1662 動 [kəntrǽst] 対照をなす；を対比させる
religion [rɪlídʒən] □□ 405	名 **宗教** □ relígious 形 宗教(上)の
harmony [há:rməni] □□ 406	名 **調和，一致** TG **in harmony (with ～)** 「(～と)調和[一致]して」 ▶ work in (perfect) harmony 「(完璧に)うまくいく，息が合う」
pattern アク [pǽtərn] □□ 407	名 **模様，図柄**；パターン，型
stage [steɪdʒ] □□ 408	名 **段階**；舞台 ▶ at this stage「この段階において」 ▶ in the early stages (of ～)「(～の)初期において」
degree [dɪgrí:] □□ 409	名 **程度**；(温度・経緯度などの)度；学位 TG **to some [a (certain)] degree** 「ある程度(まで)」 ▶ by degrees「徐々に」
emergency [ɪmə́:rdʒənsi] □□ 410	名 **緊急(事態)** TG **in an emergency**「緊急時に」 ▶ for emergencies「非常時に備えて」 ▶ an emergency exit「非常口」
origin アク [ɔ́(:)rɪdʒɪn] □□ 411	名 **起源**；(の)生まれ，家系 TG **in origin**「もともとは」 □ oríginal 形 当初の，本来の；独創的な

There's an interesting **contrast** between her latest and early works.	彼女の最新作と初期の作品の間には興味深い相違がある。
People of different **religions** and cultures are studying together here.	さまざまな宗教や文化を持つ人々がここで共に学んでいる。
Humans must live in **harmony** with nature.	人は自然と調和した生活を送らなければならない。
I like clothes with simple **patterns**.	私はシンプルな模様の服が好みだ。
The project moved to the next **stage**.	そのプロジェクトは次の段階に進んだ。
He can understand Japanese to some **degree**.	彼は日本語をある程度は理解できる。
In USA, call 911 in an **emergency**.	アメリカでは，緊急時には911に電話をしてください。
This word is Greek in **origin**.	この言葉はもともとギリシャ語だ。

battle [bǽtl] □□ 412	名 **戦闘**；闘争 TG **in battle**「戦闘で」 動 戦う ▶ battle against [with] ～「～と戦う」
enemy [énəmi] □□ 413	名 **敵**
note [noʊt] □□ 414	名 **メモ，覚書**；短信；注釈 TG **leave a note (for ～)**「(～に)メモを残す」 ▶ make a note (of ～)「(～を)メモする」 動 に注意を払う
countryside [kʌ́ntrisàɪd] □□ 415	名 **田舎** TG **in the countryside**「田舎で」 ▶ cóuntry ➡35
contest ㋐ [kɑ́(:)ntest] □□ 416	名 **競技(会)，コンテスト** TG **win [enter] a contest** 「コンテストで優勝する[に参加する]」 動 [kəntést] を(得ようと)争う，競う
sort [sɔːrt] □□ 417	名 **種類** TG **this sort of ～ / ～ of this sort**「この種の～」 ▶ all sorts of ～ / ～ of all sorts「あらゆる種類の～」 ▶ sort of「いくぶん」(副詞的に) ▶ a sort [kind] of ～ ➡239
depth [depθ] □□ 418	名 **深さ**；奥行き TG **to [at] a depth of ～**「～の深さまで[深さに]」 □ deep 形 副 ➡1338
top [tɑ(:)p] □□ 419	名 **最高部，頂上**(⇔ bottom ➡397)；最高位 TG **at the top of the ～**「～のてっぺんで[に]」 形 最高(位)の ▶ the top player「トッププレーヤー」

Hundreds of people died in **battle**.	何百人もの人々が戦死した。
They are not **enemies** but friends.	彼らは敵ではなく味方だ。
I left a **note** on your desk.	あなたの机の上にメモを残しておきましたよ。
My family is thinking of living in the **countryside**.	私の家族は田舎で暮らそうかと考えている。
She won the English speech **contest**.	彼女は英語のスピーチコンテストで優勝した。
This **sort** of problem happens a lot.	この種の問題はよくあることだ。
They dug down to a **depth** of 10 meters for water.	彼らは水を求めて10メートルの深さまで掘り進めた。
We enjoyed the view at the **top** of the mountain.	私たちは山の頂上で景色を楽しんだ。

theme 発 [θiːm] □□ 420	名 **テーマ，主題** TG **the major theme (of ～)**「(～の)主要テーマ」 ▶ a theme park「テーマパーク」
sentence [séntəns] □□ 421	名 **文**；判決；刑 ▶ páragraph 名 段落
cycle [sáɪkl] □□ 422	名 **周期**；循環 ▶ the life cycle of ～「～(製品など)の寿命，ライフサイクル」 ▶ the cycle of the seasons「季節の移り変わり」 動 自 自転車に乗る □ cýcling 名 自 サイクリング
concept アク [ká(ː)nsèpt] □□ 423	名 **概念** TG **the concept of ～**「～の概念」 ▶ have no concept of ～「～の見当がつかない」
rhythm 発 [ríðm] □□ 424	名 **リズム** TG **to the rhythm of ～**「～のリズムに合わせて」
tradition アク [trədíʃən] □□ 425	名 **伝統**；しきたり TG **have a (long) tradition of ～**「～の(長い)伝統がある」 ▶ by tradition「慣例により」 □ tradítional 形 伝統的な
theory [θíːəri] □□ 426	名 **理論**；説，学説 TG **in theory**「理論上は，理屈の上では」 ▶ the theory about [on] ～「～に関する理論」 ▶ the theory that ...「…という説」

形容詞 2

correct [kərékt] □□ 427	形 **正しい**；適切な TG **the correct answer**「正解」 ▶ (That's) Correct.「その通りです」(≒ That's right.) 動 を訂正する □ corréction 名 訂正；添削

The major **theme** of the work is peace.	その作品の主要テーマは平和だ。
Select the best **sentence** to each question.	各問題に対して最適な文を選びなさい。
A good sleep **cycle** is important.	良質な睡眠周期は大切だ。
The children understood the **concept** of sharing.	その子供たちは分かち合いの概念を理解していた。
Let's dance to the **rhythm** of the music.	その音楽のリズムに合わせて踊ろう。
Our school has a long and proud **tradition** of baseball.	私たちの学校には長く誇るべき野球の伝統がある。
In **theory**, this challenge will be successful.	理論上，この挑戦は成功するだろう。
What's the **correct** answer?	正解は何ですか。

blank [blæŋk] □□ 428	形 **白紙の，空白の**，空(から)の TG **a blank page [space]** 「白紙のページ[空白のスペース]」 名 空欄，空所
quiet [kwáɪət] □□ 429	形 **静かな**；平穏な，人気(ひとけ)のない ▶ a quiet street「人気のない通り」 □ quíetly 副 静かに
smooth 発 [smuːð] □□ 430	形 **滑らかな，すべすべした**(⇔ rough ➡444)；平らな；円滑な TG **keep ～ smooth**「～を滑らかに保つ」 動 を滑らかにする，平らにする
wet [wet] □□ 431	形 **濡(ぬ)れた，湿った**(⇔ dry ➡1511)；雨降りの TG **get wet**「濡れる」 ▶ wet weather「雨天」 動 を濡らす
chief [tʃiːf] □□ 432	形 **最高(位)の**；主要な TG **the chief cook [chef]**「料理長」 ▶ the chief problem [reason]「主な問題[原因]」 名 (組織の)長
raw 発 [rɔː] □□ 433	形 **生の**；加工[処理]されていない TG **raw egg [fish]**「生卵[魚]」 ▶ eat ～ raw「～を生(の状態)で食べる」 ▶ raw data「未処理のデータ」
personal [pə́ːrsənəl] □□ 434	形 **個人の，個人的な** □ personálity 名 性格，人格 □ pérson ➡862
double 発 [dʌ́bl] □□ 435	形 **2倍の**；二重の；二人用の TG **double the price [number]**「2倍の金額[数]」 ▶〈double + the [*one's*] + 名詞〉の語順。 ▶ a double meaning「二通りの意味」 動 を2倍にする；2倍になる　副 2倍に 名 2倍；ダブルルーム

Click here to add a new **blank** page.	新しい空白のページを追加するには，ここをクリックしてください。
We have to be **quiet** in the teachers' room.	私たちは職員室では静かにしなければならない。
This cream will keep your skin soft and **smooth**.	このクリームは肌を柔らかくすべすべに保ってくれます。
Don't go out now, or you'll get **wet**.	今は外に出ないで，さもないと濡れてしまうよ。
She's the **chief** cook at this restaurant.	彼女はこのレストランの料理長だ。
They never eat **raw** eggs.	彼らは決して生卵を食べない。
You shouldn't ask such a **personal** question.	そのような個人的な質問をしない方がいいよ。
I had to pay **double** the price for it.	私はそれに２倍の金額を払わねばならなかった。

dirty [dəːrti] □□ 436	形 **汚れた**(⇔ clean ➡100);不正な TG **get dirty**「汚れる」 ▶ a dirty player「汚い手を使う選手」 □ dirt 名 汚れ;泥
normal [nɔ́ːrməl] □□ 437	形 **普通の**;標準の TG **It is normal (for ～) to *do*.** 「(～にとって)…するのは普通だ」 名 標準 ▶ above [below] normal「標準以上[以下]で」
full [fʊl] □□ 438	形 **いっぱいの**(⇔ empty ➡339);満腹の TG ***be* full of** ～「～でいっぱいだ;～だらけだ」 ▶ I'm full.「おなかがいっぱいだ」 □ fúlly 副 十分に
simple [símpl] □□ 439	形 **簡単な**;質素な ▶ simple but elegant「簡素だが品のある」 □ símply 副 単に;簡単に ➡1618
equal 発 ア [íːkwəl] □□ 440	形 **等しい,同等の**;平等の TG ***be* equal to** ～「～に等しい,相当する」 ▶ equal rights「平等の権利」 動 に等しい;に匹敵する □ equálity 名 平等 □ équally 副 平等に
quick 発 [kwɪk] □□ 441	形 **短時間の**;素早い;即時の ▶ a quick answer [decision]「即答[即決]」 □ quíckly 副 急いで;すぐに
rapid [rǽpɪd] □□ 442	形 **急速な**;素早い TG **rapid change**「急激な変化」 ▶ a rapid train「快速列車」 □ rápidly 副 急速に
ideal 発 ア [aɪdíːəl] □□ 443	形 **理想的な** TG **ideal (*A*) for *B***「Bにとって理想的な(A)」 名 理想

How did your shoes get so **dirty**?	あなたの靴はどうしたらそんなに汚れたの？
It's **normal** for you to feel tired after the long meeting.	長い会議の後で君が疲れを感じるのは普通のことだよ。
The morning trains are **full** of people.	朝の電車は人でいっぱいだ。
The rules of the game are very **simple**.	そのゲームのルールはとても簡単だ。
One US dollar was **equal** to 360 yen for many years.	１米ドルは何年もの間360円に相当していた。
I had a **quick** breakfast this morning.	私は今朝，さっと朝食をとった。
I couldn't follow its **rapid** change.	私はその急激な変化についていけなかった。
This is an **ideal** place for reading.	ここは読書には理想的な場所だ。

rough 発 [rʌf] □□ 444	形 **大まかな**；粗い；乱暴な TG **a rough guide [idea]**「目安[大まかな考え]」 ▶ a rough road「でこぼこ道」 副 荒っぽく ▶ play rough「荒っぽいプレーをする」 名 下描き(≒ a rough sketch) □ róughly 副 おおよそ；手荒に
silent [sáɪlənt] □□ 445	形 **無言の**；静かな TG **keep silent**「黙っている」 □ sílence 名 沈黙；静けさ
violent [váɪələnt] □□ 446	形 **暴力的な**，乱暴な；激しい ▶ violent crime「凶悪犯罪」 ▶ a violent storm「すさまじい嵐」 □ víolence 名 暴力
rich [rɪtʃ] □□ 447	形 **豊富な**；金持ちの TG ***be* rich in ～**「～が豊富である」 ▶ get rich「金持ちになる」
perfect ア [pə́ːrfɪkt] □□ 448	形 **完全な，完璧な**；最適の，うってつけの ▶ perfect timing「完璧なタイミング」 ▶ a perfect day for a picnic「ピクニックにうってつけの日」
weak [wiːk] □□ 449	形 **弱い，弱った**；不得手な；(味の)薄い TG **feel weak**「だるさを感じる，脱力感がある」 ▶ *one's* weak point「弱点」 ▶ weak coffee「薄いコーヒー」 □ wéaken 動 を弱める □ wéakness 名 弱さ
upper [ʌ́pər] □□ 450	形 **上の[高い]方の**(⇔ lower 形 下の[低い]方の)；上位の ▶ the upper limit「上限」
inner [ínər] □□ 451	形 **内部の，中心部の**(⇔ outer 形 外側の)

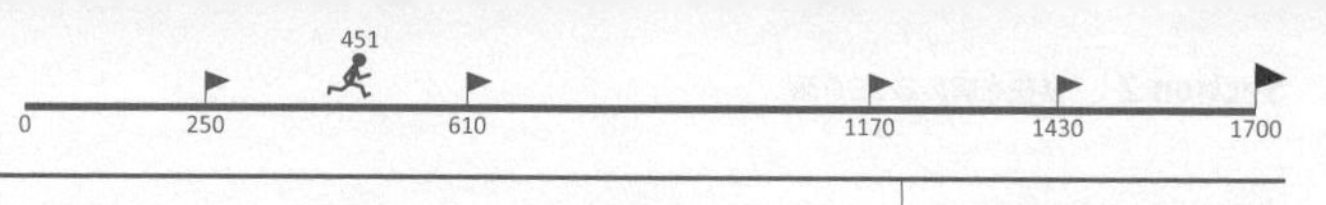

It's only a **rough** guide to the price.	それは価格の単なる目安(=大まかな基準)にすぎない。
She kept **silent** while they were talking.	彼らが話している間，彼女は黙っていた。
There are many **violent** scenes in that film.	あの映画にはたくさんの暴力シーンがある。
Kiwi fruit is **rich** in vitamins and fibers.	キウイはビタミン類も食物繊維も豊富だ。
Her speech in English was **perfect**.	彼女の英語のスピーチは完璧だった。
He still feels **weak** after leaving the hospital.	彼は退院後もまだだるく感じている。
We couldn't book a room on the **upper** floors.	私たちは上層階の部屋を予約できなかった。
Inner Tokyo must be an exciting place for tourists.	東京の中心部は観光客にとって刺激的な場所に違いない。

Section 2 単語

awful 発 [ɔ́ːfəl] □□ 452	形 **ひどい**；すさまじい TG **taste [smell] awful** 「ひどい味[におい]がする」 ▶ look awful「顔色[格好]がひどい」 ▶ feel awful「気分[具合]が悪い」 ▶ awful weather「ひどい[すさまじい]天気」
false [fɔːls] □□ 453	形 **間違った**；本物でない，偽の ▶ a false name「偽名」
vivid [vívɪd] □□ 454	形 **鮮やかな** ▶ vivid memories「鮮明な記憶」
pure [pjuər] □□ 455	形 **純粋な**；汚れていない TG **pure white**「純白(の)」 ▶ 100% pure cotton [orange juice] 「綿100%[果汁100%のオレンジジュース]」 ▶ pure water「きれいな水」
minor [máɪnər] □□ 456	形 **(比較的)重要ではない**，小さい方の (⇔ major ➡328) TG **a minor problem**「ささいな問題」 名 未成年者
mild [maɪld] □□ 457	形 (天候が)**穏やかな**，温暖な； (味が)まろやかな TG **nice and mild**「穏やか[温暖]で心地よい」

動詞 3

admire [ədmáɪər] □□ 458	動 を**賞賛する**，に**感嘆する**；に見とれる TG **admire *A* for *B***「AをBのことで賞賛する」 □ admirátion 名 賞賛
drop [drɑ(ː)p] □□ 459	動 を**落とす**；落ちる ▶ drop out (of ～)「(～(学校)を)中途退学する」 名 しずく；一滴；(数・量の)下落

The food looked good but tasted **awful**.	その食べ物は見た目はよいが味はひどかった。
The method was based on the **false** theory.	その方法は間違った理論に基づいていた。
Most of his works were painted in **vivid** colors.	彼の作品の大半は鮮やかな色で描かれていた。
I like **pure** white shirts.	私は真っ白なシャツが好きだ。
It's just a **minor** problem to me.	それは私にはささいな問題にすぎない。
Today is nice and **mild** for winter.	今日は冬にしては穏やかで心地よい。
He really **admires** you for your work.	彼は仕事のことで君を本当に賞賛している。
Excuse me, you **dropped** your ticket.	すみません，チケットを落としましたよ。

reflect [rɪflékt] □□ 460	動 **を映し出す**；を反射する；を熟考する TG ***be* reflected in** ～「～に映し出されている」 ▶ reflect on ～「～について熟考する」 □ refléction 名 反射
dig [dɪɡ] □□ 461	動 (を)**掘る**；を掘り出す ▶ dig carrots「ニンジンを掘り出す」 ▶ dig for ～「～を求めて掘る」 活 dig - dug [dʌɡ] - dug
beg [beɡ] □□ 462	動 (を)**懇願する** TG **beg *A* for *B***「A(人)にBを懇願する」 ▶ beg for help「助けを求める」 ▶ I beg your pardon? 「もう一度言っていただけますか」(文尾は上がり調子で)
freeze [friːz] □□ 463	動 **凍る**；を凍らせる 活 freeze - froze [froʊz]- frozen [fróʊzən] □ fréezing 形 凍るような，凍えそうな 名 氷点 □ frózen 形 凍った，冷凍した
adopt [ədá(ː)pt] □□ 464	動 (考え・提案など)を**採用する**； を養子にする ▶ an adopted child「養子」
measure 発 [méʒər] □□ 465	動 を**測る**；(の)寸法がある 名 基準；措置；計量単位 □ méasurement 名 測定
flow [floʊ] □□ 466	動 **流れる** TG **flow through** ～「～を通って流れる」 名 流れ(ること)
fulfill アク [fʊlfíl] □□ 467	動 を**実現させる**；(要求・必要など)を満たす； (役割)を果たす TG **fulfill *one's* dream [wish]** 「夢[希望]をかなえる」

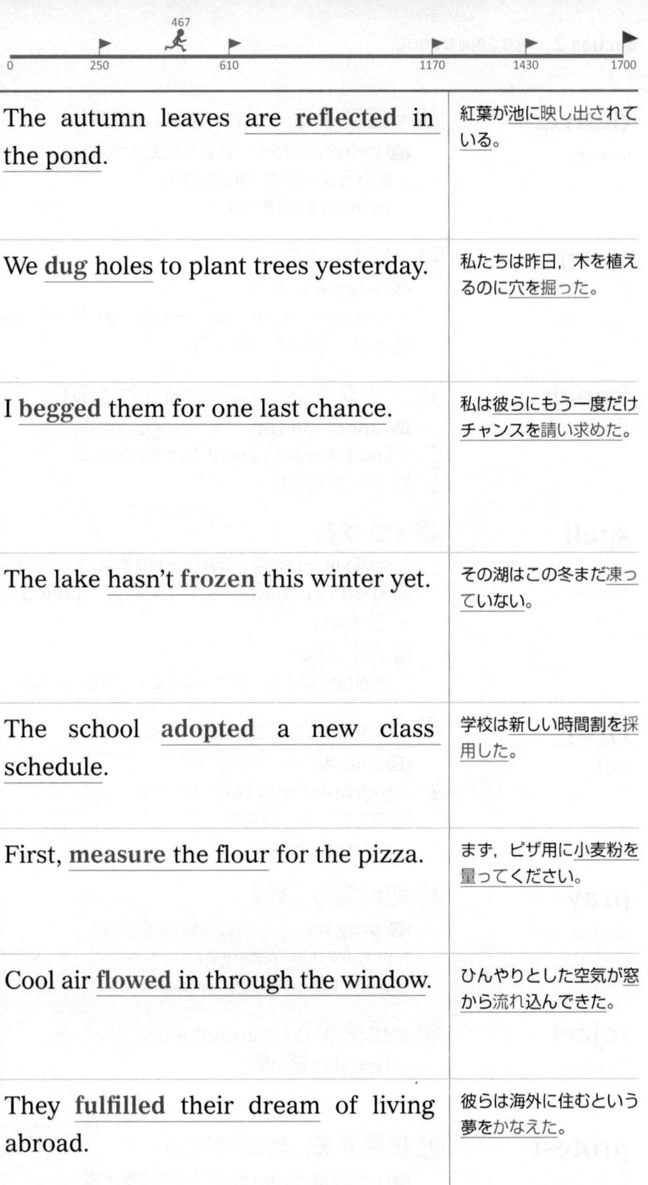

The autumn leaves are **reflected** in the pond.	紅葉が池に映し出されている。
We **dug** holes to plant trees yesterday.	私たちは昨日，木を植えるのに穴を掘った。
I **begged** them for one last chance.	私は彼らにもう一度だけチャンスを請い求めた。
The lake hasn't **frozen** this winter yet.	その湖はこの冬まだ凍っていない。
The school **adopted** a new class schedule.	学校は新しい時間割を採用した。
First, **measure** the flour for the pizza.	まず，ピザ用に小麦粉を量ってください。
Cool air **flowed** in through the window.	ひんやりとした空気が窓から流れ込んできた。
They **fulfilled** their dream of living abroad.	彼らは海外に住むという夢をかなえた。

deliver [dɪlívər] □□ 468	動 を**配達する**；(演説・講演など)をする TG **deliver *A* to *B*** 「AをBに配達する」 ▶ deliver a speech 「演説をする」 □ delívery 名 配達(物)
wrap 発 [ræp] □□ 469	動 を**包む**；を巻く TG **wrap *A* in *B*** 「AをBで包む」 ▶ wrap up ～ / wrap ～ up 「～(会議・仕事など)を終える」 名 包み；ラップ；ショール
knock 発 [nɑ(:)k] □□ 470	動 **ノックする**；にぶつける[ぶつかる] TG **knock on [at]** ～ 「～をノックする」 ▶ knock *A* against [on] *B* 「AをBにぶつける」 名 ノック(の音)
spell [spel] □□ 471	動 を**つづる** ▶ spell out ～ / spell ～ out 「～を略さずに[1字1字]書く」 活 spell - spelled [英 spelt [spelt]] - spelled [英 spelt] 名 呪文；魔法 □ spélling 名 (正しく)つづること；つづり，スペル
rush [rʌʃ] □□ 472	動 **急いで行く**；をせきたてる TG **rush to** ～ 「～に急いで行く」 ▶ rush to *do* 「急いで[あわてて]…する」 名 慌ただしさ；混雑時 ▶ in a rush 「急いで」
pray 発 [preɪ] □□ 473	動 **切に願う**；祈る TG **pray for** ～ 「～(の実現)を切に願う」 ▶ pray for rain 「雨乞いする」 □ prayer 名 [preər] 祈り；[préɪər] 祈る人
reject ア [rɪdʒékt] □□ 474	動 を**拒絶する**(⇔ accept ➡255) □ rejéction 名 拒絶
protest 発 ア [prətést] □□ 475	動 **抗議する**，異議を唱える TG **protest against** ～ 「～に抗議する」 名 [próʊtest] 抗議，異議

The letter was **delivered** to my old address.	その手紙は私の旧住所に配達された。
Would you **wrap** this gift in red paper?	この贈り物を赤い紙で包んでいただけますか。
I **knocked** on the door but nobody answered.	ドアをノックしたが，返事はなかった。
How do you **spell** your name?	あなたの名前はどうつづるのですか。
The police **rushed** to the scene of the accident.	警察は事故現場に急行した。
We **pray** for their safety.	私たちは彼らの無事を願っている。
He **rejected** our plan.	彼は私たちの計画を却下した。
Students **protested** against the new rules.	生徒たちはその新しい規則に抗議した。

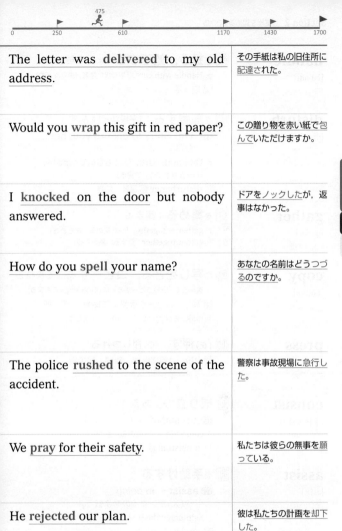

handle [hǽndl] □□ 476	動 を**扱う，処理する**；に手を触れる ▶ Handle with care.「取り扱い注意」(表示などで) 名 取っ手
disturb [dɪstə́ːrb] □□ 477	動 を**邪魔する**；(平穏など)を乱す TG (I'm) **Sorry to disturb you, but ....** 「お邪魔してすみませんが，…」 ▶ Do not disturb.「起こさないでください」 (ホテルなどでのドア掲示) □ distúrbance 名 騒動；妨害
gather [gǽðər] □□ 478	動 を**集める**；集まる ▶ gather ~ together「～を集める，まとめる」 ▶ gather together「集まる，集合する」
copy [ká(ː)pi] □□ 479	動 の**写しをとる，コピーする**；をまねる ▶ 複写機で「(を)コピーする」はphótocopyとも言う。 名 写し，コピー；複製；(印刷物の)部，冊 ▶ make a copy of ~「～のコピーをとる」
press [pres] □□ 480	動 (を)**押す**，(を)押しつける 名 〔the ~〕報道機関；新聞；報道陣
consist アク [kənsíst] □□ 481	動 **成り立つ**；ある TG **consist of** ~「～から成る」 ▶ consist in ~「～にある，基づいている」 □ consístent 形 一貫した；一致した
assist [əsíst] □□ 482	動 を**手助けする** TG **assist ~ in** *doing* 「～(人)が…するのを手伝う」 ▶ helpの場合はhelp ~ (to) *do*の形。 ➡3 名 (得点の)アシスト
kick [kɪk] □□ 483	動 を**蹴る** TG **kick** *A* **back** (to *B*)「Aを(Bに)蹴り返す」 ▶ kick off (~)「始まる，～を始める」 名 蹴ること；キック

Wash the cutting board well after you **handle** raw fish.	生魚を扱った後はまな板をよく洗ってください。
Sorry to **disturb** you, but can I ask you a question?	お邪魔してすみませんが，1つお聞きしてもよいでしょうか。
I have to **gather** information about it by tomorrow.	私は明日までにそれについての情報を集めなければならない。
Can you **copy** this page for me?	このページをコピーしてもらえますか。
Press here to open the door.	そのドアを開けるにはここを押してください。
Our band **consists** of five people.	私たちのバンドは5人で成っている。
I **assisted** the foreigners in finding their hotel.	私はその外国人たちがホテルを探すのを手助けした。
I quickly **kicked** the ball back to him.	私はすぐにボールを彼に蹴り返した。

link [lɪŋk] □□ 484	動 を結びつける，関連づける TG *be* linked to [with] ～「～につながっている」 ▶ link *A* and *B*「AをBと関連づける」 名 つながり，関連 ▶ a link between *A* and *B*「AとBとの関連」
adjust [ədʒʌ́st] □□ 485	動 順応[適応]する；を調整する TG adjust to ～「～に順応する，慣れる」 ▶ adjust *oneself* to ～「～に順応させる，慣れさせる」 ▶ adjust *A* to *B*「AをBに合わせて調整する」 □ adjústment 名 調整(装置)
defend [dɪfénd] □□ 486	動 を守る(⇔ attack ➡279) TG defend *A* against [from] *B*「AをBから守る」 □ defénse 名 防御
shut [ʃʌt] □□ 487	動 を閉める，閉じる(⇔ open ➡76) ▶ shut *one's* eyes「目を閉じる」 ▶ shut down (～)「(～を)休業[停止]する」 活 shut - shut - shut
bear 発 [beə*r*] □□ 488	動 に耐える；(重さ・負荷)を支える；(子)を産む TG can't bear ～「～に耐えられない」 ▶ bear fruit「実を結ぶ」 活 bear - bore [bɔː*r*] - born(e) [bɔː*r*n] ▶ born 動 (*be* bornで)生まれる I was born in Chiba.「私は千葉で生まれた」 名 クマ

名詞3

task [tæsk] □□ 489	名 (するべき)仕事，(困難な)作業，課題 TG do [perform] a task「仕事を行う，遂行する」
hug [hʌg] □□ 490	名 ハグ，抱擁 TG give ～ a (big) hug 「～を(ぎゅっと)抱きしめる，ハグする」 動 (を)抱きしめる ▶ hug each other「互いを抱きしめる」

These computers are not **linked** to the Internet.	これらのコンピューターはインターネットにつながっていない。
You will soon **adjust** to living in this city.	あなたはすぐにこの町に住むのに慣れますよ。
They **defended** the city against the attack.	彼らは攻撃から町を守った。
Will you **shut** the door?	ドアを閉めてもらえる？
I can't **bear** this smell.	このにおいには耐えられない。
She's been doing a difficult but important **task**.	彼女は困難だが重要な仕事を行っている。
Can I give you a **hug**?	ハグしてもいい？

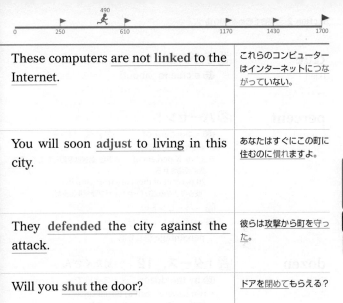

clue [kluː] □□ 491	名 手がかり；ヒント TG **a clue to [about] ～**「～の手がかり」
percent [pə*r*sént] □□ 492	名 パーセント TG *X* **percent of ～**「～のXパーセント」 ▶ 単複同形。記号は%。 ▶ 主語が X percent of ～ の場合，動詞は原則として “～” の数に呼応させる。 20 percent of them are from Brazil. 「彼らのうちの20パーセントはブラジル出身だ」 形 ～パーセントの 副 ～パーセント(だけ) □ percéntage 名 百分率
dozen 発 [dʌ́zən] □□ 493	名 1ダース，12；(～s)たくさん TG **by the dozen**「ダース単位で」 ▶ two [several / half a] dozen eggs 「2ダース[数ダース／半ダース]の卵」 ▶ dozens of ～「たくさんの～」
ghost [goust] □□ 494	名 幽霊 TG **believe in ghosts**「幽霊(の存在)を信じる」
error [érə*r*] □□ 495	名 誤り ▶ in error「誤って」
trend [trend] □□ 496	名 流行；傾向，動向 TG **a trend in ～**「～の流行」 ▶ economic trends「経済動向」 □ tréndy 形 最新流行の
thought 発 [θɔːt] □□ 497	名 考え，思いつき；(*one's* ～s)意見，の考え；考えること TG **the thought of** *doing*「…する(という)考え」 ▶ have a thought「思いつく」 ▶ on second thought(s)「考え直して(みると)」 □ thóughtful 形 思いやりのある

They found a clue to the mystery.	彼らはその謎の手がかりをつかんだ。
They say about 70 percent of our body is water.	私たちの体の約70パーセントは水分であると言われている。
Eggs are sold by the dozen there.	そこでは卵はダース単位で売られている。
I don't believe in ghosts.	私は幽霊を信じていない。
There are some spelling errors in these sentences.	これらの文にはつづりの誤りがいくつかある。
Trends in fashion change quickly.	ファッションの流行はすぐに変化する。
The thought of having a party for her sounds great.	彼女のためにパーティーを開くという考えはすばらしいよ。

alarm [əlɑ́ːrm] □□ 498	名 **警報(装置)**；目覚まし時計；恐怖 TG **a fire alarm**「火災報知器」 ▶ in alarm「おびえて，驚いて」 動 を不安にさせる
sample [sǽmpl] □□ 499	名 **見本，試供品** TG **a free sample of** ～「～の試供品」 ▶ collect [take] samples「サンプルを集める[採取する]」
shadow [ʃǽdoʊ] □□ 500	名 (人・物の)**影，陰** ▶ 日光や光が物や人に当たってできる，暗い部分のこと。
shade [ʃeɪd] □□ 501	名 **陰，日陰** TG **in the shade of** ～「～の陰に」
standard ア [stǽndərd] □□ 502	名 **基準，標準** TG **a standard of living / living standards** 「生活水準」 形 標準の ▶ a standard size「標準サイズ」 ▶ standard English「標準英語」
hunger [hʌ́ŋgər] □□ 503	名 **飢え**；空腹(感) ▶ die of [from] hunger「餓死する」 □ húngry 形 空腹の
appeal [əpíːl] □□ 504	名 **訴え，要求**；魅力 TG **an appeal to** ～「～(人)への懇願」 ▶ an appeal for ～「～を求めての懇願」 動 訴える；懇願する
harm [hɑːrm] □□ 505	名 **害，危害**；悪意 TG **do harm to** ～ **/ do** ～ **harm** 「～に害を与える」 動 を害する，傷つける □ hármful 形 有害な □ hármless 形 無害の

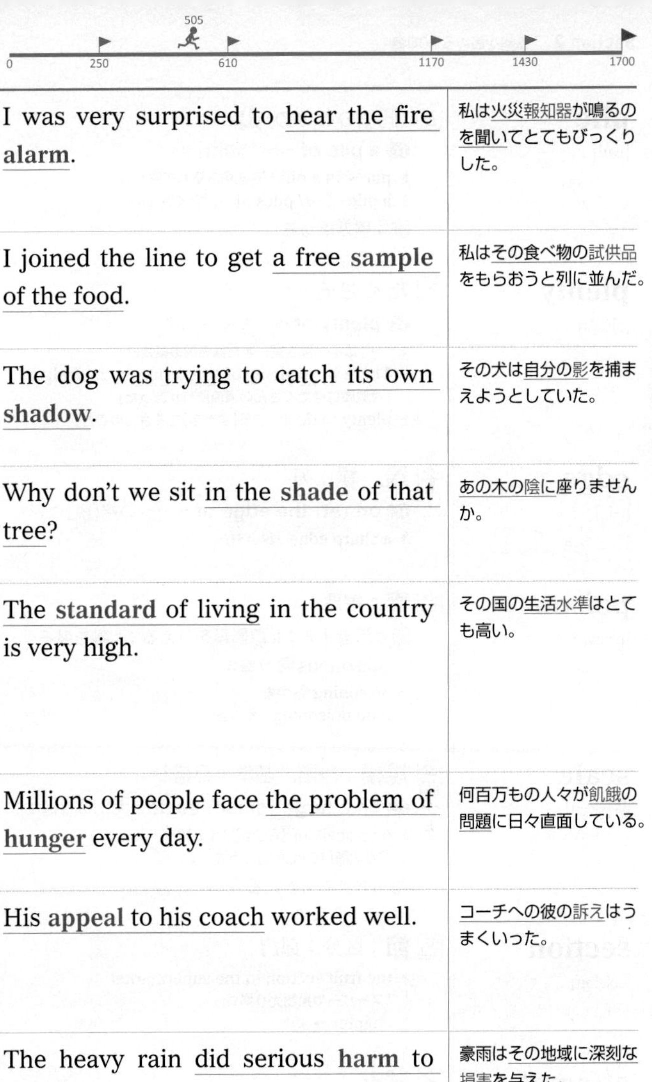

I was very surprised to hear the fire **alarm**.	私は火災報知器が鳴るのを聞いてとてもびっくりした。
I joined the line to get a free **sample** of the food.	私はその食べ物の試供品をもらおうと列に並んだ。
The dog was trying to catch its own **shadow**.	その犬は自分の影を捕まえようとしていた。
Why don't we sit in the **shade** of that tree?	あの木の陰に座りませんか。
The **standard** of living in the country is very high.	その国の生活水準はとても高い。
Millions of people face the problem of **hunger** every day.	何百万もの人々が飢餓の問題に日々直面している。
His **appeal** to his coach worked well.	コーチへの彼の訴えはうまくいった。
The heavy rain did serious **harm** to the area.	豪雨はその地域に深刻な損害を与えた。

pile [paɪl] □□ 506	名 (同種のものの)**山** TG **a pile of ～**「～の山」 ▶ put ～ in a pile「～を積み重ねて置く」 ▶ a pile of ～ / piles of ～「たくさんの～」 動 を積み重ねる
plenty [plénti] □□ 507	名 **たくさん** TG **plenty of ～**「たくさんの～」 ▶ "～" は不可算名詞，または名詞の複数形。 There were plenty of soft drinks in the fridge. 「冷蔵庫にはたくさんの清涼飲料があった」 ▶ plenty to *do*「…する[すべき]たくさんのこと」
edge [edʒ] □□ 508	名 **端，縁**；刃 TG **on [at] the edge of ～**「～の端[縁]に」 ▶ a sharp edge「鋭い刃」
poison [pɔ́ɪzən] □□ 509	名 **毒**；害悪 動 を汚染する；に悪影響を与える；に毒を盛る □ póisonous 形 有毒な ▶ poisoning 名 中毒 food poisoning「食中毒」
scale 発 [skeɪl] □□ 510	名 **規模**；段階，基準；目盛り TG **on a large [small] scale**「大[小]規模で」 ▶ on a scale of [from] 1 to 10 「10段階[10点満点]のうちで」 動 の大きさを変える
section [sékʃən] □□ 511	名 **節**；区分；部門 ▶ the fruit section in the supermarket 「スーパーの果物売り場」 ▶ chápter ➡997
attempt [ətémpt] □□ 512	名 **試み** TG **make an attempt (to *do*)** 「(…しようと)試みる」 動 を試みる ▶ attempt to *do*「…しようとする」

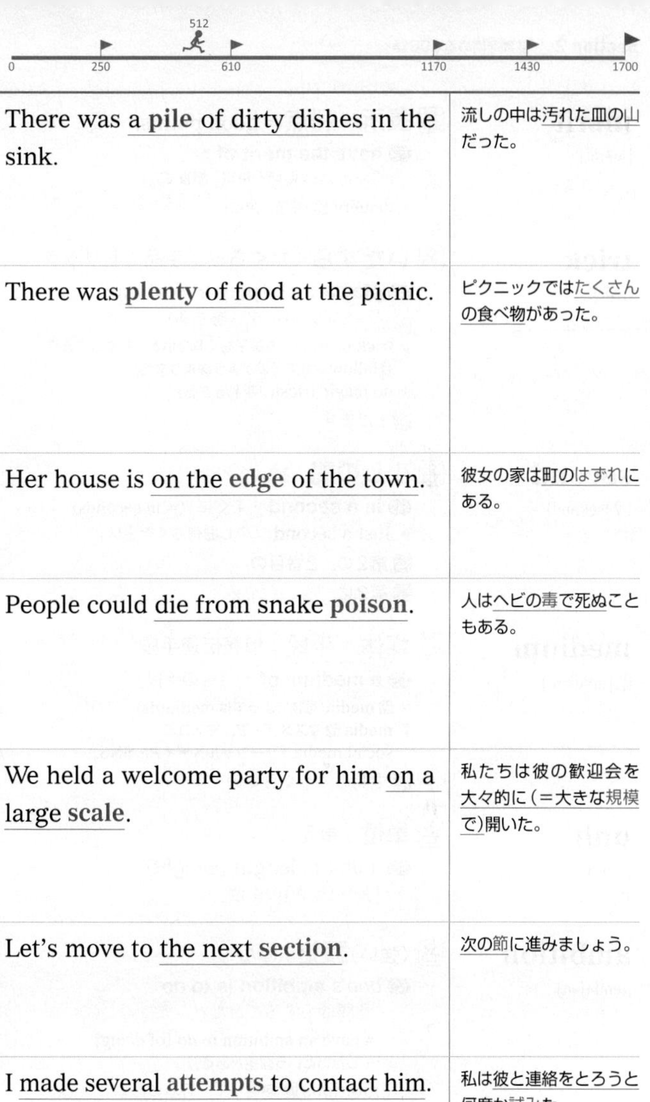

There was a **pile** of dirty dishes in the sink.	流しの中は汚れた皿の山だった。
There was **plenty** of food at the picnic.	ピクニックではたくさんの食べ物があった。
Her house is on the **edge** of the town.	彼女の家は町のはずれにある。
People could die from snake **poison**.	人はヘビの毒で死ぬこともある。
We held a welcome party for him on a large **scale**.	私たちは彼の歓迎会を大々的に(＝大きな規模で)開いた。
Let's move to the next **section**.	次の節に進みましょう。
I made several **attempts** to contact him.	私は彼と連絡をとろうと何度か試みた。

merit [mérət] □□ 513	名 **長所，利点**(≒ good points) TG **have the merit of ～** 「～という長所[利点]がある」 ▶ demérit 名「短所，欠点」
trick [trɪk] □□ 514	名 **いたずら**；たくらみ；手品；トリック TG **play a trick [play tricks] on ～** 「～(人)にいたずらをする」 ▶ trick or treat「お菓子をくれないといたずらするぞ」(Halloweenで子供が言う決まり文句) ▶ do magic tricks「手品をする」 動 をだます
second ア [sékənd] □□ 515	名 **少しの間**；秒 TG **in a second**「すぐに」(= in seconds) ▶ Just a second.「少しお待ちください」 形 第2の，2番目の 副 第2に
medium 発 [mí:diəm] □□ 516	名 **媒体，手段**；情報伝達手段 TG **a medium of ～**「～の手段」 ▶ 複 media(意味によってはmediums) ▶ media 名 マスメディア，マスコミ social media「ソーシャルメディア，SNS」 形 中間の，中くらいの
unit [jú:nɪt] □□ 517	名 **単位**；単元 TG **a unit of length [weight]** 「長さ[重さ]の単位」
ambition [æmbíʃən] □□ 518	名 (強い)**願望**；野心 TG ***one's* ambition is to *do*** 「念願は…することだ」 (≒ have an ambition to *do* [of *doing*] 「…したいという願望がある」) □ ambítious 形 熱望して，野心のある
midnight ア [mídnàɪt] □□ 519	名 **夜の12時** TG **at midnight**「夜の12時に」 ▶「深夜に，真夜中に」はin the middle of the night(➡ 314)。

The price plan has the **merit** of getting free service.	その料金プランには無料サービスを受けられるという利点があります。
My sister sometimes plays **tricks** on me.	妹は時々私にいたずらをする。
I'll be with you in a **second**.	すぐにそちらに行きます。
Body language is an important **medium** of communication.	ボディーランゲージはコミュニケーションの重要な手段だ。
Give me examples of **units** of length in English.	長さの単位の例を英語で挙げてください。
My **ambition** is to have my own company.	私の念願は自分の会社を持つことだ。
The overnight bus leaves at **midnight**.	その夜行バスは夜12時に出発する。

power [páuər] □□ 520	名 **力**；能力；エネルギー；電力 TG **have a power to *do***「…する力を持っている」 ▶ wind power「風力」 □ pówerful 形 力のある
principle [prínsəpəl] □□ 521	名 **信条**；原理 TG **against *one's* principles**「信条に反して」 ▶ on principle「信条として」 ▶ in principle「理論的には；原則として」 ▶ the basic principles (of ～)「(～の)基本原理」
vision [víʒən] □□ 522	名 **展望，理想像**；視力 TG **have a vision of ～** 「～の展望[ビジョン]を持つ」 ▶ have normal [good / poor] vision 「視力が正常だ[よい／弱い]」 □ vísual 形 視覚の；目に見える
quarter 発 [kwɔ́ːrtər] □□ 523	名 **4分の1**；15分 TG **a quarter of ～**「～の4分の1」 ▶ three quarters of ～「～の4分の3」 ▶ (a) quarter of [to] nine「9時15分前」
luck [lʌk] □□ 524	名 **運；幸運** TG **have good [bad] luck**「運がよい[悪い]」 ▶ by luck「運よく」 ▶ for luck「縁起をかついで」 ▶ Good luck!「幸運を祈ります；頑張って！」 □ lúcky 形 ➡172
quantity [kwá(ː)ntəti] □□ 525	名 **分量，数量**；量(⇔ quality ➡297)；多量，多数 TG **a large [small] quantity of ～** 「大量[少量]の～」 ▶ in both quantity and quality「量的にも質的にも」 ▶ in quantity / in large quantities「多量に，多数で」
fault 発 [fɔːlt] □□ 526	名 **責任，罪**；欠点 TG **It is ～'s fault (that) ....**「…なのは～のせいだ」 ▶ for all *one's* fault「～に欠点[不備]はあるものの」 ▶ find fault with ～「～のあらを探す」

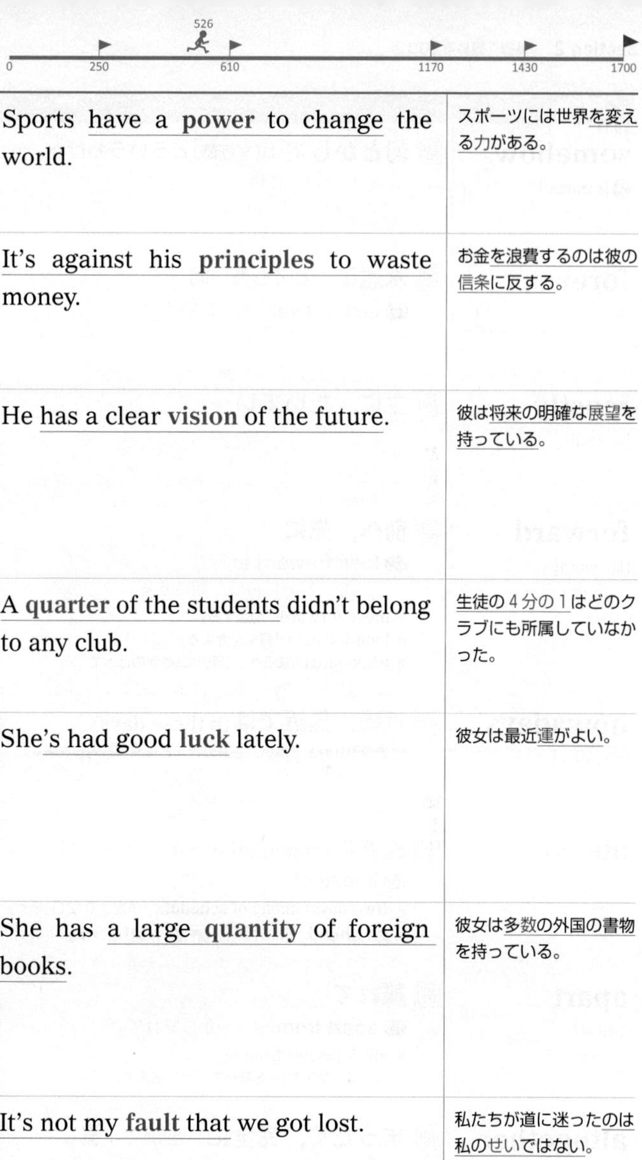

Sports have a power to change the world.	スポーツには世界を変える力がある。
It's against his principles to waste money.	お金を浪費するのは彼の信条に反する。
He has a clear vision of the future.	彼は将来の明確な展望を持っている。
A quarter of the students didn't belong to any club.	生徒の４分の１はどのクラブにも所属していなかった。
She's had good luck lately.	彼女は最近運がよい。
She has a large quantity of foreign books.	彼女は多数の外国の書物を持っている。
It's not my fault that we got lost.	私たちが道に迷ったのは私のせいではない。

副詞

somehow ㋐ [sʌ́mhàu] □□ 527	副 **何とかして**；〔文修飾〕どういうわけか
forever [fərévər] □□ 528	副 **永遠に**；とても長い間 TG **last forever**「永遠に続く」
mostly [móustli] □□ 529	副 **主に，たいてい**
forward [fɔ́ːrwərd] □□ 530	副 **前へ，先に** TG **look forward to ～** 「～を楽しみに待つ，期待する」 ▶ move forward「前進する」 ▶ look forward「将来を考える」 ▶ báckward 副 後ろへ；(過去に)さかのぼって
nowadays [náuədèiz] □□ 531	副 **近頃，最近では**(≒ these days) ▶ 通例現在時制で用い，過去の状況とは異なる内容を表す。
ahead [əhéd] □□ 532	副 **前方に**(⇔ behind ➡ 199) TG **ahead of ～**「～の前に」 ▶ (two days) ahead of schedule「予定より(2日)早く」 ▶ go ahead「先に行く；(許可・承諾)どうぞ」
apart [əpáːrt] □□ 533	副 **離れて** TG **apart from ～**「～から離れて」 ▶ apart [aside] from ～ 「〔文頭・文末で〕～を除いて；～に加えて」
altogether [ɔ̀ːltəgéðər] □□ 534	副 **まったく，完全に**；全部で；概して

It's not easy, but I must finish it **somehow**.	簡単ではないが，私はそれを何とか終わらせなければならない。
I know this moment won't last **forever**.	今の一時が永遠には続かないことはわかっている。
The students in this school are **mostly** from Asian countries.	この学校の生徒は主にアジア諸国の出身だ。
I'm looking **forward** to hearing from you.	あなたからのお返事を楽しみにお待ちしております。
Nowadays I don't watch TV very often.	近頃あまりテレビを見ない。
There're ten people **ahead** of me to check in.	チェックインするのに私の前に10人いる。
Please stand **apart** from each other.	お互い離れて立ってください。
Her husband stopped smoking **altogether**.	彼女の夫は喫煙を完全にやめた。

前置詞

throughout アク [θru:áut] □□ 535	前 **～の間中(ずっと)**；～の至る所に ▶ *be* open throughout the year「年中無休だ」 ▶ throughout the country [world]「国中[世界中]で」
beyond [biá(:)nd] □□ 536	前 **～の向こうに**；(限界・範囲)を越えて ▶ beyond *one's* control「～の手には負えない」 ▶ *be* beyond me「私の理解を越えて」
toward 発 [tɔ:*r*d] □□ 537	前 **～の方向へ**，～に向けて；～に対する
within アク [wɪðín] □□ 538	前 **～以内に**；～の範囲内に ▶ within reach「手の届く所に」
above [əbʌ́v] □□ 539	前 **～の上方に**；～より上に[で] ▶ *X* meters above sea level「海抜Xメートル」 ▶ above all (else) ➡ 583 副 上に；前述[上記]の
below [bɪlóu] □□ 540	前 **～より下に** TG **below freezing**「氷点下で」 副 下に；下記[以下]に
per [pə:*r*] □□ 541	前 **～につき，～あたり** TG *X* **kilometers [km] per hour**「時速Xキロ」
except 発 [ɪksépt] □□ 542	前 **～を除いて** TG **except for** ～「～を除いて」 ▶ 右の例文はI eat almost everything except (for) pork.とほぼ同意。(文頭ではforを省略できない) 接 …ということを除いて □ excéption 名 例外
beside [bɪsáɪd] □□ 543	前 **～のそばに** ▶ right beside ～「～のすぐそばに」 ▶ besídes ➡ 1623

It rained throughout the night.	一晩中雨が降っていた。
Your camping site is beyond that river.	あなたたちのキャンプ場はあの川の向こうにあります。
They were swimming toward the small island.	彼らはその小島に向かって泳いでいた。
Take this medicine within 30 minutes after each meal.	毎食後30分以内にこの薬を飲んでください。
Our plane is flying above the clouds now.	私たちの飛行機は今雲の上を飛んでいる。
It was below freezing this morning.	今朝は氷点下だった。
The speed limit here is 50 kilometers per hour.	ここでの制限速度は時速(＝1時間につき)50キロだ。
Except for pork, I eat almost everything.	豚肉を除いて，私はほぼ何でも食べる。
Why not come and sit beside me?	こちらに来て私のそばに座りませんか。

unlike [ʌ̀nláɪk] □□ 544	前 **〜と違って** 形 似ていない □ unlíkely 形 ありそうもない(⇔ likely ➡ 1314)
outside [àʊtsáɪd] □□ 545	前 **〜の外に[で]** 副 外側に[で] ▶ go outside「外へ出る」 形 外側の 名 (the 〜)外側，外部
inside アク [ìnsáɪd] □□ 546	前 **〜の中に[で]** ▶ from inside the house「家の中から」 副 内側に[で] ▶ go inside「中に入る」 形 内側の 名 (the 〜)内側，内部 ▶ inside out「裏返しに」
against [əgénst] □□ 547	前 **〜に反対して**；〜に反して；〜に対抗して TG *be* **against** 〜「〜に反対だ」 ▶ Are you for or against 〜?「あなたは〜に賛成ですか，反対ですか」 ▶ against the rules [law]「規則[法律]に反して」 ▶ against the enemy「敵に対抗して」
beneath [bɪníːθ] □□ 548	前 **〜の下に[の]**
plus [plʌs] □□ 549	前 **〜を加えて**，足すと TG 〜 **plus tax**「〜に税を加えて，税別で〜」 ▶ Two plus three is five.「2＋3＝5」
across [əkrɔ́(ː)s] □□ 550	前 **〜を横切って**；〜の向こう側に；〜の至る所に ▶ swim across the river「川を泳いで渡る」 ▶ across the country「国中に[で]」

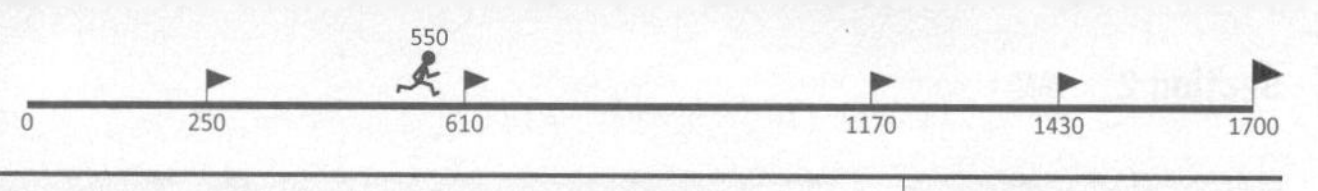

Unlike Japan, there's no rainy season in his country.	日本とは違い，彼の国では雨季がない。
We waited for him **outside** the gym.	私たちは体育館の外で彼を待った。
It was warm **inside** the house.	家の中は暖かかった。
I'm **against** all forms of violence.	私はあらゆる形態の暴力に反対だ。
The surfer disappeared **beneath** the waves.	サーファーは波の下に姿を消した。
This shirt was 500 yen **plus** tax.	このシャツは税別500円(＝500円＋税)だった。
She has traveled **across** the United States.	彼女はアメリカ合衆国横断の旅をしたことがある。

一般動詞を含む熟語

bring back ～ / bring ～ back □□ 551	～(物)**を返す**，～(人)を送り届ける
carry out ～ / carry ～ out □□ 552	～(計画・約束など)**を実行する**
date back to ～ □□ 553	～(ある時期)**にさかのぼる** (= date from ～)
find out (about ～) □□ 554	**(～について)**(情報などを)**知る** ▶ find out that ...「…ということがわかる」
get together (with *A*) (for *B*) □□ 555	**(*A*(人)と)(*B*のことで)集まる，会う** ▶ get together ～ / get ～ together「～を集める，まとめる」
give off ～ □□ 556	～(光・におい・熱など)**を発する**
hand in ～ / hand ～ in □□ 557	**～を提出する**
hang up (on ～) □□ 558	**(～**(人)**との)電話を切る** ▶ hang up ～ / hang ～ up「～(衣類など)を掛ける」
hold up ～ / hold ～ up □□ 559	**～を**(倒れないように)**支えている**
live on ～ □□ 560	～(金額・収入)**で暮らしを立てる**；～(特定の種類の食べ物)ばかりを食べる ▶ live on fast food「ファストフードばかり食べる」

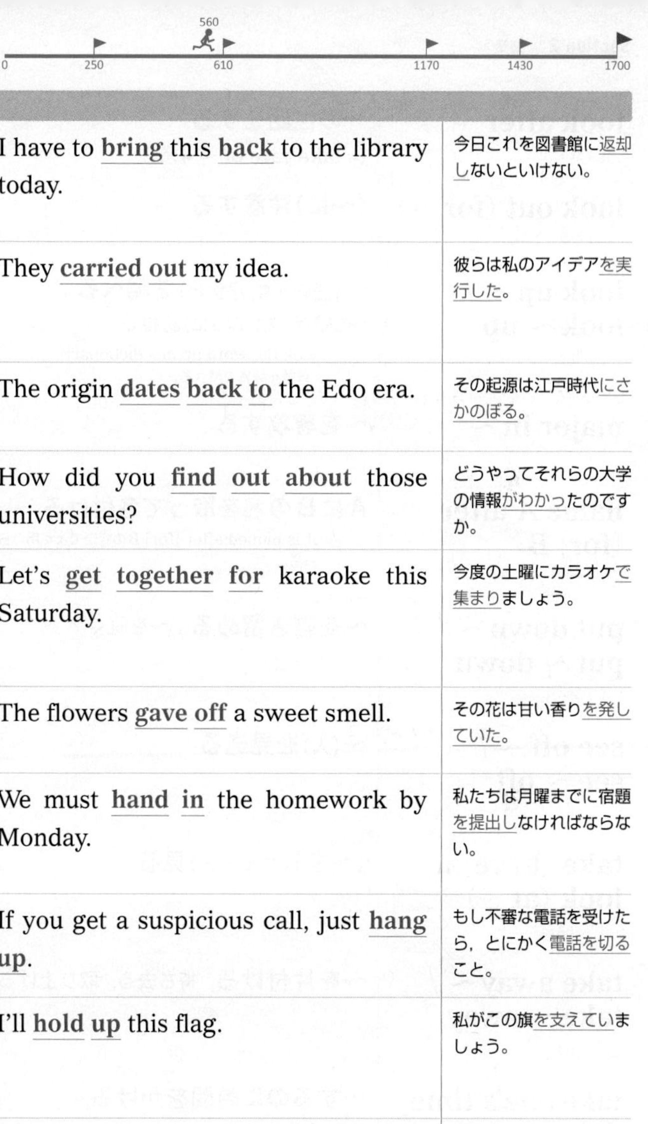

I have to **bring** this **back** to the library today.	今日これを図書館に返却しないといけない。
They **carried out** my idea.	彼らは私のアイデアを実行した。
The origin **dates back to** the Edo era.	その起源は江戸時代にさかのぼる。
How did you **find out about** those universities?	どうやってそれらの大学の情報がわかったのですか。
Let's **get together for** karaoke this Saturday.	今度の土曜にカラオケで集まりましょう。
The flowers **gave off** a sweet smell.	その花は甘い香りを発していた。
We must **hand in** the homework by Monday.	私たちは月曜までに宿題を提出しなければならない。
If you get a suspicious call, just **hang up**.	もし不審な電話を受けたら，とにかく電話を切ること。
I'll **hold up** this flag.	私がこの旗を支えていましょう。
He **lived on** a small salary after he got the job.	彼はその仕事に就いた後少ない給料で暮らしていた。

look after ～ □□ 561	**～の世話をする** (≒ take care of ～ ➡217)
look out (for ～) □□ 562	**(～に)注意する**
look up ～ / look ～ up □□ 563	**～(語句・情報など)を調べる**；～(人)を(久しぶりに)訪ねる ▶ look the word up in a dictionary「単語を辞書で調べる」
major in ～ □□ 564	**～を専攻する**
name *A* after [for] *B* □□ 565	**AにBの名を取って名付ける** ▶ *A* is named after [for] *B*の語順でよく用いられる。
put down ～ / put ～ down □□ 566	**～を書き留める**；～を置く
see off ～ / see ～ off □□ 567	**～(人)を見送る**
take [have] a look (at ～) □□ 568	**(～を)**(ちょっと)**見る**
take away ～ / take ～ away □□ 569	**～を片付ける**，持ち去る，取り上げる
take *one's* time *doing* □□ 570	**…するのに時間をかける**，ゆっくりやる ▶ take *one's* time over ～「～に時間をかける」 ▶ Take your time.「ゆっくりやってください」

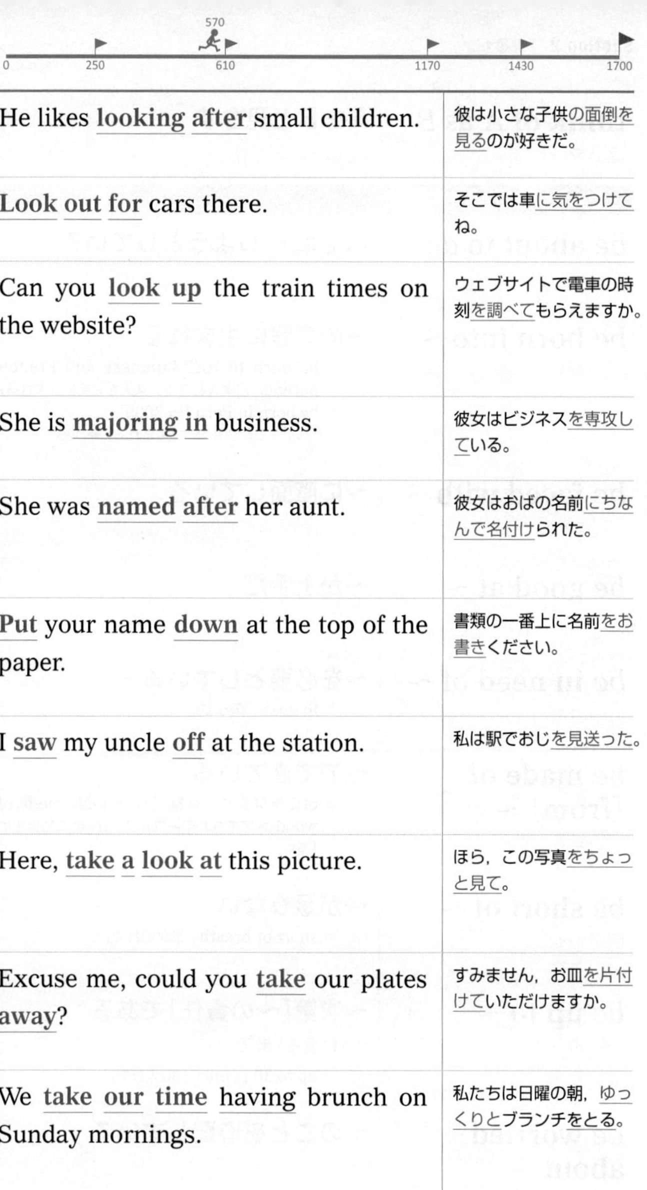

He likes **looking after** small children.	彼は小さな子供の面倒を見るのが好きだ。
Look out for cars there.	そこでは車に気をつけてね。
Can you **look up** the train times on the website?	ウェブサイトで電車の時刻を調べてもらえますか。
She is **majoring in** business.	彼女はビジネスを専攻している。
She was **named after** her aunt.	彼女はおばの名前にちなんで名付けられた。
Put your name **down** at the top of the paper.	書類の一番上に名前をお書きください。
I **saw** my uncle **off** at the station.	私は駅でおじを見送った。
Here, **take a look at** this picture.	ほら，この写真をちょっと見て。
Excuse me, could you **take** our plates **away**?	すみません，お皿を片付けていただけますか。
We **take our time having** brunch on Sunday mornings.	私たちは日曜の朝，ゆっくりとブランチをとる。

think of *A* as *B* □□ 571	**AをBと見なす**
be動詞を含む熟語	
be* about to *do □□ 572	**(まさに)…しようとしている**
***be* born into ～** □□ 573	**～の家庭に生まれる** ▶ *be* born to [of] Japanese and French parents「日本人とフランス人を両親に生まれる」 ▶ *be* born in Peru [in 2005]「ペルーで[2005年に]生まれる」➡488
***be* faced with ～** □□ 574	**～に直面している**
***be* good at ～** □□ 575	**～が上手だ**
***be* in need of ～** □□ 576	**～を必要としている** ▶ in need「困って」
***be* made of [from] ～** □□ 577	**～でできている** ▶ ofの後は主に「材料」(*ex.* a table *made of* wood「木でできたテーブル」)。fromの後は主に「原料」。
***be* short of ～** □□ 578	**～が足りない** ▶ short of breath「息が切れて」
***be* up to ～** □□ 579	**～次第[～の責任]である;** ～(に至る)まで ▶ up to 30 people「30人まで」
***be* worried about ～** □□ 580	**～のことを心配している**

I think of him as my true friend.	私は彼のことを真の友人だと思っている。
I was just about to leave home.	私はちょうど家を出ようとしていたところだった。
She was born into a sports family.	彼女はスポーツ一家に生まれた。
She was faced with a major problem.	彼女は大きな問題に直面していた。
I'm not very good at cooking.	私は料理があまり上手ではない。
They were still in need of help.	彼らはなおも手助けを必要としていた。
This cheese is made from goat's milk.	このチーズは山羊の乳でできている。
We were so busy since we were short of hands.	私たちは人手が足りなかったからとても忙しかった。
It's up to you to go out or not.	出かけるかどうかは君次第だ。
I'm really worried about tomorrow's test.	私は明日のテストのことがとても心配だ。

副詞・前置詞の働きをする熟語

(all) by *oneself* □□ 581	**ひとりで，独力で**；一人きりで ▶ She likes traveling by herself. 「彼女はひとりで旅をするのが好きだ」
(all) on *one's* own □□ 582	(たった)**ひとりで**；独力で
above all (else) □□ 583	**とりわけ，何よりも**
across from ～ □□ 584	**～の向かい側[反対側]に**
after all □□ 585	(予想に反して)**結局は，やはり**； (理由を補足して)何しろ…なのだから ▶ I trust him. He's my brother after all. 「私は彼を信用している。だって私の兄なのだから」
～ at a time □□ 586	**1度に～**；～を続けて ▶ "～" は数量を表す名詞。 ▶ for hours at a time「何時間も続けて」
by accident [chance] □□ 587	**偶然(に)**(⇔ on purpose ➡598)
by mistake □□ 588	**間違って**，誤って
day after day □□ 589	**来る日も来る日も** ▶ day by day「日ごとに」
for free □□ 590	**無料で**(≒ for nothing)
from ～ on □□ 591	**～以降(ずっと)** ▶ from then [that day] on「その時[その日]以降」

I made breakfast **all by myself** this week.	今週私はひとりで朝食を作った。
He lives in the countryside **all on his own**.	彼は田舎にたったひとりで住んでいる。
Above all, I'd like to thank my family.	とりわけ，家族に感謝したいと思います。
My house is **across from** the supermarket.	私の家はスーパーの向かい側にある。
It didn't rain yesterday **after all**.	昨日は結局雨が降らなかった。
I can't do two things **at a time**.	私には１度に２つのことはできない。
I met her **by accident** at the café.	私は彼女に偶然カフェで会った。
He got on the wrong bus **by mistake**.	彼は間違って違うバスに乗ってしまった。
I had to do the same training **day after day**.	私は来る日も来る日も同じトレーニングをしなければならなかった。
You can visit the museum **for free** tomorrow.	明日その美術館を無料で見学できる。
I'll study English harder **from** now **on**.	これからはもっと一生懸命英語を勉強しよう。

from time to time □□ 592	時々
in a hurry □□ 593	急いで
in favor of ～ □□ 594	～に賛成して，～を支持して
in order [so as] to *do* □□ 595	…するために ▶ in order [so as] not to *do*「…しないために」
in the past □□ 596	昔は，過去に(⇔ in the future ➡232)，これまで ▶ 現在完了形でも用いられる。
in those days □□ 597	その当時は
on purpose □□ 598	故意に，わざと (⇔ by accident [chance] ➡587)
over and over (again) □□ 599	何度も(≒ many times)
upside down □□ 600	逆さまに ▶ turn ～ upside down「～をひっくり返す」

形容詞・接続詞・その他の働きをする熟語

a large [great] number of ～ □□ 601	たくさんの～
a series of ～ □□ 602	一連の～，一続きの～

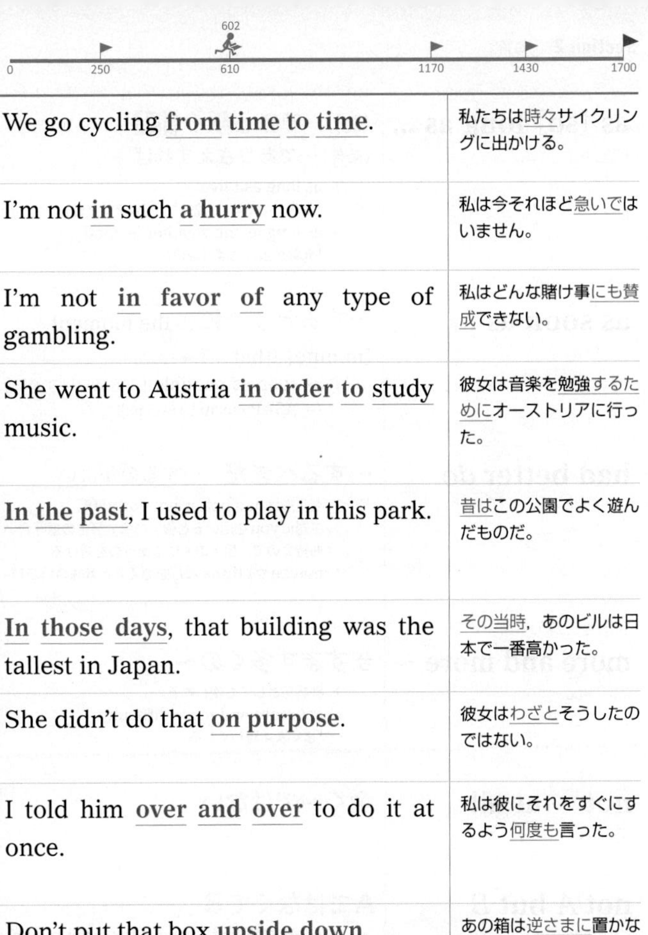

We go cycling from time to time.	私たちは時々サイクリングに出かける。
I'm not in such a hurry now.	私は今それほど急いではいません。
I'm not in favor of any type of gambling.	私はどんな賭け事にも賛成できない。
She went to Austria in order to study music.	彼女は音楽を勉強するためにオーストリアに行った。
In the past, I used to play in this park.	昔はこの公園でよく遊んだものだ。
In those days, that building was the tallest in Japan.	その当時，あのビルは日本で一番高かった。
She didn't do that on purpose.	彼女はわざとそうしたのではない。
I told him over and over to do it at once.	私は彼にそれをすぐにするよう何度も言った。
Don't put that box upside down.	あの箱は逆さまに置かないでください。
A large number of people gathered to see the parade.	たくさんの人がそのパレードを見ようと集まった。
They have completed a series of studies.	彼らは一連の研究を終えた。

as [so] long as ... □□ 603	(時)…である限り[間]; (条件)…でありさえすれば ▶ as long as I live 「生きている限り[間は]，死ぬまで」(時) ▶ as long as the weather is good 「天気がよければ」(条件)
as soon as ... □□ 604	…するとすぐに(≒the moment [minute] (that ...) ➡1679) ▶ as soon as possible「できるだけすぐに」 (= ASAP / asap [eɪ es eɪ píː])
had better *do* □□ 605	…するべきだ，…するのがよい ▶ 否定形はhad better not *do*の語順。 ▶ 主語にyouを用いると強い命令や警告の意味合いも持つので，目上の人には使うのを避ける。 ▶ maybeやI thinkなどを加えると意味合いが和らぐ。
more and more ～ □□ 606	ますます多くの～ ▶ 副詞句としても使われる。 get more and more difficult 「ますます難しくなる」
not ～ at all □□ 607	全く～ではない
not *A* but *B* □□ 608	AではなくてB ▶ 右の例文はWhat I need is time, not money.とほぼ同意。
the first time ... □□ 609	初めて…する[した]とき(に)
when it comes to ～ □□ 610	～のこととなると，～に関しては ▶ toは前置詞。後には名詞や動名詞が続く。

Please stay here as long as you like.	好きなだけここにいてください。
Let me know as soon as you get there.	そこに着いたらすぐに知らせてね。
We'd better hurry, or we'll miss the bus.	急がないといけない，さもないとバスに乗り遅れてしまう。
More and more people are crazy about e-sports.	ますます多くの人がeスポーツに夢中になっている。
I was not sleepy at all last night.	昨晩私は全く眠くなかった。
What I need is not money but time.	私に必要なのはお金ではなく時間だ。
The first time he saw snow, he got very excited.	彼は初めて雪を見たとき，大興奮した。
When it comes to playing online games, nobody can beat him.	オンラインゲームをするとなると，誰も彼にはかなわない。

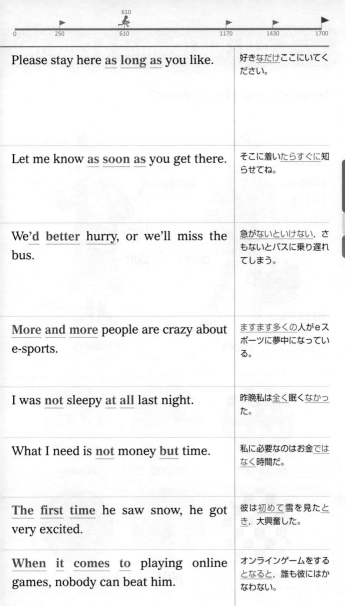

コラム② 衣服・模様（Clothes & Patterns）

What do you like to wear?

Section 3

テーマで身に付ける

500語

家庭・生活《家族》

parent [péərənt] □□ 611	名 **親** ▶ grándparent 名 祖父，祖母
husband [hʌ́zbənd] □□ 612	名 **夫**
wife [waɪf] □□ 613	名 **妻** ▶ 複 wives [waɪvz]
kid [kɪd] □□ 614	名 **子供**；若者 TG **like a kid**「子供のように」 ▶ child よりもくだけた言い方。 動 (を)からかう，(に)冗談を言う ▶ I was just kidding.「ほんの冗談だったんだよ」
twin [twɪn] □□ 615	名 **双子(の1人)** 形 双子の；対の
relative 発 アク [rélətɪv] □□ 616	名 **親戚** TG **a close [distant] relative** 「近い[遠い]親戚」 形 比較上の；相対的な □ rélatively 副 比較的 ▶ reláted ➡ 1506
cousin 発 [kʌ́zən] □□ 617	名 **いとこ**
ancestor アク [ǽnsèstər] □□ 618	名 **先祖**(⇔ descendant 名 子孫)；(機器などの)原型

Her **parents** live in New Zealand.	彼女の両親はニュージーランドに住んでいる。
Her **husband** works for a bookstore.	彼女の夫は書店で働いている。
His **wife** teaches Spanish at a language school.	彼の妻は語学学校でスペイン語を教えている。
He was crying like a **kid**.	彼は子供のように泣いていた。
The **twins** go to different high schools.	その双子は別々の高校に通っている。
All his close **relatives** were invited to the wedding.	彼の近親者全員が結婚式に招待された。
How many **cousins** do you have?	あなたにはいとこが何人いますか。
His **ancestors** were German.	彼の先祖はドイツ人だった。

家庭・生活《職業・雇用》

job [dʒɑ(:)b] □□ 619	名 仕事 TG **get a job (as ～)**「(～の)仕事に就く」 ▶ 就業して収入を得るという観点での仕事のこと。 ▶ a job in music business「音楽業界の仕事」 ▶ a job interview「就職の面接」
work 発 [wəːrk] □□ 620	名 **仕事**；職場；勉強；作品 TG **have a lot of [much] work** 「大量の仕事がある」 ▶「仕事；職場；勉強」の意味では不可算名詞。 find work「仕事を見つける」, out of work「失業して」 ▶ at work「仕事中で；職場で」 動 働く；勤めている；勉強する；機能する
occupation [à(:)kjupéɪʃən] □□ 621	名 **職業** ▶ 公式的に用いられる堅い語。 ▶ 右の例文はWhat do you do?とほぼ同意。
career 発 ア [kəríər] □□ 622	名 **職業**；経歴 TG **a career in ～**「～の職業」 ▶ 特定領域の，生涯にわたるような職業のこと。 ▶ a teaching career「教職」 ▶ build a [*one's*] career「キャリアを築く」
business 発 [bíznəs] □□ 623	名 **仕事，商売**；会社，店舗 TG **on business**「仕事で，商用で」 ▶「会社，店舗」の意味では可算名詞。 a family business「家業」 ▶ búsinessperson「実業家」(複 businesspeople) ▶ (Is your trip (for)) Business or pleasure? 「(ご旅行は)仕事ですか，観光ですか？」
interview ア [íntərvjùː] □□ 624	名 **面接**；インタビュー TG **have an interview for ～**「～の面接がある」 動 と面接をする；にインタビューする □ ínterviewer 名 面接官 □ interviewée 名 面接を受ける人
hire [háɪər] □□ 625	動 を(一時的に)**雇う**；英 を賃借りする TG **hire *A* as *B***「AをBとして雇う」

He got a **job** as a driver.	彼は運転手の仕事に就いた。
She has so much **work** to do today.	彼女には今日しなければならない仕事が山ほどある。
What is your **occupation**?	ご職業は何ですか。
She chose a **career** in medicine.	彼女は医学の道を選んだ。
They're going to Rome on **business**.	彼らは仕事でローマに行く予定だ。
She has an **interview** for a job tomorrow.	彼女は明日，就職面接がある。
She was **hired** as an office worker at the university.	彼女は大学の事務員として雇われた。

Section 3 単語

retire [rɪtáɪər] □□ 626	[動] **退職する，引退する** [TG] **retire from** ～「～を退職する」 □ retírement [名] 退職，引退
clerk [発] [klə:rk] □□ 627	[名] [米] **店員**(= sales clerk [salesclerk])； 事務員 ▶ a bank clerk「銀行員」
officer [á(:)fəsər] □□ 628	[名] **警官**(= police officer)；役人 ▶ políce ➡ 1255
engineer [アク] [èndʒɪníər] □□ 629	[名] **技師，技術者** □ enginéering [名] 工学
artist [á:rtəst] □□ 630	[名] **芸術家**；画家 □ art ➡ 60
director [dəréktər] □□ 631	[名] **監督**；管理者 □ diréct ➡ 1339
actor [ǽktər] □□ 632	[名] **俳優** ▶ この意味で男女ともに使われる。特に女性を指す場合は actress「女優」。
nurse [発] [nə:rs] □□ 633	[名] **看護師** ▶「男性看護師」と特定して言う場合はa male nurseと表す。 □ núrsery [名] 保育園(= nursery school)
secretary [発] [sékrətèri] □□ 634	[名] **秘書**
agent [éɪdʒənt] □□ 635	[名] **代行業者**；代理人 □ ágency [名] 代理店；(政府)機関 ▶ agentは「人」に，agencyは「会社組織」に焦点がある。

He **retired** from the bank last month.	彼は先月銀行を退職した。
The **clerk** wrapped the flowers nicely for me.	店員はその花をきれいに包んでくれた。
I told the **officers** what happened.	私は警官たちに何が起きたかを話した。
She studies computer programming to be a software **engineer**.	彼女はソフトウェア技術者になろうとコンピュータープログラミングを勉強している。
She's doing well as an **artist** in USA.	彼女は芸術家としてアメリカで活躍している。
The movie **director** is famous for 3D animation.	その映画監督は３Ｄアニメで有名だ。
Her grandparents used to be **actors**.	彼女の祖父母はかつて俳優だった。
She started working as a night shift **nurse**.	彼女は夜勤の看護師として働き始めた。
His **secretary** showed us around the office.	彼の秘書は私たちに会社を案内してくれた。
My family always uses the travel **agent**.	私の家族はいつもその旅行業者を利用する。

civil [sívəl] □□ 636	形 **民間の**；市民の；国内の TG **the civil service**「官庁，役所；(集合的に)公務員」 ▶ the civil rights「公民[市民]権」 ▶ a civil servant「公務員」 ▶ civil war「内戦」

家庭・生活《地位・身分》

mayor [méɪər] □□ 637	名 **市長**，町[村]長 TG *be* **elected mayor** (of ～) 「(～の)市長に選ばれる」 ▶ 補語が唯一の役職を表すときは無冠詞。
chairperson [tʃéərpə̀ːrsən] □□ 638	名 **議長，委員長** TG *be* **chosen chairperson** (of ～) 「(～の)議長に選ばれる」 ▶ the chairもよく用いられる。
professor [prəfésər] □□ 639	名 **教授** TG **a professor of** ～「～を教える教授」
principal [prínsəpəl] □□ 640	名 **校長** 形 主要な ▶ *one's* principal source of food「主要な食糧源」
expert 発 ア [ékspəːrt] □□ 641	名 **専門家**，達人 TG **expert on** [**in**] ～「～の専門家」 形 熟達した
leader [líːdər] □□ 642	名 **指導者，リーダー** ▶ léadership 名 指導者の地位；指導力 □ lead ➡ 1440
queen [kwiːn] □□ 643	名 **女王**；王妃 ▶ king 名 王，国王
prince [prɪns] □□ 644	名 **王子**；第一人者 ▶ the Crown Prince「(英国以外の)皇太子」 ▶ príncess 名 王女

He passed the exam to **enter the civil service**.	彼は試験に受かり公務員になった。
She was **elected mayor of the city** again.	彼女はその市の市長に再選された。
He was **chosen chairperson of the meeting**.	彼はその会議の議長に選ばれた。
He became **a professor of Western history**.	彼は西洋史の教授になった。
The principal used to teach math.	校長先生はかつて数学を教えていた。
She's **an expert on Asian art**.	彼女はアジア美術の専門家だ。
Who will be **the next leader**?	誰が次の指導者になるのだろう？
The queen was waving to us from the car window.	女王は車の窓から私たちに手を振っていた。
The prince visited the disaster area.	王子はその被災地を訪問した。

Section 3 単語

royal [rɔ́ɪəl] □□ 645	形 **国王の**, 王室の TG **the royal family**「王室」 ▶ the imperial family「皇室」
slave [sleɪv] □□ 646	名 **奴隷**

家庭・生活《建物・施設》

hall [hɔːl] □□ 647	名 **会館，ホール**；玄関(の広間)；廊下 TG **a city hall**「市役所，市庁舎」 ▶ a concert [public] hall「コンサートホール[公会堂]」
office [ɑ́(ː)fəs] □□ 648	名 **事務所，会社** ▶ an office worker「会社員」 ▶ office hours「勤務時間；営業時間」
bank [bæŋk] □□ 649	名 **銀行**；土手；川岸 ▶ bank account「銀行口座」
apartment [əpɑ́ːrtmənt] □□ 650	名 **アパート**，マンション TG **live in an apartment** 「アパート[マンション]に住んでいる」 ▶ 建物全体を指すときはan apartment buildingとも言う。
library [láɪbrèri] □□ 651	名 **図書館**；蔵書，コレクション TG **a school [public] library** 「学校[公共]図書館」 □ librárian 名 図書館員，司書
gym [dʒɪm] □□ 652	名 **体育館，ジム**；体育 TG **in [at] the gym**「体育館で」 ▶ go to the gym「ジムに通う」
museum ア [mjuzíːəm] □□ 653	名 **博物館，美術館** TG **a national museum**「国立博物館」 ▶ an art museum「美術館」

The royal family is loved by the whole nation.	王室は全国民から愛されている。
He was treated like a slave by his boss.	彼は上司に奴隷のように扱われていた。

That city hall cafeteria is a well-known lunch spot.	あの市役所の食堂は有名なランチスポットだ。
They've moved to a new office.	彼らは新しい事務所に引っ越した。
He sometimes goes to the bank before work.	彼は時々仕事の前に銀行に行く。
She lives in a one-room apartment in Osaka.	彼女は大阪のワンルームマンションに住んでいる。
I studied in the school library every day last week.	先週は毎日学校の図書館で勉強した。
The drama club will perform a play in the school gym tomorrow.	演劇部が明日，学校の体育館で劇を上演する。
The national museum is closed on Mondays.	国立博物館は，月曜日は休館だ。

theater 発 [θíːətər] □□ 654	名 **劇場** TG **at the theater**「劇場で」 ▶ go to the theater「劇[芝居]を見に行く」
studio 発 [stjúːdiòu] □□ 655	名 **スタジオ，(映画)撮影所** TG **a (movie [film]) studio**「映画撮影所」 ▶ この意味では複数形でも用いられる。
stadium 発 [stéɪdiəm] □□ 656	名 **競技場，スタジアム** ▶ a baseball stadium「野球場」 ▶ the Olympic stadium「オリンピックスタジアム」
temple [témpl] □□ 657	名 **寺院**；神殿
shrine [ʃraɪn] □□ 658	名 **聖堂，神社**；聖地 TG **visit a shrine**「神社に参拝する」 ▶ a Shinto shrine「(日本の)神社」 ▶ a shrine for the fans「ファンにとっての聖地」
castle 発 [kǽsl] □□ 659	名 **城** ▶ a castle tower「天守閣」 ▶ a castle town「城下町」
tower [táuər] □□ 660	名 **塔** TG **go up a tower**「塔に登る」 ▶ a clock tower「時計塔」
entrance [éntrəns] □□ 661	名 **入口，玄関**；入学；入場 TG **the front [back] entrance**「正面玄関[裏口]」 ▶ an entrance exam「入試」
exit 発 ア [égzət] □□ 662	名 **出口**；(プログラムの)終了 TG **through an exit**「出口を通って」 ▶ the east exit of the station「駅の東口」
architecture 発 [áːrkətèktʃər] □□ 663	名 **建築**；建築様式 TG **modern architecture**「近代建築」

What's on at the **theater** tonight?	今夜はその劇場で何が上演されますか。
The **studios** have a long history of making period films.	その映画スタジオは時代劇映画の制作で長い歴史がある。
The **stadium** holds almost 70,000 people.	その競技場は７万人近くを収容する。
The **temple** is famous for its rock garden.	その寺は石庭で有名だ。
I visit the **shrine** on New Year's Day every year.	私は毎年元日にその神社に参拝する。
The **castle** was repaired ten years ago.	その城は10年前に修繕された。
We waited so long to go up the **tower**.	私たちはその塔に登るのにだいぶ長い時間を待った。
I'm meeting her at the front **entrance**.	私は彼女と正面玄関のところで会うことになっている。
We left through the west **exit** from the hall.	私たちはそのホールから西側出口を通って出た。
He joined in the modern **architecture** tour in Tokyo.	彼は東京の近代建築巡りに参加した。

家庭・生活《街》

avenue [ǽvənjùː] □□ 664	名 **大通り，～街** TG **on ～ Avenue**「～街で」
block [blɑ(ː)k] □□ 665	名 (街の)**1区画，ブロック**；大きな塊 TG **X block(s) from ～** 「～からXブロック離れて」 ▶ a block of ice「氷の塊」 動 をふさぐ；を妨害する
corner [kɔ́ːrnər] □□ 666	名 **曲がり角**；角，隅 TG **(just) around the corner** 「角を曲がった所に；(距離的・時間的に)すぐ近くに」 ▶ 右の例文は「それはすぐ近くにありますよ」の意味にもなる。 ▶ on [at] the corner (of ～)「(～の)角の所で」
intersection [ìntərsékʃən] □□ 667	名 **交差点** TG **at the intersection**「交差点で[を]」 ▶ a busy intersection「混雑した交差点」
zone [zoun] □□ 668	名 **地帯，区域** TG **a no-parking zone**「駐車禁止区域」 ▶ a school zone「スクールゾーン」
square 発 [skweər] □□ 669	名 (四角い)**広場**；正方形 TG **the main square**「中央広場」 形 正方形の；平方の ▶ a square sheet of paper「正方形の紙」
market [mɑ́ːrkət] □□ 670	名 **市場**(いちば) TG **at the market**「市場で」 ▶ a fish [vegetable] market「魚[野菜]市場」
path [pæθ] □□ 671	名 **小道** TG **walk along a path**「小道を歩いていく」

I'll see you at the concert hall on Fifth **Avenue**.	5番街のコンサートホールで会いましょう。
Her house is three **blocks** from the park.	彼女の家は公園から3ブロック離れたところにある。
You'll find it just around the **corner**.	それはその角を曲がった所に見つかりますよ。
Please turn left at the next **intersection**.	次の交差点を左に曲がってください。
This is a no-parking **zone**.	ここは駐車禁止区域だ。
Everyone looked relaxed at cafés in the main **square**.	中央広場のカフェでは誰もがくつろいでいるように見えた。
They buy fresh food at the **market** on Sunday mornings.	彼らは日曜の朝に市場で新鮮な食料品を買う。
Walk along this **path**. It's a shortcut.	この小道を歩いていってください。近道です。

slope [sloup] □□ 672	名 坂

家庭・生活《交通・移動》

traffic [træfɪk] □□ 673	名 交通(量) TG **heavy [a lot of] traffic**「交通量が多い」 ▶ 交通量が「少ない」にはlightを用いる。 ▶ traffic jam「交通渋滞」
drive [draɪv] □□ 674	動 (車を)運転する ▶ drink and drive「飲酒運転をする」 活 drive - drove [drouv] - driven [drívən] 名 ドライブ ▶ go for a drive「ドライブに出かける」
ride [raɪd] □□ 675	動 (に)乗る，乗っていく TG **ride a bicycle [bus] to ～** 「自転車[バス]に乗って～に行く」 ▶ 自転車・バイク・動物などや，乗客として乗り物に「乗る」場合に用いる。 活 ride - rode [roud] - ridden [rídən] 名 乗る[乗せる]こと ▶ give ～ a ride「～を(車などに)乗せて(送って)あげる」
railroad [réɪlròud] □□ 676	名 鉄道 TG **a railroad crossing**「踏切」 ▶ a railroad station「(鉄道の)駅」
subway [sʌ́bwèɪ] □□ 677	名 地下鉄 TG **take [ride] the subway**「地下鉄に乗る」 ▶ the subway system (in Osaka)「(大阪の)地下鉄網」
automobile [ɔ́:təmoubì:l] □□ 678	名 自動車
engine [éndʒɪn] □□ 679	名 エンジン TG **start an engine**「エンジンをかける」

San Francisco is known as a city of **slopes**.	サンフランシスコは坂の街として知られている。
There's always heavy **traffic** here in the evening.	夕方ここはいつも交通量が多い。
I think he should **drive** more slowly.	彼はもっとゆっくり運転するべきだと思う。
I **ride** a bicycle to school.	私は自転車に乗って通学している。
Look both ways when you go over a **railroad** crossing.	(鉄道の)踏切を渡るときは左右を確認すること。
She doesn't take the **subway** late at night.	彼女は夜遅くには地下鉄に乗らない。
Automobiles might be fully self-driving in the future.	自動車は将来，完全自動運転になるかもしれない。
She asked him about how to start the **engine**.	彼女は彼にエンジンのかけ方について尋ねた。

wheel [*h*wiːl] □□ 680	名 〔the ～〕(自動車の)**ハンドル**；車輪 TG **take the wheel**「車を運転する」 ▶ at [behind] the wheel「運転して」 ▶ whéelchair ➡ 895
license [láɪsəns] □□ 681	名 **免許(証)**；許可 TG **a driver's license**「運転免許証」
airport [éərpɔ̀ːrt] □□ 682	名 **空港** TG **at the airport**「空港で」 ▶ land at the airport「空港に着陸する」
flight [flaɪt] □□ 683	名 **定期航空便，フライト**；空の旅；飛行 TG **a flight to ～**「～行きの航空便」 ▶ How was your flight?「空の旅はいかがでしたか」
port [pɔːrt] □□ 684	名 **港** TG **in port**「入港して」 ▶ leave [come into] port「出港[入港]する」
canal ア [kənǽl] □□ 685	名 **運河**

家庭・生活《家屋・日用品》

key [kiː] □□ 686	名 **鍵**；手がかり TG **a key to ～**「～の鍵」 ▶ a door key「ドアの鍵」 形 重要な ▶ key points「主要な点」
stair 発 [steər] □□ 687	名 〔～s〕**階段** TG **at the bottom [top] of the stairs** 「階段の下[上]のところに」
upstairs ア [ʌ̀pstéərz] □□ 688	副 **上の階に[で]** (⇔ downstairs 副 下の階に[で]) TG **go upstairs**「上の階[2階]に上がる」

She takes the **wheel** after her husband's injury.	夫のけがの後，彼女が車を運転して(＝ハンドルを握って)いる。
He got his driver's **license** when he was 18.	彼は18歳のときに運転免許証を取得した。
We picked him up at the **airport**.	私たちは彼を空港まで車で迎えに行った。
Have you booked a **flight** to Seoul yet?	もうソウル行きの航空便は予約したかな？
A cruise ship from China is in **port**.	中国からのクルーズ船が入港している。
Many boats run through the **canals** in Holland.	オランダではたくさんの船が運河を航行している。
I don't have a spare **key** to my house.	私は家の予備の鍵を持っていない。
The rest room is at the bottom of the **stairs**.	トイレは階段の下のところにあります。
My brother went **upstairs** to study after dinner.	弟は夕食後勉強のため2階に上がった。

floor [flɔːr] □□ 689	名 **床；階** TG **on the floor**「床(の上)に」 ▶ on the 3rd floor「米 3階に，英 4階に」
shelf [ʃelf] □□ 690	名 **棚** TG **on the shelf**「棚(の上)に」 ▶ 複 shelves ▶ bóokshelf 名 本棚
roof [ruːf] □□ 691	名 **屋根**；(the ～)最高部 TG **on the roof**「屋根(の上)に」 ▶ clear snow off [remove snow from] the roof「屋根の雪下ろしをする」
ladder [lǽdər] □□ 692	名 **はしご** TG **climb up [down] a ladder**「はしごを上る[降りる]」
yard [jɑːrd] □□ 693	名 **庭**；囲い地；(長さの単位)ヤード，ヤール TG **in a yard**「庭で」 ▶ a school yard「校庭」
closet 発 [klɑ́(ː)zət] □□ 694	名 **クローゼット，収納場所**
refrigerator アク [rɪfrídʒərèɪtər] □□ 695	名 **冷蔵庫**(= fridge) TG **in the refrigerator**「冷蔵庫(の中)に」 ▶ fréezer 名 冷凍庫
shower 発 [ʃáuər] □□ 696	名 **シャワー(室・器具)**；シャワー(を浴びること)；にわか雨 TG *be* **in the shower**「シャワーを浴びている」 ▶ take a shower「シャワーを浴びる」 ▶ get caught in a shower「にわか雨にあう」
housework [háuswə̀ːrk] □□ 697	名 **家事** TG **do (the) housework**「家事をする」 ▶ help with the housework「家事を手伝う」

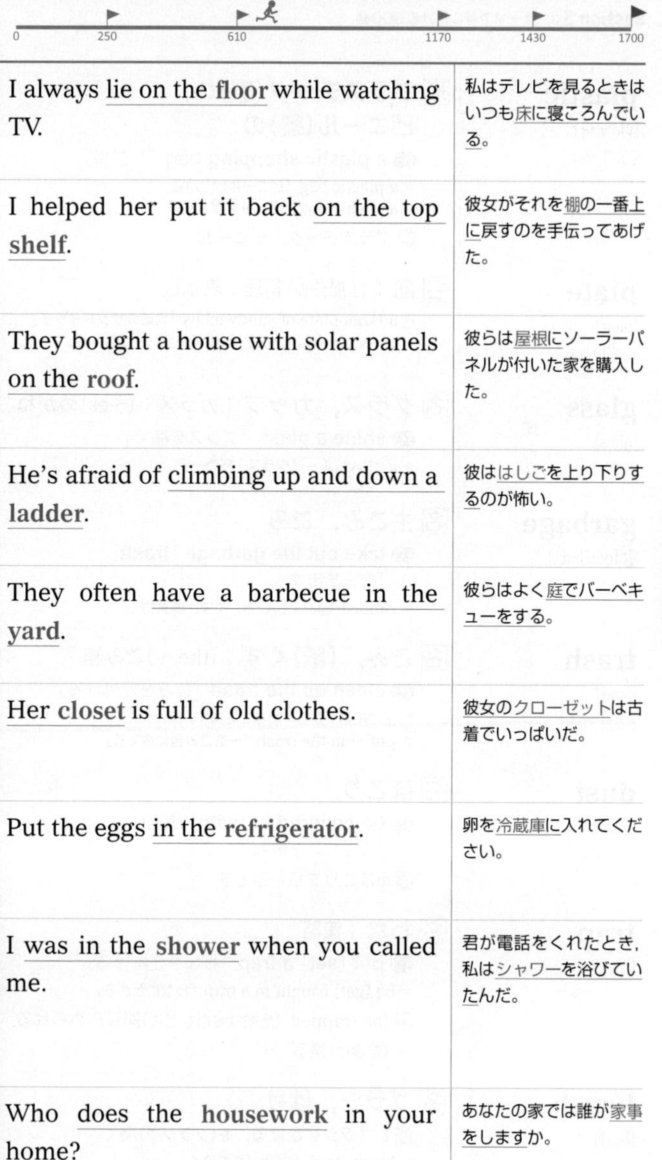

I always lie on the **floor** while watching TV.	私はテレビを見るときはいつも床に寝ころんでいる。
I helped her put it back on the top **shelf**.	彼女がそれを棚の一番上に戻すのを手伝ってあげた。
They bought a house with solar panels on the **roof**.	彼らは屋根にソーラーパネルが付いた家を購入した。
He’s afraid of climbing up and down a **ladder**.	彼ははしごを上り下りするのが怖い。
They often have a barbecue in the **yard**.	彼らはよく庭でバーベキューをする。
Her **closet** is full of old clothes.	彼女のクローゼットは古着でいっぱいだ。
Put the eggs in the **refrigerator**.	卵を冷蔵庫に入れてください。
I was in the **shower** when you called me.	君が電話をくれたとき，私はシャワーを浴びていたんだ。
Who does the **housework** in your home?	あなたの家では誰が家事をしますか。

plastic [plǽstɪk] □□ 698	形 **プラスチック(製)の，ビニール(製)の** TG **a plastic shopping bag**「レジ袋」 ▶ a plastic bag「ビニール[ポリ]袋」 ▶ a plastic bottle「ペットボトル」 名 プラスチック，ビニール
plate [pleɪt] □□ 699	名 **皿**；(1皿分の)料理；表示板 ▶ a large plate of sandwiches「大皿のサンドイッチ」 ▶ a license [number] plate「ナンバープレート」
glass [glæs] □□ 700	名 **グラス，カップ**；ガラス；(~es)めがね TG **shine a glass**「グラスを磨く」 ▶ a glass of ～「グラス1杯の～」
garbage 発 [gáːrbɪdʒ] □□ 701	名 **生ごみ，ごみ** TG **take out the garbage [trash]**「ごみを出す」 ▶ rúbbish 名 英 (生)ごみ，くず，廃棄物
trash [træʃ] □□ 702	名 **ごみ，(紙)くず**；(the ～)ごみ箱 TG **clean up the trash**「ごみを片付ける」 ▶ 主に紙類やがらくたなどを指す。 ▶ put ～ in the trash「～をごみ箱に捨てる」
dust [dʌst] □□ 703	名 **ほこり** TG ***be* covered in [with] dust**「ほこりにまみれている」 動 のほこりを払い落とす
trap [træp] □□ 704	名 **わな**；策略 TG **put [set] a trap**「わなを仕掛ける」 ▶ *be* [get] caught in a trap「わなにかかる」 動 (*be* trapped)(危険な場所などに)閉じ込められる，(苦境に)陥る
brush [brʌʃ] □□ 705	名 **ブラシ，はけ** 動 にブラシをかける，を(ブラシで)磨く ▶ brush *one's* teeth「歯を磨く」 ▶ brush up (on) ～「～(知識など)を磨き直す」

It's not difficult to use less **plastic** shopping bags.	(ビニールの)レジ袋の使用を減らすのは難しくはない。
Please take a **plate** and help yourself.	お皿を取ってご自由にお召し上がりください。
My father shines **glasses** after dinner carefully.	父は夕食後に丁寧にグラスを磨く。
Can you take out the **garbage** for me?	ごみを出してきてもらえるかな?
We cleaned up all the **trash**.	私たちはすべてのごみを片付けた。
The old books were covered in **dust**.	古本はほこりにまみれていた。
We put cockroach **traps** all over the house.	私たちは家中にゴキブリ捕獲器を置いた。
This **brush** is useful to wash my water bottle.	このブラシは水筒を洗うのに便利だ。

comb 発 [koum] □□ 706	名 **くし**；くしで髪をとかすこと ▶ 語末のbは発音しないことに注意。 ▶ run [pull] a comb through *one's* hair「くしで髪をとかす」 動 (髪)をくしでとく ▶ comb *one's* hair「髪をとかす」
blanket [blǽŋkət] □□ 707	名 **毛布** ▶ Can I have another blanket?「毛布をもう1枚いただけますか」
sheet [ʃiːt] □□ 708	名 (1枚の)**紙，紙の1枚**；シーツ TG **a (blank) sheet of paper**「1枚の(白)紙」 ▶ an answer sheet「答案用紙」 ▶ change the sheets「シーツを替える」
label 発 [léɪbəl] □□ 709	名 **ラベル**，荷札 TG **the label says (that) ...**「ラベルには…と書いてある」
envelope [énvəlòup] □□ 710	名 **封筒** TG **on the back of an envelope**「封筒の裏側に」

家庭・生活《身につける物・携帯品》

fashion [fǽʃən] □□ 711	名 **流行(しているもの)** TG **follow [keep up with] fashion**「流行(のもの)を追う」 ▶ in [out of] fashion「流行して[すたれて]」 □ fáshionable 形 流行の
style [staɪl] □□ 712	名 **流行**；(服装・髪などの)スタイル；様式；(人の)流儀 TG **in [out of] style**「流行に合って[遅れて]」 ▶ in a ~ style「~なスタイルで[に]」 □ stýlish 形 流行の，しゃれた
formal [fɔ́ːrməl] □□ 713	形 **正式の**；形式ばった TG **formal wear [dress]**「正装，礼服」 ▶ casual「カジュアルな」➡716，informal「普段着の」 ▶ a formal way of speaking「形式ばった言い方」

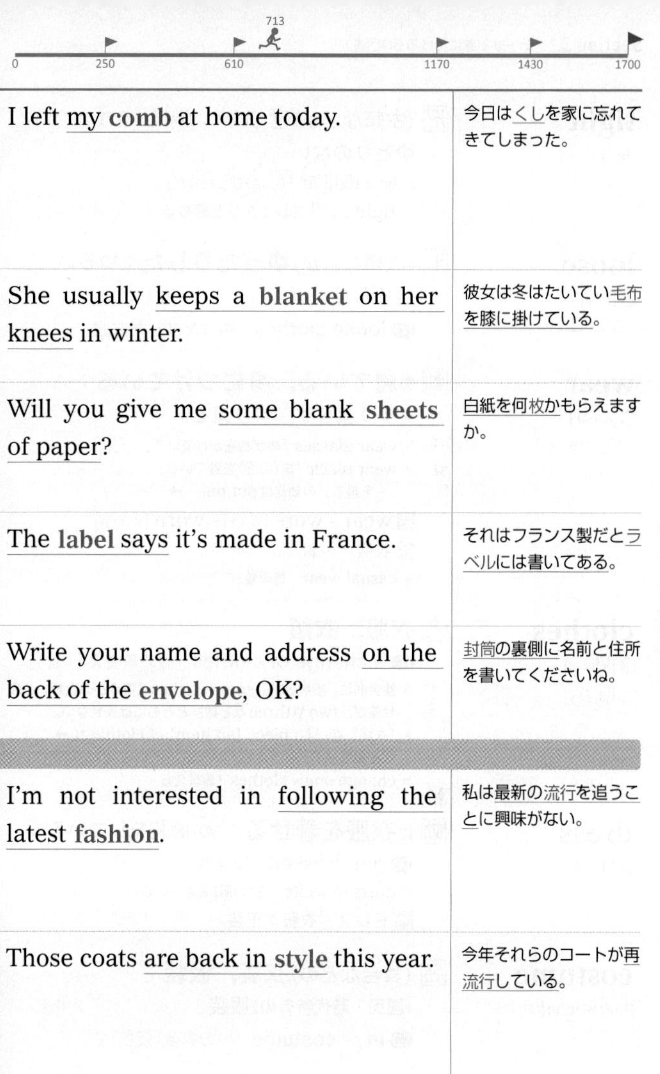

I left my **comb** at home today.	今日はくしを家に忘れてきてしまった。
She usually keeps a **blanket** on her knees in winter.	彼女は冬はたいてい毛布を膝に掛けている。
Will you give me some blank **sheets** of paper?	白紙を何枚かもらえますか。
The **label** says it's made in France.	それはフランス製だとラベルには書いてある。
Write your name and address on the back of the **envelope**, OK?	封筒の裏側に名前と住所を書いてくださいね。
I'm not interested in following the latest **fashion**.	私は最新の流行を追うことに興味がない。
Those coats are back in **style** this year.	今年それらのコートが再流行している。
They went out in **formal** wear.	彼らは正装で出かけた。

Section 3 単語

tight [taɪt] □□ 714	形 (衣類などが)**きつい**；(時間・金銭などが)ゆとりのない ▶ *be* a tight fit「(～は)ぴったりだ」 □ tíghten 動 をしっかりと締める
loose 発 [luːs] □□ 715	形 (衣類などが)**ゆったりした**；ゆるい，ゆるんだ TG **loose clothes**「ゆったりした衣服」
wear 発 [weə*r*] □□ 716	動 を**着ている，身につけている**；をすり減らす，すり減る ▶ wear glasses「めがねをかけている」 ▶ wear black「黒(の服)を着ている」 ▶「～を着る」の動作はput on ～ ➡1386 活 wear - wore [wɔː*r*] - worn [wɔː*r*n] 名 衣服，～着 ▶ casual wear「普段着」
clothes 発 [klouz] □□ 717	名 **衣服，衣類** TG **a change of clothes**「服の着替え(1着)」 ▶ 集合的に，複数扱い。some clothes「何点かの衣類」と表せるが，twoやthreeなど数詞とともには表せない。 ▶「衣類1点」はa piece [an item] of *clothing* (➡1251)などで表す。 ▶ change *one's* clothes「着替える」
dress 発 [dres] □□ 718	動 に**衣服を着せる**；(の)服装をしている TG **get dressed**「服を着る」 ▶ dress in white「白(い服)を着ている」 名 ドレス；衣服；正装
costume [ká(ː)st*j*uːm] □□ 719	名 (舞台などの)**衣装，仮装**；(国民・時代特有の)服装 TG **in ～ costume**「～の衣装[仮装]で」
tie [taɪ] □□ 720	動 を**結ぶ**(⇔ untie「をほどく」)；を縛る TG **tie *one's* shoes [shoelaces]**「靴ひもを結ぶ」 ▶ tie *one's* hair back「髪を後ろでしばる」 名 ネクタイ

These shoes are too **tight** for me.	この靴は私にはきつすぎる。
Wearing **loose** clothes helps to relax me.	ゆったりした服を着ると私はリラックスできる。
They don't **wear** suits or ties during the summer.	彼らは夏の間，スーツもネクタイも着用しない。
How many changes of **clothes** do you have?	服の着替えを何着持っていますか。
I got **dressed** quickly and left home.	私は急いで服を着て家を出た。
My friends gathered in their Halloween **costumes**.	友人たちはハロウィーンの仮装をして集合した。
I **tied** my shoes tightly before running.	私はランニングの前に靴ひもをしっかりと結んだ。

sew 発 [soʊ] □□ 721	動 を**縫う，縫い付ける**；縫い物をする ▶ sew on ～ / sew ～ on「～を縫い付ける」 活 sew - sewed - sewn [soʊn] [sewed]
frame [freɪm] □□ 722	名 〔～s〕(めがねの)**フレーム**；枠；額縁 ▶ a picture frame「絵の額縁」
button [bʌ́tən] □□ 723	名 (衣類の)**ボタン**；(機器の)ボタン TG **button [fasten] the buttons (of [on] ～)**「(～の)ボタンをとめる」 ▶ press [click] a button「ボタンを押す[クリックする]」 動 のボタンをとめる ▶ button *one's* shirts「シャツのボタンをとめる」
ring [rɪŋ] □□ 724	名 **指輪**；輪；鳴る音 ▶ (on) *one's* ring finger「薬指(に)」 動 鳴る，を鳴らす
jewel 発 [dʒúːəl] □□ 725	名 **宝石**；〔～s〕宝飾品 □ jéwelry 名〔集合的に〕宝石類；宝飾品，ジュエリー(≒ jewels)
wallet [wá(ː)lət] □□ 726	名 **財布** ▶ 主に紙幣やカード類を入れる折りたたみ式の財布を指す。 ▶ purseは「ハンドバッグ」や 英「(主に女性用)財布」を指す。
mobile 発 [móʊbəl] □□ 727	名 **携帯電話** TG **on *one's* mobile**「携帯電話に」 ▶ 米 cell(phone)，英 mobile phoneとも言う。 ▶ smártphone 名 スマホ 形 移動式の
portable [pɔ́ːrtəbl] □□ 728	形 **持ち運びできる，携帯用の** ▶ a portable toilet「仮設トイレ」
umbrella [ʌmbrélə] □□ 729	名 **傘** TG **put up an [*one's*] umbrella**「傘をさす」 ▶ a folding umbrella「折りたたみ傘」

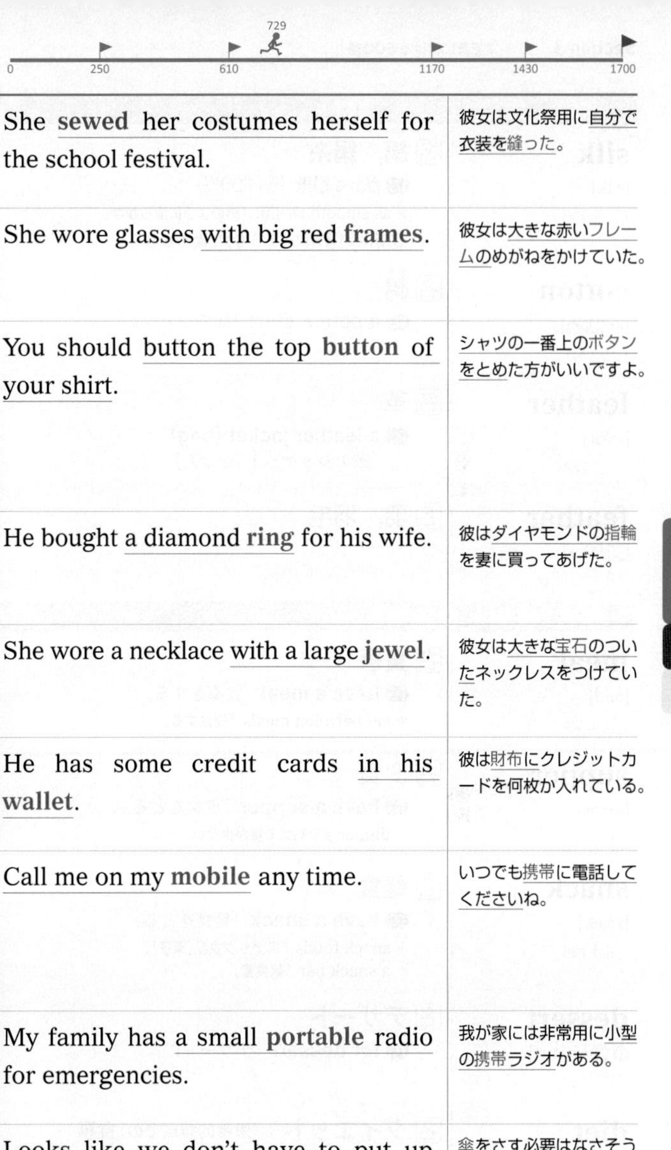

She **sewed** her costumes herself for the school festival.	彼女は文化祭用に自分で衣装を縫った。
She wore glasses with big red **frames**.	彼女は大きな赤いフレームのめがねをかけていた。
You should button the top **button** of your shirt.	シャツの一番上のボタンをとめた方がいいですよ。
He bought a diamond **ring** for his wife.	彼はダイヤモンドの指輪を妻に買ってあげた。
She wore a necklace with a large **jewel**.	彼女は大きな宝石のついたネックレスをつけていた。
He has some credit cards in his **wallet**.	彼は財布にクレジットカードを何枚か入れている。
Call me on my **mobile** any time.	いつでも携帯に電話してくださいね。
My family has a small **portable** radio for emergencies.	我が家には非常用に小型の携帯ラジオがある。
Looks like we don't have to put up **umbrellas**.	傘をさす必要はなさそうだね。

家庭・生活《衣服・素材》

silk [sɪlk] □□ 730	名 絹，絹糸 TG **pure silk**「絹100%」 ▶ as smooth as silk「絹のように滑らかな」 □ sílky 形 絹の(ような)；柔らかな
cotton [ká(:)tən] □□ 731	名 綿(めん) TG **a cotton shirt**「綿のシャツ」
leather [léðər] □□ 732	名 革 TG **a leather jacket [bag]** 「革のジャケット[かばん]」
feather 発 [féðər] □□ 733	名 羽，羽毛

飲食《食事・食生活》

meal [mi:l] □□ 734	名 食事 TG **have a meal**「食事をする」 ▶ eat between meals「間食する」
supper [sʌ́pər] □□ 735	名 夕食 TG **have a supper**「夕食をとる」 ▶ dinnerより略式で量が少ない。
snack [snæk] □□ 736	名 軽食，おやつ TG **have a snack**「軽食をとる」 ▶ snack foods「スナック食品[菓子]」 ▶ a snack bar「軽食堂」
dessert 発 アク [dɪzə́:rt] □□ 737	名 デザート TG **for dessert**「デザートに」
diet [dáɪət] □□ 738	名 ダイエット；(栄養的観点での)食事 TG ***be* [go] on a diet** 「ダイエットをしている[する]」 ▶ in *one's* diet「(日々の)食事において」

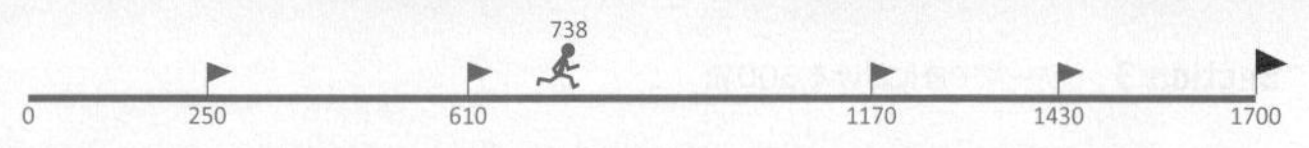

She gave him a tie made of pure **silk**.	彼女は彼にシルク100%のネクタイをあげた。
He always wears white **cotton** T-shirts in summer.	彼は夏にはいつも白い綿のTシャツを着ている。
He looks good in a black **leather** jacket.	彼は黒い革のジャケットが似合う。
This **feather** pillow makes me sleep well.	この羽毛枕だと私はよく眠れる。

We had a big **meal** late in the afternoon.	私たちは午後遅くにたっぷりと食事をとった。
Shall we have an early **supper** tonight?	今晩は早めの夕食にしませんか。
She usually has a **snack** while studying.	彼女は勉強しながらたいてい軽食をとる。
I'd like ice cream for **dessert**.	デザートにアイスクリームをいただきたいのですが。
I really must go on a **diet** this time!	今度こそ本当にダイエットをしないと！

chopstick [tʃá(ː)pstìk] □□ 739	名 〔~s〕箸（はし） TG **a pair of chopsticks**「箸（1膳）」
bite [baɪt] □□ 740	動 （を）**かむ**，（に）かみつく；（虫などが）を刺す TG **bite into** ~「~にかぶりつく」 ▶ bite *one's* lip「唇をかみしめる」 活 bite - bit [bɪt] - bitten [bítən] 名 かむこと；一口（の量） ▶ take a bite of ~「~を一口かじる」
flavor [fléɪvər] □□ 741	名 **風味，味** TG **have a ~ flavor**「~な風味［味］がある」 動 に風味を添える，味をつける
delicious ア [dɪlíʃəs] □□ 742	形 **とてもおいしい**
bitter [bítər] □□ 743	形 **苦い**；つらい ▶ bitter experience「つらい経験」 ▶ bíttersweet 形 甘く苦い；ほろ苦い
sour 発 [sáuər] □□ 744	形 **酸っぱい**；すえた ▶ smell sour「すえたにおいがする」

飲食《料理》

recipe 発 [résəpi] □□ 745	名 **調理法，レシピ**；秘訣（けつ） TG **a recipe for** ~「~のレシピ」 ▶ a recipe for success「成功の秘訣」
mix [mɪks] □□ 746	動 **を混ぜる**；混ざる TG **mix *A* and *B* (together)**「AをBと混ぜる」 ▶ mix with ~「~と混ざる」 □ mixed 形 混合の；複雑な ▶ a mixed salad「ミックスサラダ」 ▶ mixed feelings「複雑な気持ち」 □ míxture 名 混合（物）

This pair of **chopsticks** is perfect for a gift.	この箸は贈り物にぴったりだ。
He **bit** into the sandwich.	彼はサンドイッチにかぶりついた。
This soup has a rich **flavor** of chicken.	このスープにはチキンの豊かな風味がある。
The pancake is really **delicious** with cream.	そのパンケーキはクリームを添えると実においしい。
I like **bitter** chocolates better than sweet ones.	私は苦いチョコレートの方が甘いのよりも好きだ。
This yogurt doesn't taste so **sour**.	このヨーグルトはそれほど酸っぱくない。
Tell me the secret **recipe** for the sauce.	その秘伝のたれのレシピを教えてください。
Mix oil, vinegar and a little salt together.	オイルと酢，そして塩を少し混ぜてください。

pour 発 [pɔːr] □□ 747	動 **を注ぐ，かける**；(飲み物など)をつぐ；(多量に)流れ出る TG **pour** *A* **on** [**over**] *B*「AをBに注ぐ，かける」
fry [fraɪ] □□ 748	動 (油で)を**炒**(いた)**める，揚げる** ▶ deep-frý 動 (たっぷりの油で)を揚げる 名 (fries)フライドポテト(≒ French fries)
boil [bɔɪl] □□ 749	動 を**ゆでる，煮る**；を沸かす；沸く ▶ boil water「湯を沸かす」
steam [stiːm] □□ 750	動 を**蒸す** ▶ steamed vegetables「蒸し野菜」 名 蒸気；湯気
bake [beɪk] □□ 751	動 (パンなど)を**焼く** TG **bake** *A* **for** *B*「AをBに焼いてあげる」(≒ bake *B A*) ▶ 主にオーブンなどで焼く調理を指す。

飲食《食品・食糧》

harvest ア [hɑ́ːrvɪst] □□ 752	名 **収穫(物)**；収穫期 TG **a good** [**bad**] **harvest**「豊作[不作]」 ▶ a harvest time「収穫時期」 動 を収穫する
vegetable [védʒtəbl] □□ 753	名 **野菜** ▶ green and yellow vegetables「緑黄色野菜」 □ vegetárian 名 菜食者　形 菜食主義の
meat [miːt] □□ 754	名 **肉** ▶ a piece [slice] of meat「肉一切れ」
wheat [*h*wiːt] □□ 755	名 **小麦**

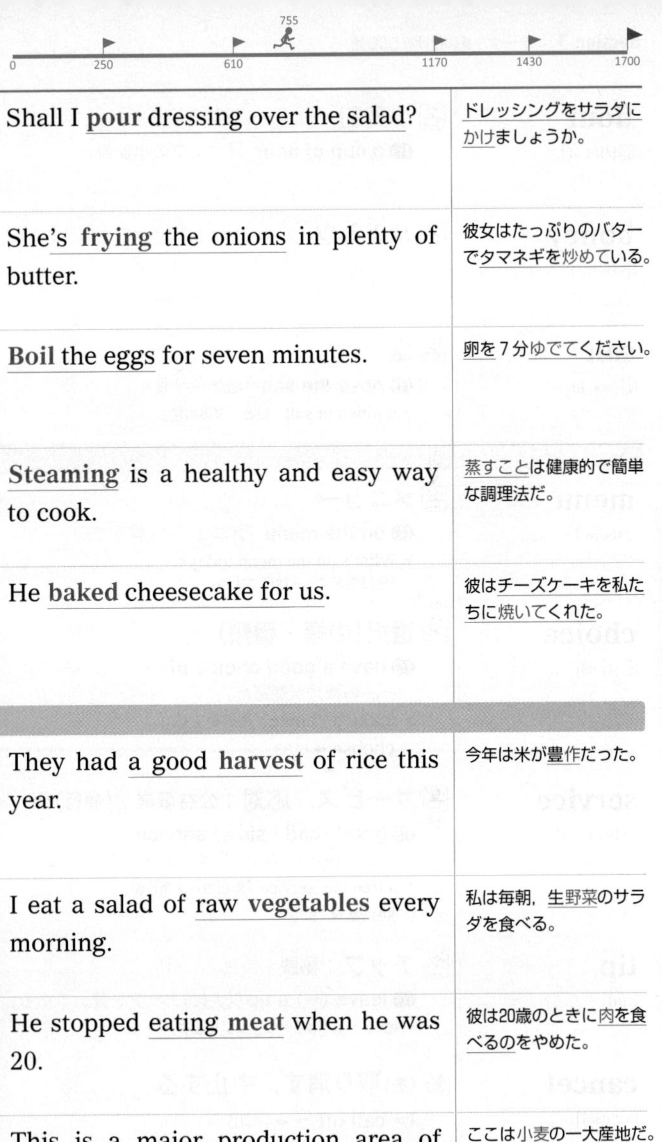

Shall I **pour** dressing over the salad?	ドレッシングをサラダにかけましょうか。
She's **frying** the onions in plenty of butter.	彼女はたっぷりのバターでタマネギを炒めている。
Boil the eggs for seven minutes.	卵を7分ゆでてください。
Steaming is a healthy and easy way to cook.	蒸すことは健康的で簡単な調理法だ。
He **baked** cheesecake for us.	彼はチーズケーキを私たちに焼いてくれた。

They had a good **harvest** of rice this year.	今年は米が豊作だった。
I eat a salad of raw **vegetables** every morning.	私は毎朝，生野菜のサラダを食べる。
He stopped eating **meat** when he was 20.	彼は20歳のときに肉を食べるのをやめた。
This is a major production area of **wheat**.	ここは小麦の一大産地だ。

flour 発 [fláuər] □□ 756	名 小麦粉 TG **a cup of flour**「1カップの小麦粉」
honey 発 [hʌ́ni] □□ 757	名 ハチミツ
salt 発 [sɔ(:)lt] □□ 758	名 塩 TG **pass the salt**「塩を(手)渡す」 ▶ a pinch of salt「ひとつまみの塩」

飲食《飲食店》

menu [ménjuː] □□ 759	名 メニュー TG **on the menu**「メニューに(載って)」 ▶ What's on the menu today? 「今日のメニューは何ですか」
choice 発 [tʃɔɪs] □□ 760	名 選択(の幅・種類) TG **have a good choice of** ～ 「～の種類が豊富だ」 ▶ make a choice「選択をする」 □ choose ➡ 1183
service 発 [sə́ːrvəs] □□ 761	名 サービス，応対；公益事業；(運行)便 TG **good [bad / slow] service** 「よい[悪い／遅い]接客，サービス」 ▶ a free bus service「無料のバス運行便」 □ serve ➡ 1520
tip [tɪp] □□ 762	名 チップ；秘訣(けつ) TG **leave** (～) **a tip**「(人に)チップを置いてくる」 ▶ give ～ a tip「～にチップを渡す」
cancel [kǽnsəl] □□ 763	動 (を)取り消す，中止する (= call off ～ ➡ 1375) TG **cancel *one's* [the] order** 「注文をキャンセルする」 名 取り消し

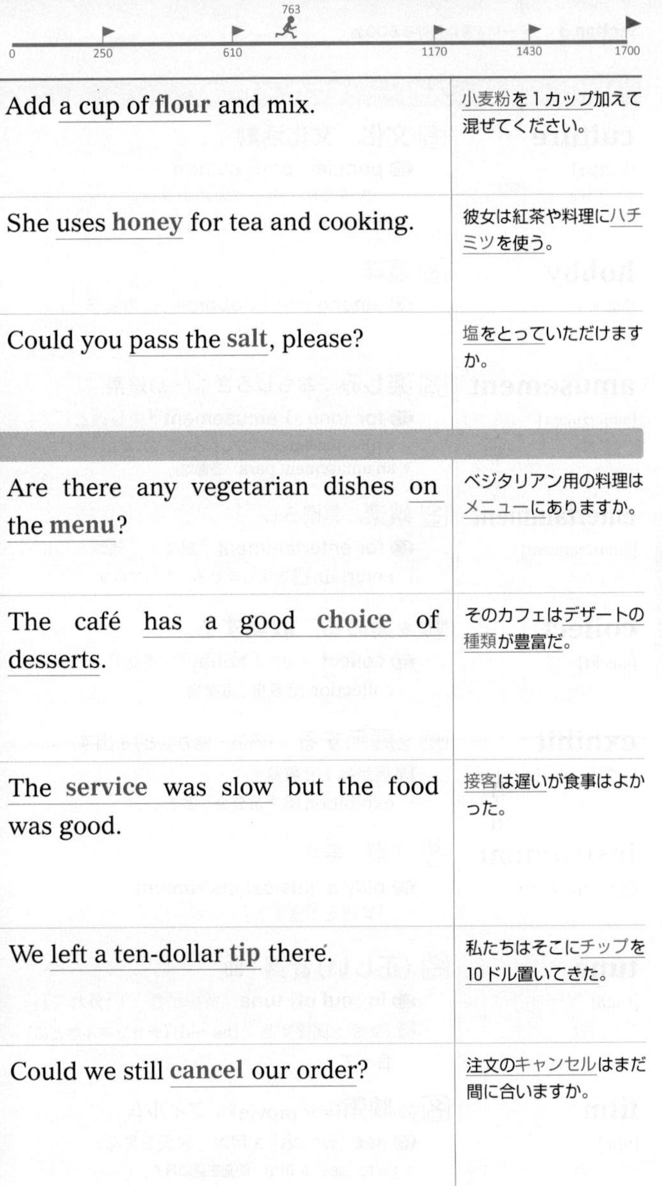

Add a cup of **flour** and mix.	小麦粉を1カップ加えて混ぜてください。
She uses **honey** for tea and cooking.	彼女は紅茶や料理にハチミツを使う。
Could you pass the **salt**, please?	塩をとっていただけますか。
Are there any vegetarian dishes on the **menu**?	ベジタリアン用の料理はメニューにありますか。
The café has a good **choice** of desserts.	そのカフェはデザートの種類が豊富だ。
The **service** was slow but the food was good.	接客は遅いが食事はよかった。
We left a ten-dollar **tip** there.	私たちはそこにチップを10ドル置いてきた。
Could we still **cancel** our order?	注文のキャンセルはまだ間に合いますか。

文化・娯楽・スポーツ《文化・趣味》

culture [kʌ́ltʃər] □□ 764	名 文化，文化活動 TG **popular [pop] culture** 「大衆文化，ポップカルチャー」 □ cúltural 形 文化の，文化的な
hobby [hɑ́(:)bi] □□ 765	名 趣味 TG **among *one's* hobbies**「～の趣味で」
amusement [əmjú:zmənt] □□ 766	名 楽しみ；おもしろさ；〔～s〕娯楽 TG **for (*one's*) amusement**「楽しみとして」 ▶ with amusement「おもしろがって，おもしろくて」 ▶ an amusement park「遊園地」
entertainment [èntərtéɪnmənt] □□ 767	名 娯楽，気晴らし TG **for entertainment**「娯楽で，気晴らしに」 □ entertáin 動 を楽しませる；をもてなす
collect [kəlékt] □□ 768	動 を集める，収集する TG **collect ～ as a hobby**「～を趣味で収集する」 □ colléction 名 収集；収集物
exhibit 発 ア [ɪgzíbət] □□ 769	動 を展示する；(感情・能力など)を出す 名 展示品；米 展覧会 □ exhibítion 名 英 展覧会；展示
instrument ア [ínstrəmənt] □□ 770	名 楽器；器具 TG **play a musical instrument** 「楽器を演奏する」
tune [tju:n] □□ 771	名 (正しい)音調；曲 TG **in [out of] tune**「音程が合って[外れて]」 動 (楽器)を調律する；〔*be* ～d〕(チャンネルなどに)合って
film [fɪlm] □□ 772	名 英 映画(=米 movie)；フィルム TG **see [watch] a film**「映画を見る」 ▶ go to (see) a film「映画を見に行く」 動 を撮影する

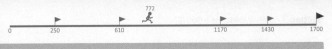

Jazz music is part of American popular **culture**.	ジャズ音楽はアメリカ大衆文化の一部だ。
Cooking and reading are among my **hobbies**.	料理と読書は私の趣味だ。
She writes short stories for her **amusement**.	彼女は自分の楽しみとして短編小説を書いている。
They went to movies and karaoke for **entertainment**.	彼らは気晴らしに映画とカラオケに行った。
What do you **collect** as a hobby?	あなたは趣味で何を集めていますか。
His paintings have been **exhibited** in the art museum.	彼の絵画はその美術館で展示されている。
Do you play any musical **instruments**?	あなたは何か楽器を演奏しますか。
This old piano is out of **tune**.	この古いピアノは調子がずれている。
We stayed in and watched a **film** on TV.	私たちは家にこもってテレビで映画を見た。

cartoon ア [kɑːrtúːn] □□ 773	名 **アニメ(動画)** (= an animated cartoon)；風刺漫画 ▶ a cartoon character「漫画の登場人物」
comic [ká(ː)mɪk] □□ 774	名 **漫画(雑誌・本)** (= a comic book) 形 喜劇の；滑稽な
photograph ア [fóutəgræ̀f] □□ 775	名 **写真** (= photo, picture) TG **take a photograph** (of ～)「(～の)写真を撮る」 □ photógrapher 名 写真家
portrait 発 ア [pɔ́ːrtrət] □□ 776	名 **肖像画**；(詳しい)描写 TG **paint a portrait**「肖像画を描く」 ▶ a self-portrait「自画像」
magic ア [mǽdʒɪk] □□ 777	名 **手品**；魔法；不思議な力 TG **do [perform] magic**「手品をする」 □ magícian 名 マジシャン □ mágical 形 不思議な(力を持つ)

文化・娯楽・スポーツ《旅行・観光》

tour 発 [tuər] □□ 778	名 **(周遊)旅行，ツアー**；見学 TG **go on a tour** (of ～)「(～への)ツアーに出かける」 ▶ a package tour「パックツアー」 動 を旅行する；(を)見学して回る □ tóurism 名 観光業 □ tóurist ➡ 785
journey [dʒə́ːrni] □□ 779	名 **旅行**；旅程；(～への)道のり TG **make [have] a journey**「旅をする」 ▶ 比較的長い旅や，地点の移動について言う。 ▶ a 2-hour train journey「2時間の列車移動」
sightseeing [sáɪtsìːɪŋ] □□ 780	名 **観光** TG **do sightseeing** (in ～)「(～で)観光をする」 ▶ go sightseeing (in ～)「(～に[で])観光に行く」

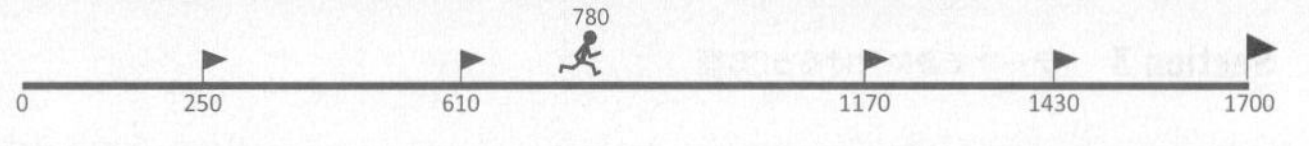

I would often watch TV **cartoons** on Sunday mornings.	私は日曜の朝にテレビアニメをよく見ていたものだ。
I'm a great fan of American **comics**.	私はアメリカのコミックの熱烈なファンだ。
He likes to take **photographs** of trains.	彼は列車の写真を撮るのが好きだ。
He painted his wife's **portrait** in a week.	彼は1週間で妻の肖像画を描いた。
I'm good at doing **magic**.	私は手品をするのが得意だ。

We're going on a 5-day **tour** of India.	私たちは5日間のインドツアーに出かける予定だ。
They've made a long **journey** through Africa.	彼らはアフリカ縦断の長い旅をしたことがある。
He did **sightseeing** in Taipei with his local friends.	彼は地元の友人たちと台北観光をした。

adventure [ədvéntʃər] □□ 781	名 **冒険(旅行)**；冒険心 TG **quite an adventure**「かなりの冒険(旅行)」 ▶ a sense [spirit] of adventure「冒険心」
explore [ɪksplɔ́:r] □□ 782	動 (を)**探検する**；を探求する ▶ explore for ～「～を求めて探査する」 □ explorátion 名 探検
wander 発 [wɑ́(:)ndər] □□ 783	動 (を)**歩き回る，ぶらつく** TG **wander around** ～「～をぶらぶら歩き回る」
camp [kæmp] □□ 784	名 **キャンプ，合宿**；野営地 TG **have (a) summer camp** 「サマーキャンプ[夏合宿]がある」 ▶ at (the) camp「キャンプで」 ▶ make [break] camp 「(キャンプの)テントを張る[たたむ]」 動 キャンプする ▶ go camping in ～「～にキャンプに行く」 □ cámping 名「キャンプ(をすること)」
tourist 発 [tʊ́ərəst] □□ 785	名 **観光客**，旅行者 TG **a tourist information center [office]** 「観光案内所」 ▶ tourist information「観光情報」 ▶ a popular tourist spot「人気の観光地」
passenger ア [pǽsɪndʒər] □□ 786	名 **乗客**
guide 発 [gaɪd] □□ 787	名 **ガイド，案内人**；案内書；指針 動 を案内する ▶ a guided tour「ガイド付きツアー」
vacation 発 [veɪkéɪʃən] □□ 788	名 **休暇** TG **on vacation**「休暇で」 ▶ go on vacation「休暇に出かける」 ▶ take a vacation「休暇を取る」 ▶ hóliday ➡ 148

The trip to Tokyo was quite an **adventure** when I was little.	子供の頃，東京への旅はかなりの冒険だった。
They **explored** the island all day.	彼らは終日その島を探検した。
It was fun **wandering** around the old city.	その古い街をぶらつくのは楽しかった。
Our club has a summer **camp** in Nagano every year.	私たちのクラブは毎年長野で夏合宿をする。
Let's ask at the **tourist** information center about it.	観光案内所でそのことを聞いてみよう。
All **passengers** had to wait so long on the train.	乗客全員が列車の中でかなりの時間待たされた。
The tour **guide** told us the special spot.	観光ガイドは私たちに特別な場所を教えてくれた。
They're on **vacation** in Australia.	彼らはオーストラリアで休暇中だ。

souvenir 発 アク [sùːvəníər] □□ 789	名 **土産，思い出の品** TG **as a souvenir of ～**「～の土産として」 ▶ 他人への「土産」はpresentやgift「贈り物」でもよい。souvenirは自分用にも用いる。 ▶ a souvenir shop「土産物店」
pack [pæk] □□ 790	動 (に)**荷物を詰める**，(を)荷造りする；を詰め込む TG **pack** *one's* **suitcase [bag]**「スーツケース[かばん]に荷物を詰める」 ▶ pack *one's* things「(身の回りの)荷物をまとめる」 ▶ pack *A* with *B* / pack *B* into *A*「A(かばんなど)にB(物)を詰める」 名 1箱，1包み □ páckage 名 小包；包み

文化・娯楽・スポーツ《スポーツ》

win [wɪn] □□ 791	動 (競技など)(に)**勝つ**；を獲得する TG **win a game [race]**「試合[レース]に勝つ」 ▶「(対戦相手など)に勝つ」はbeat(➡266)。 ▶ win at ～「～(ゲームなど)で勝つ」 活 win - won [wʌn] - won □ wínner 名 勝利者
victory [víktəri] □□ 792	名 **勝利** TG **win a victory (over [against] ～)**「(～に)勝利を収める」 ▶ lead ～ to victory「～を勝利に導く」
record アク [rékərd] □□ 793	名 **記録，最高記録** TG **set a new record (in ～)**「(～で)新記録を作る」 ▶ hold [break] the record「記録を保持する[破る]」 動 [rɪkɔ́ːrd] を記録する；を録音[録画]する
score [skɔːr] □□ 794	名 **得点，スコア**；成績 TG **the score is [stands at] ～**「得点は～だ」 ▶ by a score of *A* to *B*「得点A対Bで」 ▶ get a perfect [high / low] score in ～「～で満点[高い／低い得点]を取る」 動 (点)を取る；得点する

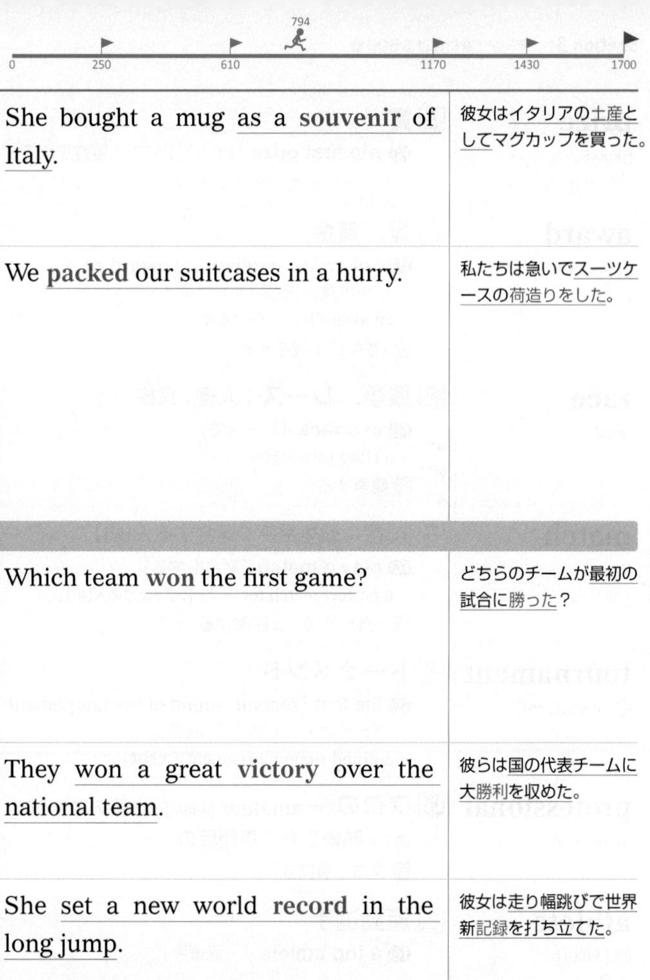

She bought a mug as a **souvenir** of Italy.	彼女はイタリアの土産としてマグカップを買った。
We **packed** our suitcases in a hurry.	私たちは急いでスーツケースの荷造りをした。
Which team **won** the first game?	どちらのチームが最初の試合に勝った？
They won a great **victory** over the national team.	彼らは国の代表チームに大勝利を収めた。
She set a new world **record** in the long jump.	彼女は走り幅跳びで世界新記録を打ち立てた。
At half-time the **score** was 4 - 1.	ハーフタイムで得点は４対１だった。

prize [praɪz] □□ 795	名 **賞** TG **win first prize (in ～)**「(～で)1等賞を取る」
award 発 [əwɔ́:rd] □□ 796	名 **賞，賞金** TG **get [win / receive] an award of ～**「～の賞金[賞品]を受け取る」 ▶ an award for ～「～での賞」 動 (賞など)を授与する
race [reɪs] □□ 797	名 **競争，レース**；人種；民族 TG **in a race**「レースで」 ▶ a close race「接戦」 動 競争する
match [mætʃ] □□ 798	名 **試合**；競争相手；適合する人[物] TG **play a match**「試合をする」 ▶ a perfect match for ～「～にぴったりの人[物]」 動 と調和する；に匹敵する
tournament 発 [tʊ́ərnəmənt] □□ 799	名 **トーナメント** TG **the first [second] round of the tournament**「トーナメントの1[2]回戦」 ▶ a grand *sumo* tournament「大相撲」
professional [prəféʃənəl] □□ 800	形 **プロの**(⇔ amateur [ǽmətʃʊər] 形 アマチュアの)；熟練した；専門職の 名 プロ；専門家
athlete ア [ǽθlì:t] □□ 801	名 **運動選手** TG **a top athlete**「一流選手」
coach 発 [koutʃ] □□ 802	名 **コーチ，指導員** 動 を指導する
rival [ráɪvəl] □□ 803	名 **ライバル，競争相手** 形 競合の

He won first **prize** in the school marathon.	彼は校内マラソンで1位になった。
The champion will get an **award** of ten million yen.	優勝者には1千万円の賞金が贈られる。
I can't wait to run in the big **race**.	その大きなレースで走るのが待ちきれない。
We played a tough **match** in bad weather.	私たちは悪天候の中で大変な試合をした。
She advanced to the second round of the tennis **tournament**.	彼女はテニストーナメントの2回戦に進出した。
She's still active as a **professional** skater.	彼女はプロスケーターとしてなおも活躍している。
He's already become one of the world's top **athletes**.	彼はすでに世界の一流選手の仲間入りをしている。
He's a new basketball **coach** at this school.	彼はこの学校の新しいバスケットボールコーチだ。
The two schools have always been **rivals** in baseball.	その2校は野球で常にライバル関係にある。

train [treɪn] □□ 804	動 (を)**訓練する，トレーニングする** TG **train** (*A*) **for** *B* 「(Aを)Bに向けて鍛える，トレーニングする」 名 列車 □ tráining 名 訓練，トレーニング □ tráiner 名 トレーナー，コーチ
exercise [éksərsàɪz] □□ 805	動 **運動する**；(体の部位など)を鍛える 名 運動；練習；練習問題 ▶ do exercise「運動する」
practice [prǽktɪs] □□ 806	動 (反復的に)(を)**練習する**；を実践する TG **practice** *doing*「…する練習をする」 名 練習；実践
indoor [ìndɔ́ːr] □□ 807	形 **屋内の，室内の**(⇔ outdoor「屋外の」) □ indóors 副 屋内で[に](⇔ outdoors「屋外で[へ]」) ▶ stay indoors「室内に(閉じこもって)いる」
flag [flæg] □□ 808	名 **旗，国旗** TG **wave a flag**「旗を振る」 ▶ the Japanese flag / the flag of Japan「日本の国旗」

自然・生物《自然・自然現象》

nature [néɪtʃər] □□ 809	名 **自然，自然界**；性質 ▶ in nature「本質的に」 ▶ by nature「生まれつき」 □ nátural 形 自然の
climate [kláɪmət] □□ 810	名 **気候** TG **a warm [mild / dry / cold] climate** 「温暖な[穏やかな／乾燥した／寒い]気候」 ▶ climateは特定地域の一般的な「気候」を指す。weather(➡ 130)はある地域の一時的な「天気」を表す。
forecast アク [fɔ́ːrkæ̀st] □□ 811	名 **予報，予測** TG **the weather forecast says** (**that**) **...** 「天気予報によると…」 動 を予報[予測]する

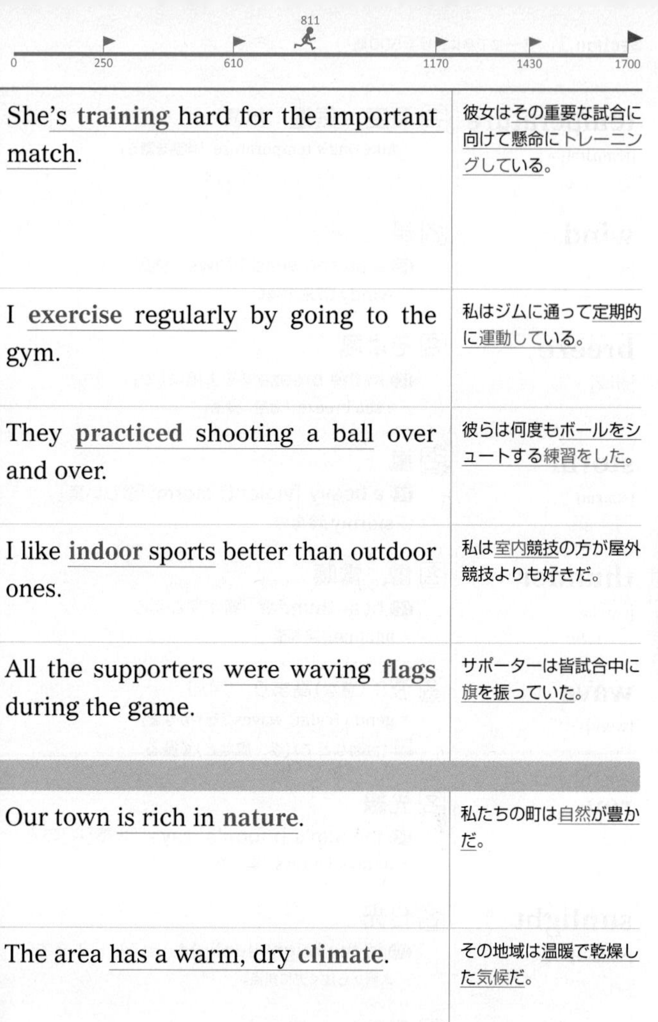

She's **training** hard for the important match.	彼女はその重要な試合に向けて懸命にトレーニングしている。
I **exercise** regularly by going to the gym.	私はジムに通って定期的に運動している。
They **practiced** shooting a ball over and over.	彼らは何度もボールをシュートする練習をした。
I like **indoor** sports better than outdoor ones.	私は室内競技の方が屋外競技よりも好きだ。
All the supporters were waving **flags** during the game.	サポーターは皆試合中に旗を振っていた。

Our town is rich in **nature**.	私たちの町は自然が豊かだ。
The area has a warm, dry **climate**.	その地域は温暖で乾燥した気候だ。
The weather **forecast** says tomorrow will be sunny.	天気予報によると明日は晴天らしい。

temperature [témpərətʃər] □□ 812	名 **温度，気温**；体温 ▶ take *one's* temperature「体温を測る」
wind [wɪnd] □□ 813	名 **風** TG **a strong wind blows**「強風が吹く」 □ wíndy 形 風の強い
breeze [bri:z] □□ 814	名 **そよ風** TG **in the breeze**「そよ風に[で]」 ▶ a sea breeze「海風，潮風」
storm [stɔ:rm] □□ 815	名 **嵐** TG **a heavy [violent] storm**「激しい嵐」 □ stórmy 形 嵐の
thunder [θʌ́ndər] □□ 816	名 **雷，雷鳴** TG **hear thunder**「雷が聞こえる」 ▶ líghtning 名 稲妻
wave [weɪv] □□ 817	名 **波**；(急な)高まり，増加 ▶ gentle [calm] waves「穏やかな波」 動 (合図などで)(手・旗など)を振る
ray [reɪ] □□ 818	名 **光線** TG **the sun's [moon's] rays**「太陽[月]の光」 ▶ ultraviolet rays「紫外線」
sunlight [sʌ́nlàɪt] □□ 819	名 **日光** TG **in the bright sunlight**「明るい日の光で」 ▶ 太陽から注ぐ光に焦点。
sunshine [sʌ́nʃàɪn] □□ 820	名 **日差し，日なた** TG **in (the) sunshine**「日差しの中で，日なたで」 ▶ 太陽からの光と熱の両方を含む。
sunset [sʌ́nsèt] □□ 821	名 **日没**(⇔ sunrise 名 日の出)；**夕焼け** TG **watch a sunset**「夕焼けを見る」 ▶ at sunset「日没時に」

The **temperature** today is much higher than yesterday.	今日の気温は昨日よりもだいぶ高い。
A strong **wind** was blowing this afternoon.	今日の午後は強風が吹いていた。
The flowers were dancing in the **breeze**.	花々がそよ風に揺れていた。
The ship was struck by a violent **storm**.	その船は激しい嵐に襲われた。
We stopped baseball practice when we heard distant **thunder**.	遠くに雷が聞こえると，私たちは野球の練習を中断した。
The **waves** were too high for swimming yesterday.	昨日は泳ぐには波が高すぎた。
The white color reflects the sun's **rays**.	白色は太陽の光を反射する。
Her hair was shining in the bright **sunlight**.	彼女の髪が明るい日の光で輝いていた。
It's refreshing to do yoga in the morning **sunshine**.	朝の日差しを浴びてヨガをするのは爽快だ。
We watched a beautiful **sunset** without a word.	私たちは何も語らず美しい夕焼けを見ていた。

自然・生物《地形・地質》

landscape [lǽndskèɪp] □□ 822	名 (見渡せる陸地の) **風景，景色**
continent [kɑ́(:)ntənənt] □□ 823	名 **大陸** TG **the North American continent**「北米大陸」 (= the continent of North America) □ continéntal 形 大陸の
ocean [óuʃən] □□ 824	名 〔the ～〕**海**；〔通例Ocean〕大洋 TG **go *doing* in the ocean**「海に～しに行く」 ▶ the Pacific Ocean「太平洋」
island 発[áɪlənd] □□ 825	名 **島** TG **the main island** (of ～)「(～の) 本島」 ▶ a desert island「無人島」 ▶ máinland 名 本土
ground [graund] □□ 826	名 **地面** TG **on** [**under** / **in**] **the ground** 「地面の上[地下/地中]に」
cave [keɪv] □□ 827	名 **洞窟** TG **inside the cave**「洞窟の中で」
bay [beɪ] □□ 828	名 **湾，入り江** TG **across the bay**「入り江の向こうに」 ▶ Tokyo Bay / the Bay of Tokyo「東京湾」
coast 発[koust] □□ 829	名 **海岸，沿岸** TG **along the coast**「海岸沿いに」 ▶ the town on the coast「沿岸の町」
shore [ʃɔːr] □□ 830	名 **岸** TG **on the shore** (of ～)「(～の) 岸で」 ▶ on shore「上陸して，船から降りて」 ▶ off shore「岸を離れて」

The **landscape** of the mountains was fantastic.	山々の景色はすばらしかった。
How many countries are there on the North American **continent**?	北米大陸には何か国ありますか。
They went fishing in the **ocean**.	彼らは海に釣りに行った。
You can get there by ferry from the main **island**.	そこへは本島からフェリーで行ける。
We all sat on the **ground** and waited.	私たちは全員地面に座って待っていた。
It was very cool inside the **cave**.	洞窟の中はとてもひんやりしていた。
The hotel has a great view across the **bay**.	そのホテルは入り江越しの眺望がすばらしい。
They'll go cycling along the **coast** to the town.	彼らはその町まで海岸沿いにサイクリングするつもりだ。
We had a picnic on the **shore** of the lake.	私たちは湖畔でピクニックをした。

horizon 発 [həráɪzən] □□ 831	名 〔the ～〕地平線，水平線 TC **above [below] the horizon** 「地[水]平線より上に[下に]」 ▶ on the horizon「地[水]平線上に」
valley [vǽli] □□ 832	名 谷，盆地 TC **through the valley**「谷間を通って」
desert ア [dézərt] □□ 833	名 砂漠 TC **in the desert**「砂漠で」
sand [sænd] □□ 834	名 砂；〔～s〕砂地，砂浜 TC **in the sand**「砂に」 ▶ play in the sand「(砂場で)砂遊びをする」 ▶ play on the sand(s)「砂浜で遊ぶ」
mud [mʌd] □□ 835	名 泥，ぬかるみ TC ***be*** **covered in [with] mud**「泥だらけだ」
rock [rɑ(:)k] □□ 836	名 岩，岩石；ロック音楽 TC **fallen [falling] rocks**「落石」 ▶ Falling Rocks!「落石注意」(標識など) 動 を揺り動かす

自然・生物《環境・災害》

environment 発 [ɪnváɪərənmənt] □□ 837	名 〔the ～〕(自然)環境；(生活・社会)環境 TC **damage the environment** 「(自然)環境を破壊する」 ▶ *be* friendly to the environment「環境に優しい」 ▶ a learning [working] environment「学習[労働]環境」 □ environméntal 形 環境上の
recycle [rì:sáɪkl] □□ 838	動 を再(生)処理する，リサイクルする TC **recycle *A* into *B***「AをBに再生利用する」 □ recýcling 名 再(生)処理，リサイクル ▶ reuse 動 [rì:jú:z] を再利用する　名 [rì:jú:s] 再利用

The sun has already sunk below the **horizon**.	太陽はもう地平線の下に沈んでいる。
A small river runs through the beautiful **valley**.	小さな川がその美しい谷を流れている。
The temperature in the **desert** can drop quickly at night.	砂漠の気温は夜，急激に下がることがある。
He wrote a message in the **sand** at the beach.	彼はビーチの砂にメッセージを書いた。
They were covered in **mud** after the game in the rain.	雨中での試合の後，彼らは泥だらけだった。
The road is blocked by fallen **rocks**.	道路は落石で通行止めだ。
Plastic waste has seriously damaged the **environment**.	プラスチック廃棄物が環境に深刻な被害をもたらしている。
Old newspapers can be **recycled** into other new products.	古新聞は他の新しい製品に再生利用できる。

pollution [pəlúːʃən] □□ 839	名 **汚染，公害** TG **air [water] pollution**「大気[水質]汚染」 □ pollúte 動 を汚染する
disaster [dɪzǽstər] □□ 840	名 **(大)災害** TG **a natural disaster**「自然災害」 □ disástrous 形 災害を招く；悲惨な
earthquake [ə́ːrθkwèɪk] □□ 841	名 **地震**(= quake) TG **a major [great] earthquake**「大地震」 ▶ áftershock 名 余震
flood 発 [flʌd] □□ 842	名 **洪水** TG **in flood**「(川が)増水して，氾濫して」 動 (場所が)水浸しになる；(川などが)氾濫する
rescue [réskjuː] □□ 843	動 **を救助する** TG **rescue *A* from *B***「AをBから救助する」 名 救助

自然・生物《動植物》

creature 発 [kríːtʃər] □□ 844	名 **生き物，動物** ▶ 実在・想像上いずれの生き物も指すが，植物は含まない。 ▶ all living creatures「生きとし生けるもの，全生物」
species 発 [spíːʃiːz] □□ 845	名 **種**(しゅ) TG **this species of ～**「この種の～」 ▶ 複 species(単複同形) ▶ a non-native species「外来種」
wild [waɪld] □□ 846	形 **野生の**；自然のままの；荒々しい TG **a wild animal [flower]**「野生動物[の花]」 ▶ wild woods「未開の森」 名 野生(の状態) ▶ animals in the wild「野生の動物」
wildlife ア [wáɪldlàɪf] □□ 847	名 **野生生物** TG **native wildlife**「(その土地)固有の野生生物」 ▶ 集合名詞。動物・植物の両方を指す。

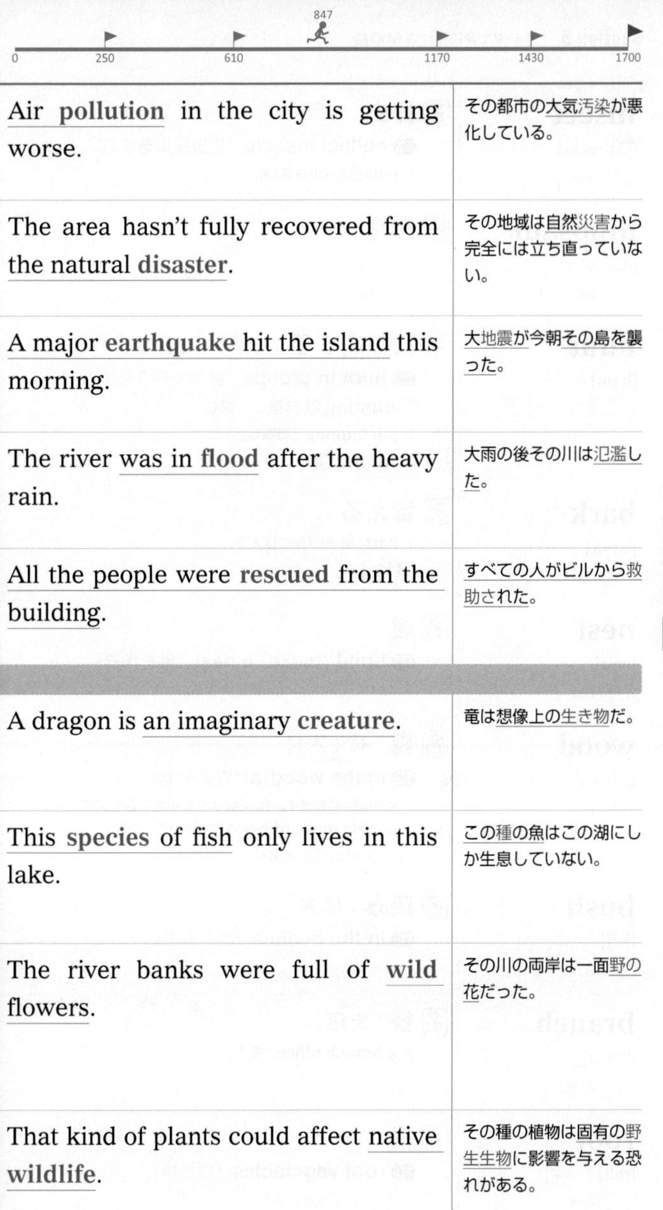

Air **pollution** in the city is getting worse.	その都市の大気汚染が悪化している。
The area hasn't fully recovered from the natural **disaster**.	その地域は自然災害から完全には立ち直っていない。
A major **earthquake** hit the island this morning.	大地震が今朝その島を襲った。
The river was in **flood** after the heavy rain.	大雨の後その川は氾濫した。
All the people were **rescued** from the building.	すべての人がビルから救助された。
A dragon is an imaginary **creature**.	竜は想像上の生き物だ。
This **species** of fish only lives in this lake.	この種の魚はこの湖にしか生息していない。
The river banks were full of **wild** flowers.	その川の両岸は一面野の花だった。
That kind of plants could affect native **wildlife**.	その種の植物は固有の野生生物に影響を与える恐れがある。

insect ㋐ [ínsekt] □□ 848	名 **昆虫** TG **collect insects**「昆虫採集をする」 ▶ bug 名 米 (小さな)虫
dinosaur [dáɪnəsɔ̀ːr] □□ 849	名 **恐竜**
hunt [hʌnt] □□ 850	動 **狩りをする**；を狩る；を探し求める TG **hunt in groups**「群れで狩りをする」 □ húnting 名 狩猟；～探し ▶ job hunting「職探し」 □ húnter 名 ハンター，猟師
bark [bɑːrk] □□ 851	動 **ほえる** ▶ bark at ～「～にほえる」 名 ほえ声
nest [nest] □□ 852	名 **巣** TG **build [make] a nest**「巣を作る」
wood 発 [wʊd] □□ 853	名 **森**，林；木材 TG **in the wood(s)**「森の中で」 ▶ woodsとも表す。forestよりも小さい森を指す。 ▶ a table made of wood「木製のテーブル」 □ wóoden 形 木製の
bush [bʊʃ] □□ 854	名 **茂み**；低木 TG **in the bushes**「茂みの中に」
branch [bræntʃ] □□ 855	名 **枝**；支店 ▶ a branch office「支店」
root [ruːt] □□ 856	名 **根** TG **root vegetables**「根菜類」

You cannot collect **insects** in this park.	この公園で昆虫採集をしてはいけない。
How long is the largest **dinosaur** ever?	史上最大の恐竜は，全長はどのくらいだろうか。
Lions **hunt** in groups.	ライオンは群れで狩りをする。
I trained my dog not to **bark**.	私は飼い犬がほえないよう訓練をした。
Swallows built a **nest** over there this year again.	ツバメが今年もまたあそこに巣を作った。
They observed wild birds in the **woods**.	彼らは森で野鳥の観察をした。
Something was hiding in the **bushes**.	何かが茂みの中に隠れていた。
He helped to cut some **branches** off the trees.	彼は木から枝を切るのを手伝った。
Here's a recipe for beef stew with **root** vegetables.	これが根菜類の入ったビーフシチューの調理法です。

Section 3 単語

grass [græs] □□ 857	名 〔the ～〕**芝生**；草 TG **keep off the grass**「芝生に立ち入らない」 ▶ weed 名 雑草
leaf [li:f] □□ 858	名 **葉** TG **autumn [fall / colored] leaves**「紅葉」 ▶ fallen leaves「落ち葉」
bloom [blu:m] □□ 859	名 **開花(期)**；(観賞用の)花 TG **in (full) bloom**「満開で」 ▶ out of bloom「最盛期を過ぎて」 動 咲く
seed [si:d] □□ 860	名 **種**(たね) TG **plant seeds**「種をまく」 ▶ grow ～ from seed「～を種から育てる」

人間・身体《個人・集団》

human [hjú:mən] □□ 861	形 **人間の**；人間らしい TG **the human body**「人体」 ▶ human error「人為的ミス」 名 人間(= human being(s))
person 発 [pə́:rsən] □□ 862	名 **人，人間**；〔複合語で〕…する人 TG **as a person**「1人の人間として」 ▶ 複は通例people(➡863)。公的文書などではpersons。 ▶ a salesperson「販売員」(salesmanの性差を避ける表現) ▶ in person「自分で，直(じか)に」 □ pérsonal ➡434
people 発 [pí:pl] □□ 863	名 **人々**；国民，民族 TG **How many people ...?**「何人の人が…か」
crowd [kraud] □□ 864	名 **群衆，人混み** TG **crowds [a crowd] of ～**「大勢の～」 動 (に)群がる □ crówded 形 混雑した；ぎっしりの ▶ *be* crowded with ～「～で混雑している」

Please keep off the **grass** in the garden.	庭の芝生には入らないでください。
The old temple is in beautiful harmony with colored **leaves**.	その古寺は紅葉と美しい調和をなしている。
The cherry blossoms are in full **bloom** around here.	桜はこのあたりでは満開だ。
I planted the **seeds** in the pot.	私は鉢に種をまいた。
About 60 percent of the **human** body consists of water.	人体の約60%は水でできている。
I respect her as a **person**.	私は彼女を１人の人間として尊敬している。
How many **people** were at the event?	その催しには何人の人がいましたか。
Crowds of people gathered to see the ceremony.	大勢の人がその式典を見ようと集まった。

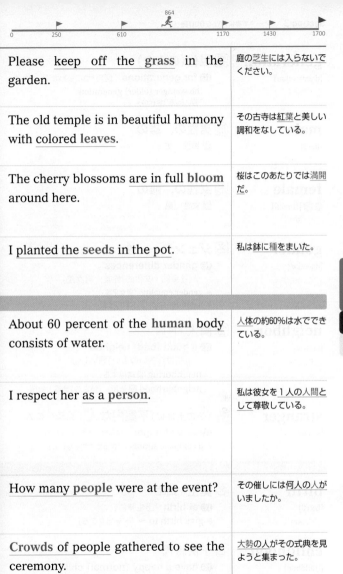

generation [dʒènəréɪʃən] □□ 865	名 **世代(の人々)** TG **for generations**「何世代にもわたり，代々」 ▶ the younger [older] generation 「若い[年配]世代の人々」
male [meɪl] □□ 866	形 **男性の，雄の** 名 男性；雄
female 発 アク [fíːmeɪl] □□ 867	形 **女性の，雌の** 名 女性；雌
gender [dʒéndər] □□ 868	名 **ジェンダー，性** TG **gender differences** 「(社会的・文化的)性差，男女差」 ▶ gender equality「男女平等」 ▶ a gender gap「男女間の格差」
neighbor [néɪbər] □□ 869	名 **隣人**；隣国 TG **a good [bad] neighbor** 「近所付き合いのよい[悪い]人」 □ néighboring 形 隣接する □ néighborhood 名 近所；(特定の)地域，場所
stranger [stréɪndʒər] □□ 870	名 (その土地に)**不案内な人**；見知らぬ人 TG ***be* a stranger**「(場所に)不案内だ」 ▶ a complete stranger「まったく知らない人」

人間・身体《人生》

birth [bəːrθ] □□ 871	名 **誕生**；出産 TG **at birth**「出生時に」 ▶ give birth to ～「～を出産する」
childhood [tʃáɪldhùd] □□ 872	名 **子供時代** TG **have a happy [normal] childhood** 「幸せな[普通の]子供時代を過ごす」 ▶ in (*one's*) childhood「子供の頃に」 (= when *S* was a child)

It has been kept for **generations** as a family treasure.	それは家宝として代々保管されている。
The traditional **male** role has changed greatly.	伝統的な男性の役割は大きく変わってきている。
She became the youngest **female** mayor in history.	彼女は史上最年少の女性市長となった。
There're **gender** differences in eating habits.	食習慣には男女差がある。
They're good **neighbors** to my family.	彼らは私の家族と近所付き合いがよい。
I'm a **stranger** here myself.	私もこのあたりはよくわからないのです。
He weighed about three kilos at **birth**.	彼は生まれたとき約3キロだった。
She had a happy **childhood**.	彼女は幸せな子供時代を過ごした。

youth 発 [juːθ] □□ 873	名 **青年時代**；若さ TG **in** *one's* **youth**「若い頃に」 □ yóuthful 形 若者らしい；若々しい
teenager [tíːnèɪdʒər] □□ 874	名 **ティーンエイジャー，10代の若者** TG **as a teenager**「10代の頃に」 ▶ 語尾が-teenの13歳から19歳までの若者を指す。
adult [ədʌ́lt] □□ 875	名 **大人，成人** TG **for adults**「大人用に」 形 成人の，大人の
junior [dʒúːnjər] □□ 876	名〔*one's* ～〕**年少者**；(地位などが)下位の人，後輩 TG *be X* **year(s)** ～*'s* **junior**「～のX歳年下だ」 (≒ *be* ～*'s* junior by *X* year(s)) ▶ junior high school「中学校」 形 (地位などが)下位の，後輩の ▶ *be* junior to ～「～より地位が低い，～の後輩だ」
senior [síːnjər] □□ 877	名〔*one's* ～〕**年長者，高齢者**；(地位などが)上位の人，先輩 TG *be X* **year(s)** ～*'s* **senior**「～のX歳年上だ」 (≒ *be* ～*'s* senior by *X* year(s)) ▶ a senior citizen「(特に退職している)高齢者」(= a senior) 形 (地位などが)上位の，先輩の；高齢者の ▶ *be* senior to ～「～より地位が上だ，～の先輩だ」
elderly [éldərli] □□ 878	形 **年配の** TG **an elderly couple [relative]**「年配の夫婦[親戚]」 □ élder 形 関 (兄弟姉妹などが)年上の
dead [ded] □□ 879	形 **死んでいる**，枯れた；(機器が)機能しない TG *be* **dead**「亡くなっている」 ▶ 右の例文はHe died five years ago.「彼は5年前に亡くなった」とほぼ同意。 ▶ the dead「死(亡)者」 □ déadly 形 致命的な

He was a good athlete in his **youth**.	彼は若い頃は優れた運動選手だった。
What was she like as a **teenager**?	彼女は10代の頃どのような感じでしたか。
How much is it for **adults**?	大人はいくらですか。
She's two years my **junior**.	彼女は私の 2 歳年下だ。
I'm two years her **senior**.	私は彼女の 2 歳年上だ。
The **elderly** couple celebrated 50 years of marriage.	その年配の夫婦は結婚50年を祝った。
He's been **dead** for five years.	彼が亡くなって 5 年たつ。

Section 3 単語

age [eɪdʒ] □□ 880	名 **年齢**；時代，時期 TG **for *one's* age**「～の年齢にしては」 ▶ at *one's* age「～の年齢では」 ▶ at the age of ～ ➡1407 動 年を取る ▶ áging 形〔名詞の前で用いて〕老いつつある

人間・身体《状態・機能》

physical [fízɪkəl] □□ 881	形 **身体の，肉体の**；物質の，物理的な；物理学の TG (*one's*) **physical condition**「体調」 □ phýsically 副 身体的に；物理的に
condition [kəndíʃən] □□ 882	名 **状態，体調**；〔～s〕状況，環境 TG *be* **in good** [**bad**] **condition** 「調子がよい[悪い]」 ▶ living conditions「生活環境」
function [fʌ́ŋkʃən] □□ 883	名 **機能，働き** TG **body function**「身体機能」 動 機能する
sight 発 [saɪt] □□ 884	名 **視力**；見ること；視界；光景 TG **have good** [**poor**] **sight** 「視力がよい[悪い]」 ▶ lose *one's* sight「視力を失う」 ▶ at the sight of ～「～を見て」
weight 発 [weɪt] □□ 885	名 **体重**；重さ TG **lose** (**some** [**a lot of**]) **weight** 「体重が(いくらか[大幅に])減る」 (⇔ gain [put on] weight「体重が増える」(put on ～ ➡1386)) ▶ *one's*は付けないことに注意。 □ weigh [weɪ] 動 の重さを量る；重さが～だ
fat [fæt] □□ 886	形 **太った**；脂肪の多い TG **get fat**「太る」 ▶ 婉曲的にoverweight, large, heavy, bigなども使われる。 名 脂肪

My brother is very tall for his **age**.	弟は年のわりに背がとても高い。
I'm worried about her **physical** condition.	私は彼女の体調のことが心配だ。
Nowadays my grandfather is not in good **condition**.	このところ祖父は調子がよくない。
Regular exercise helps your body **function**.	定期的な運動は身体機能にとってよい。
She has very good **sight**.	彼女は視力がとてもよい。
I've lost some **weight** by changing my lifestyle.	私は生活スタイルを変えたことで体重がいくらか減った。
He loves snacks but never gets **fat**.	彼はおやつが大好きだが，まったく太らない。

thin [θɪn] □□ 887	形 **やせた**；細い；薄い TG **look thin**「やせて見える」 ▶「不健康にやせて」という否定的な意味合いも含む。
slim [slɪm] □□ 888	形 **ほっそりした，スリムな**；わずかな TG **stay slim**「ほっそりしたままだ」 ▶ 好ましい意味合いで，魅力的であることも表す。 動 英（努力して）やせる
ugly [ʌ́gli] □□ 889	形 **醜い，不格好な** ▶ an ugly building「見た目の悪い建物」
thirsty 発 [θə́ːrsti] □□ 890	形 **喉の渇いた** TG **feel [be] thirsty**「喉が渇いている」 □ thirst 名 喉の渇き；脱水状態
tear 発 [tɪər] □□ 891	名 〔～s〕**涙** TG **in tears**「泣いて，涙を浮かべて」 ▶ *be* close to tears「（今にも）泣き出しそうだ」 動 [teər] を引き裂く 活 tear - tore [tɔːr] - torn [tɔːrn]
sweat 発 [swet] □□ 892	名 **汗（をかいている状態）**； 〔～s〕米 スエットスーツ TG **in a (cold) sweat**「（冷や）汗をかいて」 ▶ sweat pours off [down] ～ 「汗が～から吹き出る[～から流れ落ちる]」 ▶ pour with sweat「汗だくになる」 動 汗をかく

人間・身体《医療・健康》

hospital [hɑ́(ː)spɪtəl] □□ 893	名 **病院** TG **in (the) hospital**「入院して」 ▶ go to (the) hospital「入院する」 ▶ leave [come out of] (the) hospital「退院する」
ambulance [ǽmbjələns] □□ 894	名 **救急車** TG **by ambulance**「救急車で」 ▶ call an ambulance「救急車を呼ぶ」

You look **thinner** since I last saw you.	この前会った時からやせて見えるね。
How do you stay so **slim**?	あなたはどうやったらそんなにスリムのままなの？
I never think his new hairstyle is **ugly**.	彼の新しい髪型が不格好だなんてまったく思わないね。
Try to drink water before you feel **thirsty**.	喉の渇きを感じる前に水分を取るようにしよう。
She came into the room in **tears**.	彼女は目に涙を浮かべて部屋に入ってきた。
I woke up in a **sweat** this morning.	今朝は冷や汗をかいて目が覚めた。
She was in the **hospital** for a week.	彼女は１週間入院していた。
He was taken to the hospital by **ambulance**.	彼は救急車で病院に運ばれた。

wheelchair [*h*wíːltʃèə*r*] □□ 895	名 車椅子 TG in a wheelchair「車椅子で」 ▶ wheelchair tennis「車椅子テニス」
patient 発 [péɪʃənt] □□ 896	名 患者 TG the patient's condition「患者の容体」 形 忍耐強い ▶ pátience 名 忍耐(力)
disease 発 [dɪzíːz] □□ 897	名 病気 TG have (a) ～ disease 「～の病気にかかっている」 ▶ 特定部位の病名や，感染などによる重度の身体的病気を指す。
illness [ílnəs] □□ 898	名 病気(の状態) TG after a long illness「長い病気の後に」 ▶ 精神的な疾患も含む病気一般や，病気の期間を表す。
ill [ɪl] □□ 899	形 英 病気で，気分が悪い(≒ 米 sick ➜161) TG feel ill「気分[具合]が悪い」 ▶ *be* [become / get] ill「病気だ[病気になる]」 活 ill - worse [wəː*r*s] - worst [wəː*r*st] 副 悪く
pain [peɪn] □□ 900	名 痛み；苦痛 TG feel (a) pain in ～ 「～(体の部位)に痛みがある」 □ páinful 形 痛みを伴う；つらい
injure [índʒə*r*] □□ 901	動 を傷つける，痛める ▶ *be* [get] injured「けがをしている[する]」 □ ínjury 名 負傷；傷害
headache 発 [hédèɪk] □□ 902	名 頭痛；悩みの種 TG have a (bad) headache 「(ひどい)頭痛がする」
cancer [kǽnsə*r*] □□ 903	名 癌(がん) TG a battle against [with] cancer 「癌との闘い」

She spent five months in a **wheelchair**.	彼女は車椅子で5か月を過ごした。
The **patient**'s condition has not changed.	その患者の容体に変化はない。
He has a serious heart **disease**.	彼は重い心臓病をかかえている。
She died after a long **illness**.	彼女は長い病気の末に亡くなった。
I felt **ill** and went home early.	気分が悪かったので早めに帰宅した。
He felt a lot of **pain** in his back.	彼は背中[腰]にひどい痛みがあった。
I **injured** my leg during the game.	私は試合中に脚をけがした。
I had a bad **headache** last night.	昨晩ひどい頭痛がした。
She won her long battle with **cancer**.	彼女は癌との長い闘いに打ち勝った。

人間・身体《行為・動作》

breathe 発 [briːð] □□ 904	動 **呼吸する**；を吸い込む TG **breathe deeply**「深呼吸する」 ▶ breathe some [the] fresh air「新鮮な空気を吸う」 □ breath [breθ] 名 呼吸
touch 発 [tʌtʃ] □□ 905	動 **に触れる**；を感動させる 名 触れること；手触り，感触 ▶ keep [stay] in touch (with ～) ➡ 1128
pat [pæt] □□ 906	動 (手のひらで)を**(軽く)たたく** TG **pat *A* on the *B*** 「A(人)のB(体の部位)を軽くたたく」 名 軽くたたくこと
shout [ʃaut] □□ 907	動 (を)**叫ぶ，大声で話す** TG **shout (*A*) at *B***「(Aを)B(人)に叫ぶ」 ▶ shout for help「大声で助けを求める」 名 叫び声，大声
scream [skriːm] □□ 908	動 **金切り声を出す** TG **scream in [with] ～** 「～(苦痛・恐怖など)で叫び声を上げる」 名 金切り声，叫び声
whisper [*h*wíspə*r*] □□ 909	動 (を)**ささやく**，小声で話す TG **whisper about ～**「～についてひそひそ話す」 ▶ whisper *A* to *B*「AをB(人)にささやく」 名 ささやき声 ▶ in a whisper「ひそひそ声で」
bow 発 [bau] □□ 910	動 **おじぎをする**，頭を下げる 名 おじぎ；[bou] 弓
bend [bend] □□ 911	動 **かがむ**；(体の一部)を曲げる TG **bend down [over]**「かがむ」 活 bend - bent [bent] - bent

Breathe deeply and slowly before speaking.	話をする前にゆっくりと深呼吸をしよう。
Don't **touch** these statues.	これらの彫像に触れないでくださいね。
She **patted** him on the shoulder with a smile.	彼女は笑顔で彼の肩を軽くたたいた。
He was **shouting** something at me over there.	彼は向こうで私に何かを叫んでいた。
I **screamed** in pain in treatment.	私は治療中に苦痛で大声を上げてしまった。
What were you **whispering** about?	あなたたちは何をひそひそ話していたの？
You don't have to **bow** while shaking hands.	握手をしているときおじぎをする必要はないよ。
I **bent** down to hug her son.	私はかがんで彼女の息子を抱きしめた。

Section 3
単語

人間・身体《部位》

forehead [fɔ́:rhèd, fɔ́:rəd] □□ 912	名 額(ひたい)
cheek [tʃi:k] □□ 913	名 頬(ほお) TG **kiss ～ on the cheek**「～の頬にキスをする」 ▶ dance cheek to cheek「頬を寄せ合って踊る」
lip [lɪp] □□ 914	名 唇 TG **bite** *one's* **lip**「唇をかみしめる」 ▶ *one's* upper [lower] lip「上[下]唇」 ▶ pay lip service to ～「～に口先だけの同意を示す」
tooth [tu:θ] □□ 915	名 歯 TG **brush** *one's* **teeth**「歯を磨く」 ▶ 複 teeth ▶ tóothache 名 歯痛
throat [θrout] □□ 916	名 喉 TG **have a sore throat**「喉が痛む」
shoulder 発 [ʃóuldər] □□ 917	名 肩；(重責を担う)肩，双肩 TG **put** *one's* **arm around** ～*'s* **shoulder(s)** 「腕を～の肩に回す」
chest [tʃest] □□ 918	名 胸 TG **press** *one's* **face into** ～*'s* **chest** 「顔を～の胸に押し当てる[うずめる]」
elbow [élbou] □□ 919	名 肘(ひじ) TG **place [put]** *one's* **elbow(s) on** ～ 「～に肘をつく」 動 (人)を押しのける
finger [fíŋgər] □□ 920	名 (手の)指 TG **on** *one's* **finger(s)**「指に[で]」 ▶ the index [middle / ring / little] finger 「人差し[中／薬／小]指」

The sweat was pouring off his **forehead**.	汗が彼の額から吹き出ていた。
She kissed her friend on both **cheeks**.	彼女は友人の両頬にキスをした。
I wanted to shout but bit my **lip**.	私は叫びたかったが唇をかみしめた。
I brush my **teeth** after every meal.	私は毎食後に歯を磨いている。
I have a sore **throat** and a slight fever.	喉が痛くて，熱が少しあります。
He put his arm around her **shoulder** when taking a picture.	彼は写真を撮るときに彼女の肩に腕を回した。
She pressed her face into his **chest** and cried.	彼女は顔を彼の胸に当てて泣いた。
Don't place your **elbows** on the table while eating.	食事中にテーブルに肘をついてはいけません。
Have you noticed a ring on his ring **finger**?	彼の薬指の指輪に気づいた？

Section 3 単語

thumb 発 [θʌm] □□ 921	名 **(手の)親指** TG **hold [put] up** *one's* **thumb**「親指を立てる」 ▶ 一般に欧米では賛同・満足などを伝える仕草。文化圏によって意図は異なる。 ▶ the thumbs-up (sign)「親指を立てる仕草，賛同」 ▶ *be* all thumbs「不器用だ」
nail [neɪl] □□ 922	名 **爪**；くぎ TG **cut** *one's* **nails**「爪を切る」 ▶ bite [do] *one's* nails「爪をかむ[手入れする]」
toe 発 [toʊ] □□ 923	名 **(足の)指**；つま先 TG **hit** *one's* **toe on [against]** ～「(足の)指を～にぶつける」 ▶ the big [little] toe「足の親指[小指]」 ▶ stand on *one's* toes「つま先立ちをする」
ankle [ǽŋkl] □□ 924	名 **足首**，くるぶし TG **break** *one's* **ankle**「足首を骨折する」
skin [skɪn] □□ 925	名 **皮膚，肌**；(動物の加工用)(野菜・果物類の)皮 TG **rough skin**「荒れた肌」 ▶ skíncare 名 肌の手入れ

人間・身体《器官・組織》

brain [breɪn] □□ 926	名 **脳**；(～s)頭脳；(～s)優秀な人 TG **brain function**「脳の働き」 ▶ use *one's* brains「頭を使う」
heart 発 [hɑːrt] □□ 927	名 **心臓**；心；(the ～)中心 TG *one's* **heart beats**「心臓が鼓動する」 ▶ a heart attack「心臓発作」 ▶ have a good [kind] heart「優しい心を持っている」
stomach 発 アク [stʌ́mək] □□ 928	名 **胃**；腹部 TG **on an empty stomach**「胃が空っぽで，空腹状態で」 (⇔ on a full stomach「満腹状態で」) ▶ stómachache 名 胃痛，腹痛

The prize winners smiled and held up their **thumbs**.	受賞者たちは笑みを浮かべて親指を立てた。
Take care not to cut your **nails** too short.	爪を短く切りすぎないよう注意してね。
I hit my little **toe** on the door.	足の小指をドアにぶつけてしまった。
He broke his **ankle** during the training camp.	彼は合宿中に足首を骨折した。
I have rough **skin** on my hands.	私は手の肌が荒れている。

Eating breakfast helps your **brain** function.	朝食を取ることは脳の働きを促す。
My **heart** was beating so fast with excitement.	私の心臓は興奮してとても高鳴っていた。
I don't drink coffee on an empty **stomach**.	私は空腹のときはコーヒーを飲まない。

blood 発 [blʌd] □□ 929	名 **血液**；血統 TG **give blood**「献血する」 ▶ blood type「血液型」 □ bleed 動 出血する
bone [boun] □□ 930	名 **骨** TG **break a bone**「骨を折る」 ▶ have a broken bone「骨折をしている」 ▶ with good [fine] bone structure「顔立ちの整った」
muscle 発 [mʌ́sl] □□ 931	名 **筋肉** TG **build** (*one's*) **muscle(s)** 「筋肉を付ける，鍛える」 ▶ relax (*one's*) muscle(s)「筋肉をほぐす」

感情・性質《感情・心理》

emotion [ɪmóuʃən] □□ 932	名 **感情**，感動 TG **show** (*one's*) **emotion**「感情を表す」 ▶ hide *one's* emotion「感情を隠す」 □ emótional 形 感情の；感情的な
mind [maɪnd] □□ 933	名 **心，精神**；意見 TG **in** *one's* **mind**「心の中に」 ▶ on *one's* mind「(物・事が)～の気になって」 What's on your mind? 「どうしたの？[何か気になっているの？]」 ▶ keep [bear] ～ in mind ➡ 1127 ▶ make up *one's* mind ➡ 1645 動 を気にする，嫌がる ▶ mind *doing*「…するのを気にする」
mental [méntəl] □□ 934	形 **心の，精神の** TG **mental health**「心の健康」
pleasant 発 [plézənt] □□ 935	形 **楽しい**；好感のある TG **have a pleasant time** [**evening**] 「楽しい時[夕べ]を過ごす」 ▶ It is pleasant to *do*.「…するのは楽しい」 ▶ a pleasant voice [smile]「感じのよい声[笑顔]」

I went to give **blood** today.	今日は献血に行った。
He fell and broke a **bone** in his right arm.	彼は転んで右腕の骨を折った。
He's changed his diet to build **muscle** faster.	彼は筋肉をもっと速く付けようと，食生活を変えた。
She showed no **emotion** at the sight.	彼女はその光景にも感情を少しも表に出さなかった。
I have a clear picture of them in my **mind**.	私の心の中に彼らの姿がくっきりと残っている。
Laughter is good for your **mental** health.	笑いは心の健康によい。
I had a **pleasant** evening with friends.	私は友人たちと楽しい夕べを過ごした。

suffer [sʌ́fər] □□ 936	動 **苦しむ**；(苦痛など)を経験する TG **suffer from** ～ 「～(病気など)にかかっている，患っている」 ▶ suffer a heart attack「心臓発作を起こす」(一時的な苦痛・けが・症状を被るときは他動詞) □ súffering 名 苦しみ
upset アク [ʌ̀psét] □□ 937	形 **取り乱して，動転して** TG *be* **upset about** [**by** / **at** / **with**] ～ 「～に動転している，いらだっている」 動 を動揺させる 活 upset - upset - upset
nervous [nə́ːrvəs] □□ 938	形 **心配して，緊張して**；神経質な；神経の TG *be* **nervous about** ～「～が不安だ」 ▶ feel [get] nervous before ～「～の前に緊張する」
lonely 発 [lóunli] □□ 939	形 **孤独な，ひとりぼっちの** TG **feel lonely**「孤独に思う，(孤独で)寂しく思う」 ▶ 他に誰もいなくて「寂しい」気持ちを表すときは，alone (➡1295)ではなくlonelyをふつう使う。 ▶ a lonely life「孤独な生活」 □ lóneliness 名 孤独(感)
shocked [ʃɑ(ː)kt] □□ 940	形 **衝撃[ショック]を受けた** TG *be* **shocked by** [**at**] ～「～に衝撃を受ける」 ▶ *be* shocked to *do*「…して衝撃を受ける」 □ shócking 形 衝撃的な □ shock 動 に衝撃を与える 名 ショック，衝撃(的出来事)
stress [stres] □□ 941	名 (精神的)**ストレス**；(語・音声の)強勢 TG **under stress**「ストレスを受けて」 動 を強調する □ stréssful 形 ストレスの多い
mad [mæd] □□ 942	形 **怒って**；ばかげた TG *be* [**get**] **mad at** ～ 「～(人)に頭にきている[頭にくる]」 ▶ *be* [get] mad about ～ 「～(物・事)に頭にきている[頭にくる]」

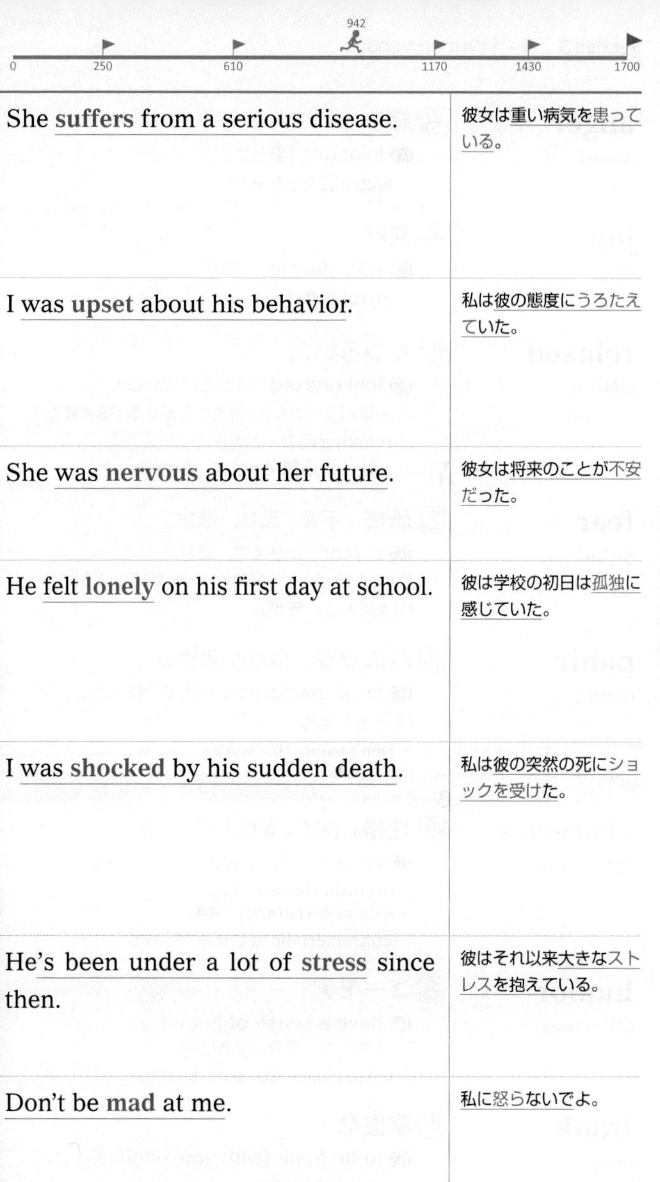

She **suffers** from a serious disease.	彼女は重い病気を患っている。
I was **upset** about his behavior.	私は彼の態度にうろたえていた。
She was **nervous** about her future.	彼女は将来のことが不安だった。
He felt **lonely** on his first day at school.	彼は学校の初日は孤独に感じていた。
I was **shocked** by his sudden death.	私は彼の突然の死にショックを受けた。
He's been under a lot of **stress** since then.	彼はそれ以来大きなストレスを抱えている。
Don't be **mad** at me.	私に怒らないでよ。

anger [ǽŋgər] □□ 943	名 **怒り** TG **in anger**「怒って」 □ ángry 形 怒った ➡171
joy [dʒɔɪ] □□ 944	名 **喜び** TG **with [for] joy**「喜んで」 □ jóyful 形 喜ばしい
relaxed [rɪlǽkst] □□ 945	形 **くつろいだ** TG **feel relaxed**「くつろいでいる」 □ reláx 動 くつろぐ，をくつろがせる；落ち着く □ reláxing 形 ほっとする □ relaxátion 名 くつろぎ，息抜き
fear 発 [fɪər] □□ 946	名 **恐怖**；不安；恐れ，懸念 TG **in fear**「おびえて，恐れて」 ▶ for fear of ～「～を恐れて，～とならないように」 動 を恐れる，怖がる
panic [pǽnɪk] □□ 947	名 **パニック**，(突然の)恐怖心 TG **in (a) panic**「うろたえて，慌てて」 動 うろたえる ▶ Don't panic.「慌てないで」

感情・性質《性質・性格》

character ア [kǽrəktər] □□ 948	名 **性格**；特徴；登場人物；文字 TG **have a ～ character**「～の性格をしている」 ▶ the main character「主人公」 ▶ a Chinese character「漢字」 □ characterístic 形 特有の　名 特徴
humor 発 [hjúːmər] □□ 949	名 **ユーモア** TG **have a sense of humor** 「ユーモアのセンスがある」 ▶ full of humor「ユーモアにあふれて」
frank [fræŋk] □□ 950	形 **率直な** TG **to be frank (with you)**「率直に言うと」 □ fránkly 副 率直に ▶ frankly (speaking)「率直に言って」

She went out of the room in **anger**.	彼女は怒って部屋から出て行った。
I jumped for **joy** when I heard the news.	私はその知らせを聞いたときうれしくて飛び上がった。
I felt **relaxed** in the hot spring.	私は温泉の中でくつろいでいた。
He looked back in **fear**.	彼はびくびくして後ろを振り返った。
I was in a **panic** when I lost my mobile phone.	私は携帯電話をなくしたときうろたえてしまった。

He has a strong **character** and never gives up.	彼は気丈な性格で，決してあきらめない。
She has a good sense of **humor**.	彼女はユーモアのセンスがよい。
To be **frank**, I don't think it's a good idea.	率直に言って，それはいい考えではないと思う。

Section 3 単語

cheerful [tʃíərfəl] □□ 951	形 **元気な，陽気な**；心地よい ▶ in a cheerful voice「元気な[陽気な]声で」 □ cheer ➡ 120
friendly [fréndli] □□ 952	形 **親切な，好意的な**；友好的な；仲のよい TG *be* **friendly to** ～「～に親切だ」 ▶ a friendly nation「友好国」 ▶ *be* friendly with ～「～と仲がよい」 ▶ unfríendly 形 不親切な
gentle [dʒéntl] □□ 953	形 **優しい**；穏やかな TG *be* **gentle with** ～「～に優しい」 □ géntly 副 優しく，穏やかに
calm 発 [kɑːm] □□ 954	形 **落ち着いた**；穏やかな TG **stay [keep] calm**「平静を保つ」 ▶ a calm sea「穏やかな海」 動 落ち着く，を落ち着かせる ▶ Calm down.「落ち着いて」 名 平穏，静けさ
lively 発 [láɪvli] □□ 955	形 **元気な，活発な**
shy [ʃaɪ] □□ 956	形 **恥ずかしがりの** TG *be* **shy to** *do*「…するのが恥ずかしい」 ▶ *be* shy with ～「～に人見知りする」
strict [strɪkt] □□ 957	形 **厳しい，厳格な** TG *be* **strict with [about]** ～ 「～(人)に[～(事)に]厳しい」 ▶ strict rules「厳しい規則」 □ stríctly 副 厳しく；厳密に ▶ strictly speaking「厳密に言うと」
positive [pá(ː)zətɪv] □□ 958	形 **前向きの，積極的な**；肯定的な，有益な TG **positive thinking**「プラス思考」 ▶ *be* positive about ～「～に積極的[前向き]だ」 ▶ a positive experience「有益な経験」

She's always bright and **cheerful**.	彼女はいつでも明るく陽気だ。
Generally, the people there are **friendly** to everyone.	一般的に，そこの人々は誰にでも親切だ。
The nurse is very **gentle** with patients.	その看護師は患者にとても優しい。
He stayed **calm** even under pressure.	彼はプレッシャーの中でも平静を保っていた。
I made friends with a **lively** and friendly person.	私は元気で親切な人と友達になった。
He was too **shy** to look her in the face.	彼は恥ずかしくて彼女の顔を見られなかった。
Our new principal is **strict** with the students.	新しい校長先生は生徒に厳しい。
Positive thinking has made my life better.	プラス思考は私の人生をよりよくしている。

negative [négətɪv] □□ 959	形 **悲観的な，消極的な**；否定的な，否定の TG **be negative about ～** 「～に悲観的[消極的]だ」
active [ǽktɪv] □□ 960	形 **活動的な，活発な**；積極[自発]的な；活動中の ▶ take an active part in ～「～で積極的な役割を果たす」
lazy [léɪzi] □□ 961	形 **怠惰な**；のんびりした ▶ a lazy afternoon「のんびりした午後」

言語・伝達・教育《コミュニケーション》

communication [kəmjùːnɪkéɪʃən] □□ 962	名 **コミュニケーション，意思疎通**；〔～s〕通信手段 ▶ a lack of communication「コミュニケーション不足」 □ commúnicate 動 意思の疎通をはかる；連絡を取り合う
greet [griːt] □□ 963	動 に**挨拶する**，を出迎える ▶ greet *A* with *B*「A(人)をBで出迎える」 □ gréeting 名 挨拶
conversation [kɑ̀(ː)nvərséɪʃən] □□ 964	名 **会話**，おしゃべり TG **have a conversation** (**with** ～) 「(～と)会話[話]をする」
chat [tʃæt] □□ 965	動 **おしゃべりする**；チャットする TG **chat to** [**with**] ～「～とおしゃべり[チャット]する」 名 おしゃべり；チャット
text 発 [tekst] □□ 966	動 **(ショート)メッセージを送る** 名 本文；テキストメッセージ；テキスト文書；教科書
e-mail [íːmèɪl] □□ 967	名 **E[電子]メール** TG **by e-mail**「Eメールで」 動 にEメールを送る ▶ mail 名 郵便　動 を郵送する

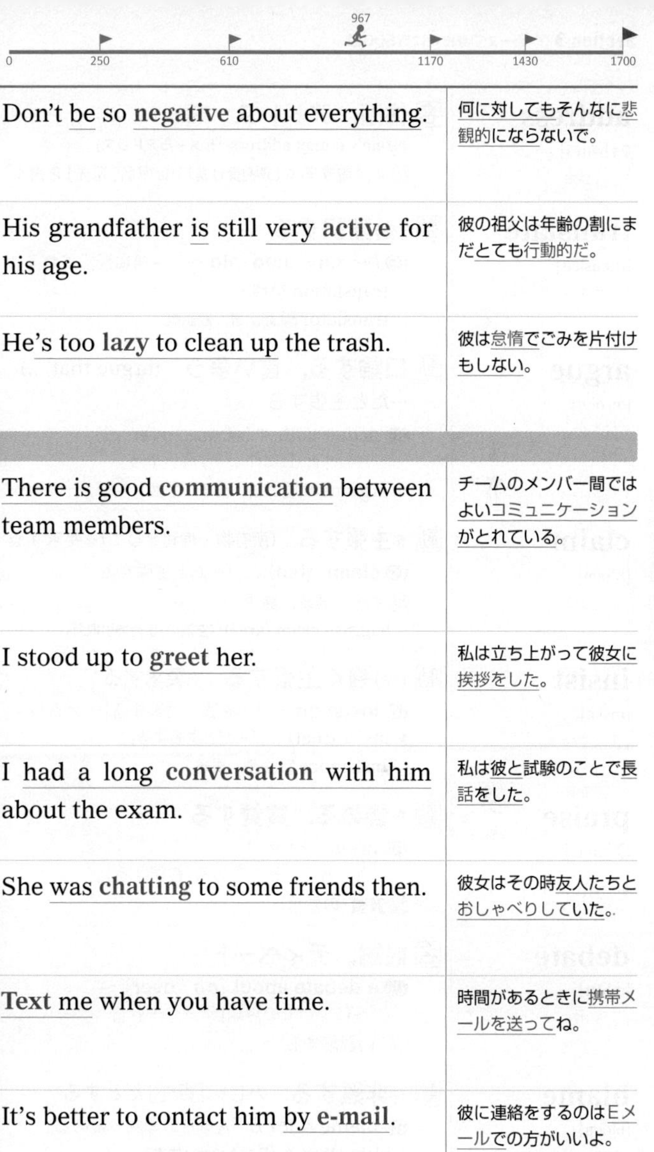

Don't be so **negative** about everything.	何に対してもそんなに悲観的にならないで。
His grandfather is still very **active** for his age.	彼の祖父は年齢の割にまだとても行動的だ。
He's too **lazy** to clean up the trash.	彼は怠惰でごみを片付けもしない。
There is good **communication** between team members.	チームのメンバー間ではよいコミュニケーションがとれている。
I stood up to **greet** her.	私は立ち上がって彼女に挨拶をした。
I had a long **conversation** with him about the exam.	私は彼と試験のことで長話をした。
She was **chatting** to some friends then.	彼女はその時友人たちとおしゃべりしていた。
Text me when you have time.	時間があるときに携帯メールを送ってね。
It's better to contact him by **e-mail**.	彼に連絡をするのはEメールでの方がいいよ。

address アク [ədrés] □□ 968	名 **住所，アドレス**；演説 ▶ *one's* e-mail address「Eメールアドレス」 動 に演説する；〔通例受け身形〕に宛名[宛先]を書く
translate [trǽnsleɪt] □□ 969	動 (を)**翻訳する** TG *be* **translated into** ～「～語に翻訳される」 □ translátion 名 翻訳 □ translátor 名 翻訳家，翻訳機
argue [ɑ́ːrgjuː] □□ 970	動 **口論する，言い争う**；〔argue that ...〕…だと主張する TG **argue with** *A* (**about** [**over**] *B*)「A(人)と(Bについて)言い争う」 □ árgument 名 口論；論争；主張
claim [kleɪm] □□ 971	動 を**主張する**；(所有物・権利として)を要求する TG **claim** (**that**) **...**「…だと主張する」 名 主張；要求，請求 ▶ baggage claim (area)「(空港の)手荷物引取所」
insist [ɪnsíst] □□ 972	動 (を)**強く主張する**；を要求する TG **insist on** ～「～を強く主張する[求める]」 ▶ insist (that) ...「…だと主張する」 □ insístence 名 主張，要求
praise 発 [preɪz] □□ 973	動 を**褒める，賞賛する** TG **praise** *A* **for** *B*「AをBのことで褒める[賞賛する]」 名 賞賛(の言葉)
debate [dɪbéɪt] □□ 974	名 **討論，ディベート** TG **a debate about** [**on** / **over**] ～「～についての討論[ディベート]」 動 (を)討論する
blame [bleɪm] □□ 975	動 を**非難する**；のせい[責任]だとする TG **blame** *A* **for** *B*「AをBの理由で責める」 ▶ blame *B* on *A*「BをAのせいにする」 ▶ Don't blame me.「私のせいにしないでよ」 名 非難，責任

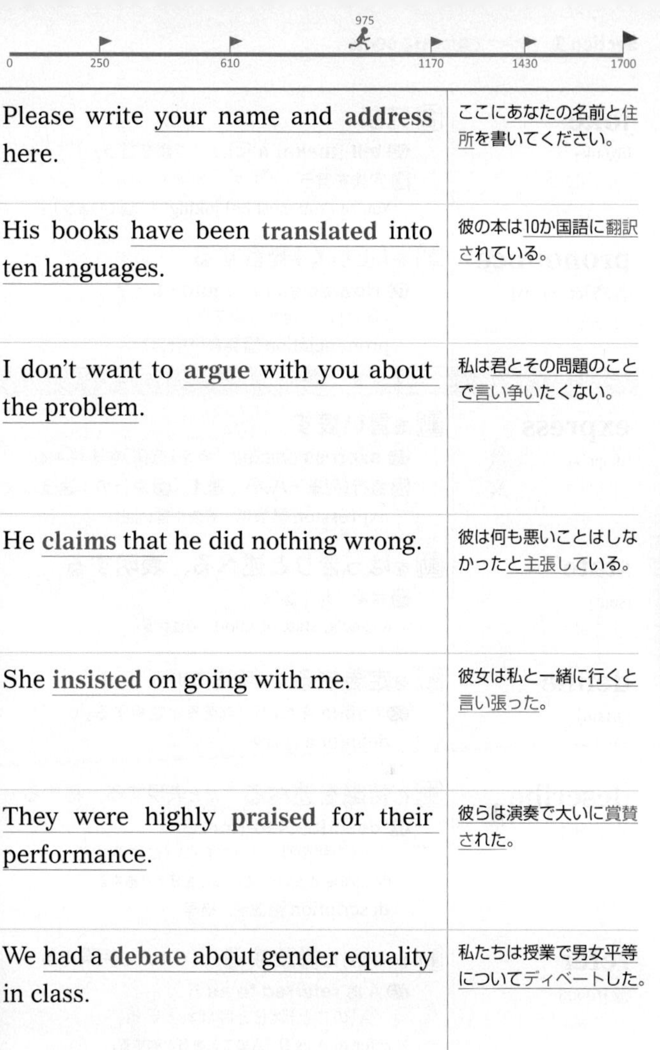

Please write your name and **address** here.	ここにあなたの名前と住所を書いてください。
His books have been **translated** into ten languages.	彼の本は10か国語に翻訳されている。
I don't want to **argue** with you about the problem.	私は君とその問題のことで言い争いたくない。
He **claims** that he did nothing wrong.	彼は何も悪いことはしなかったと主張している。
She **insisted** on going with me.	彼女は私と一緒に行くと言い張った。
They were highly **praised** for their performance.	彼らは演奏で大いに賞賛された。
We had a **debate** about gender equality in class.	私たちは授業で男女平等についてディベートした。
Don't **blame** him for losing the game.	試合に敗れたことで彼をとがめてはいけない。

joke [dʒoʊk] □□ 976	名 **冗談** TG **tell [make] a joke**「冗談を言う」 動 冗談を言う ▶ You're [You must be] joking!「冗談でしょう！」
pronounce 発 アク [prənáʊns] □□ 977	動 を**(正しく)発音する** TG **How do you pronounce ～?** 「～をどう発音しますか」 □ pronunciátion 名 発音(の仕方)

言語・伝達・教育《言及・描写》

express [ɪksprés] □□ 978	動 を**言い表す** TG **express** *oneself*「考え[感情]を表現する」 名 急行(列車・バス)；速達　形 急行の；速達の □ expréssion 名 表現；表情；言い回し
state [steɪt] □□ 979	動 を**はっきりと述べる，表明する** 名 状態；州；国家 ▶ a [*one's*] state of mind「心理状態」
define [dɪfáɪn] □□ 980	動 を**定義する**；を明確にする TG **define** *A* **as** *B*「AをBと定義する」 □ definítion 名 定義
describe [dɪskráɪb] □□ 981	動 の**特徴を述べる**；だと表現する，称する TG **describe** *A* **to [for]** *B* 「A(の特徴)についてB(人)に説明する」 ▶ describe *A* as *B*「AのことをBだと称する」 □ descríption 名 説明，描写
refer アク [rɪfə́ːr] □□ 982	動 (～ to)に**言及する**；(～ to)を参照する TG *A* **is referred to as** *B* 「A(のこと)はBと呼ばれている」 ▶ refer to *A* as *B*「AのことをBと称する」 ▶ refer to a dictionary「辞書を参照する」 □ réference 名 言及；参照
predict アク [prɪdíkt] □□ 983	動 を**予測[予言]する** TG *be* **predicted to** *do*「…すると予想される」 □ predíction 名 予測，予言

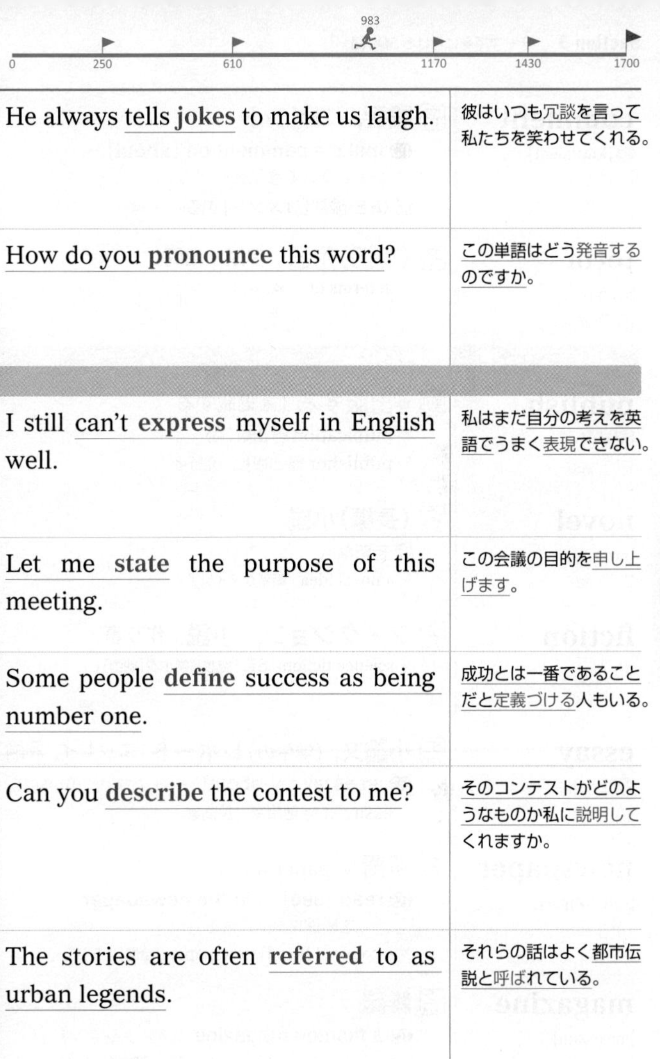

He always tells **jokes** to make us laugh.	彼はいつも冗談を言って私たちを笑わせてくれる。
How do you **pronounce** this word?	この単語はどう発音するのですか。
I still can't **express** myself in English well.	私はまだ自分の考えを英語でうまく表現できない。
Let me **state** the purpose of this meeting.	この会議の目的を申し上げます。
Some people **define** success as being number one.	成功とは一番であることだと定義づける人もいる。
Can you **describe** the contest to me?	そのコンテストがどのようなものか私に説明してくれますか。
The stories are often **referred** to as urban legends.	それらの話はよく都市伝説と呼ばれている。
The population here is **predicted** to increase.	ここの人口は増加すると予測されている。

comment ㋐ [ká(:)mènt] □□ 984	[名] **論評，コメント** [TG] **make a comment on** [**about**] ～ 「～について意見を述べる」 [動] (だと)論評[コメント]する
term [tə:rm] □□ 985	[名] **(専門)用語**；学期；期間 ▶ in terms of ～ ➡ 1664
言語・伝達・教育《出版》	
publish [pʌ́blɪʃ] □□ 986	[動] **を出版する**；を掲載する □ publicátion [名] 出版(物) □ públisher [名] 出版社，発行者
novel [ná(:)vəl] □□ 987	[名] **(長編)小説** [形] 斬新な ▶ a novel idea「斬新なアイデア」
fiction [fíkʃən] □□ 988	[名] **フィクション，小説**；作り事 ▶ science fiction「SF，空想科学小説[映画]」
essay ㋐ [éseɪ] □□ 989	[名] **小論文，**(学生の)**レポート**；エッセイ，評論 [TG] **an essay on** [**about**] ～「～についての小論文」 □ éssayist [名] 随筆家，評論家
newspaper [njú:zpèɪpər] □□ 990	[名] **新聞**(= paper ➡ 1252) [TG] **read** [**see**] ～ **in the newspaper** 「～を新聞で読む[見る]」 ▶ a national [local] newspaper「全国[地方]紙」
magazine [mǽgəzì:n] □□ 991	[名] **雑誌** [TG] **a fashion magazine**「ファッション誌」 ▶ a weekly [monthly] magazine「週刊[月刊]誌」
journal [dʒə́:rnəl] □□ 992	[名] **専門誌**；定期刊行物 [TG] **a medical** [**science**] **journal**「医学[科学]誌」 □ jóurnalism [名] ジャーナリズム，報道関連の業界 □ jóurnalist [名] ジャーナリスト，記者

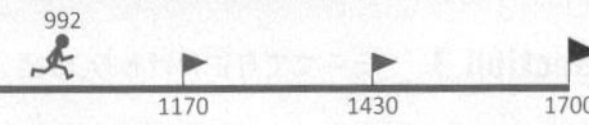

I made a quick **comment** on his post.	私は彼の投稿に手短にコメントした。
There're too many technical **terms** in this book.	この本には専門用語が多すぎる。
Her first work was **published** last month.	彼女の最初の作品が先月出版された。
I haven't finished that historical **novel** yet.	私はあの歴史小説をまだ読み終えていない。
The movie is based on a work of popular **fiction**.	その映画は人気のフィクション作品を基にしている。
We have to write an **essay** on recycling by Monday.	私たちは月曜までにリサイクルに関するレポートを書かなければならない。
I've read it in the **newspaper**.	それは新聞で読んだよ。
She reads fashion **magazines** online.	彼女はオンライン上でファッション誌を読んでいる。
The interview was published in the medical **journal**.	そのインタビューが医学誌に掲載されていた。

article [ɑ́ːrtɪkl] □□ 993	名 **記事**；品物；冠詞 TG **an article on［about］～**「～についての記事」
title [táɪtl] □□ 994	名 **題名，タイトル**；敬称，肩書き TG **the title of ～**「～のタイトル」
poem 発 [póʊəm] □□ 995	名 (1編の)**詩** TG **a collection［book］of poems**「詩集」 □ póetry 名 (集合的に)詩，詩歌 □ póet 名 詩人
tale [teɪl] □□ 996	名 **話，物語** TG **a tale of ～**「～の(波乱万丈な)物語」 ▶ 想像上の話，冒険談，過去に起きた波乱万丈の話などを指す。 ▶ a folk［fairy］tale「民話［おとぎ話］」
chapter [tʃǽptər] □□ 997	名 **章** TG **read a chapter**「一章を読む」 ▶ séction ➡ 511

言語・伝達・教育《教育・学問》

education [èdʒəkéɪʃən] □□ 998	名 **教育** TG **get［receive］an education**「教育を受ける」 ▶ moral education「道徳(教育)」 □ éducate 動 を教育する
knowledge 発 ア [nɑ́(ː)lɪdʒ] □□ 999	名 **知識** TG **have some［a good］knowledge of ～** 「～の知識がいくらか［たくさん］ある」 □ know ➡ 1199
intelligent [ɪntélɪdʒənt] □□ 1000	形 **知能の高い**；知能のある TG **highly［very］intelligent**「とても頭のよい」 □ intélligence 名 知能；(機密)情報(局)
logic [lɑ́(ː)dʒɪk] □□ 1001	名 **論理**，論法；論理学 TG **(the) logic behind［of］～**「～にある論理」 □ lógical 形 論理的な

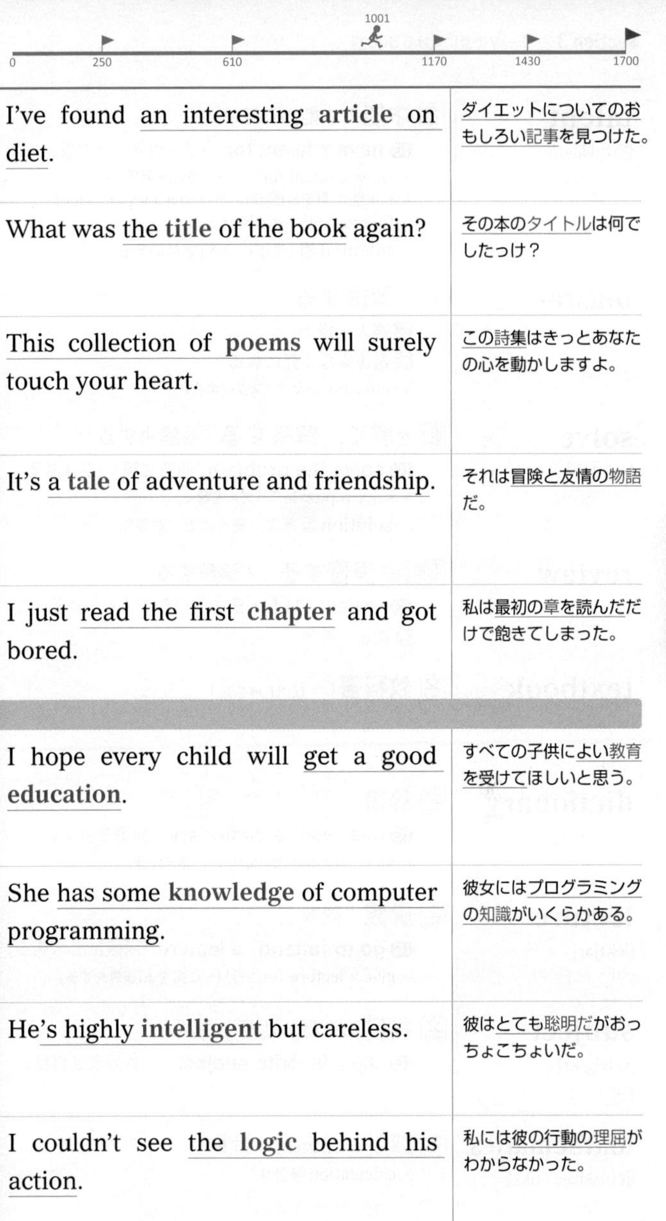

I've found an interesting **article** on diet.	ダイエットについてのおもしろい記事を見つけた。
What was the **title** of the book again?	その本のタイトルは何でしたっけ？
This collection of **poems** will surely touch your heart.	この詩集はきっとあなたの心を動かしますよ。
It's a **tale** of adventure and friendship.	それは冒険と友情の物語だ。
I just read the first **chapter** and got bored.	私は最初の章を読んだだけで飽きてしまった。
I hope every child will get a good **education**.	すべての子供によい教育を受けてほしいと思う。
She has some **knowledge** of computer programming.	彼女にはプログラミングの知識がいくらかある。
He's highly **intelligent** but careless.	彼はとても聡明だがおっちょこちょいだ。
I couldn't see the **logic** behind his action.	私には彼の行動の理屈がわからなかった。

talent アク [tǽlənt] □□ 1002	名 **才能**；才能のある人々 TG **have a talent for** ～「～の才能がある」 ▶ show a talent for ～「～の才能を発揮する」 ▶ 日本語の「(テレビ)タレント」はa TV performer [personality / star]など。 □ tálented 形 (生まれつき)才能のある
master [mǽstər] □□ 1003	動 を**習得する** 名 達人；修士 形 最重要な；元になる ▶ a master key「マスターキー」
solve [sɑ(:)lv] □□ 1004	動 を**解く，解答する**；を解決する TG **solve the problem**「問題を解く[解決する]」 ▶ solve a puzzle「パズルを解く」 □ solútion 名 解答，解くこと；解決策
review アク [rɪvjúː] □□ 1005	動 (を)**復習する**；を論評する TG **review** (*A*) **for** *B*「(Aを)Bに備えて復習する」 名 復習；論評
textbook [tékstbùk] □□ 1006	名 **教科書**(= text ➡966)
dictionary [díkʃənèri] □□ 1007	名 **辞書** TG **use [see] a dictionary**「辞書を引く」 ▶ an electronic dictionary「電子辞書」
lecture [léktʃər] □□ 1008	名 **講義**；説教 TG **go to [attend] a lecture**「講義に出席する」 ▶ give a lecture (on ～)「(～に関する)講義をする」
subject [sʌ́bdʒekt] □□ 1009	名 **科目**；主題，話題；主語 TG *one's* **favorite subject**「一番好きな科目」
mathematics 発 [mæθəmǽtɪks] □□ 1010	名 **数学**(= math)；計算 ▶ calculátion 名 計算

She has a great **talent** for writing.	彼女にはすばらしい文才がある。
They need to **master** basic Japanese words.	彼らは基礎的な日本語の単語を習得する必要がある。
It was hard to **solve** this math problem.	この数学の問題を解くのは大変だった。
Have you regularly **reviewed** for the test?	君はテストに向けて定期的に復習をしている？
The exam covers pages 30 to 50 in the **textbook**.	試験範囲は教科書の30から50ページまでだ。
I try to use an English-English **dictionary**.	私は英英辞典を引くようにしている。
I'm going to a public **lecture** at university tomorrow.	私は明日，大学の公開講座に出席する。
Japanese history is my favorite **subject**.	日本史が私の一番好きな科目だ。
How can I get better at **mathematics**?	どうしたら数学がよくできるようになるのかな？

biology
㋐ [baɪɑ́(:)lədʒi]
□□ 1011

名 **生物学**
□ biológical 形 生物学(上)の

言語・伝達・教育《学校》

elementary
[èlɪméntəri]
□□ 1012

形 **初等の**；初歩の
TG **elementary school**「小学校」
▶ elementary education「初等教育」

college
[kɑ́(:)lɪdʒ]
□□ 1013

名 **(単科)大学**；専門学校
TG **in [at] college**「大学で，大学に在学して」

university
㋐ [jù:nɪvə́:rsəti]
□□ 1014

名 **(総合)大学**
TG **at (the) university**「大学で, 大学に在学して」

scholar
発 [skɑ́(:)lər]
□□ 1015

名 **学者**
▶ 特に人文系の学者をいい，科学者はscientist。

enter
[éntər]
□□ 1016

動 **に入学する**，加入する；(に)入る
TG **enter (a) school [university / college]**
「学校[大学]に入学する」
▶ enter the room「部屋に入る」
(≒ go [come] into the room)
□ éntry 名 入ること；参加；加入
□ éntrance ➡661

attend
[əténd]
□□ 1017

動 **(に)出席する**，(学校など)に通う；
注意を向ける
TG **attend a class [lecture]**
「授業[講義]に出席する」
▶ attend school「学校に通う」
□ atténtion ➡1496

absent
㋐ [ǽbsənt]
□□ 1018

形 **欠席の**
TG ***be* absent from ～**「～を欠席する」
□ ábsence 名 欠席，不在

She has a master's degree in **biology**.	彼女は生物学の修士号を持っている。
These English words are taught in **elementary** school.	これらの英単語は小学校で教えられている。
He's at **college** in Washington now.	彼は今，ワシントンの大学に在学中だ。
I hear she'll study at the **university** again.	彼女はまた大学で学び直すらしいね。
The theory was created by the English **scholar** in this university.	その理論はこの大学の英語学者により考え出された。
She **entered** music college to be a pro.	彼女はプロになるために音楽大学に入学した。
He **attends** evening classes after working.	彼は仕事の後に夜間講座に出席している。
She's been **absent** from school for a week.	彼女は1週間学校を欠席している。

graduate [grǽdʒuèɪt] □□ 1019	動 **卒業する** TG **graduate from** ～「～(学校)を卒業する」 □ graduátion 名 卒業
grade [greɪd] □□ 1020	名 **成績，評点**；学年；等級 TG **get a good** [**bad**] **grade** (**on** ～) 「(～で)よい[悪い]成績をとる」
quiz 発 [kwɪz] □□ 1021	名 **小テスト**；(テレビなどの)クイズ TG **a pop quiz**「抜き打ちテスト」
homework [hóʊmwə̀ːrk] □□ 1022	名 **宿題** TG **do** (*one's*) **homework**「宿題をする」 ▶ a homework assignment「課題，宿題」

技術・資源・宇宙《科学・技術》

science [sáɪəns] □□ 1023	名 **科学**；理科 □ scientífic 形 科学の，科学的な □ scíentist 名 科学者
chemical 発 [kémɪkəl] □□ 1024	形 **化学(上)の** TG **a chemical change**「化学変化」 名 化学製品[薬品] □ chémistry 名 化学 □ chémist 名 化学者
experiment ア [ɪkspérɪmənt] □□ 1025	名 **実験** TG **do** [**carry out**] **an experiment** (**on** [**with**] ～)「(～の)実験をする」 動 [ɪkspérɪmènt] 実験をする
element [élɪmənt] □□ 1026	名 **元素**；要素，要因 TG **a chemical element**「化学元素」 ▶ a key element in [of] ～「～の重要な要素」
oxygen [ɑ́(ː)ksɪdʒən] □□ 1027	名 **酸素**

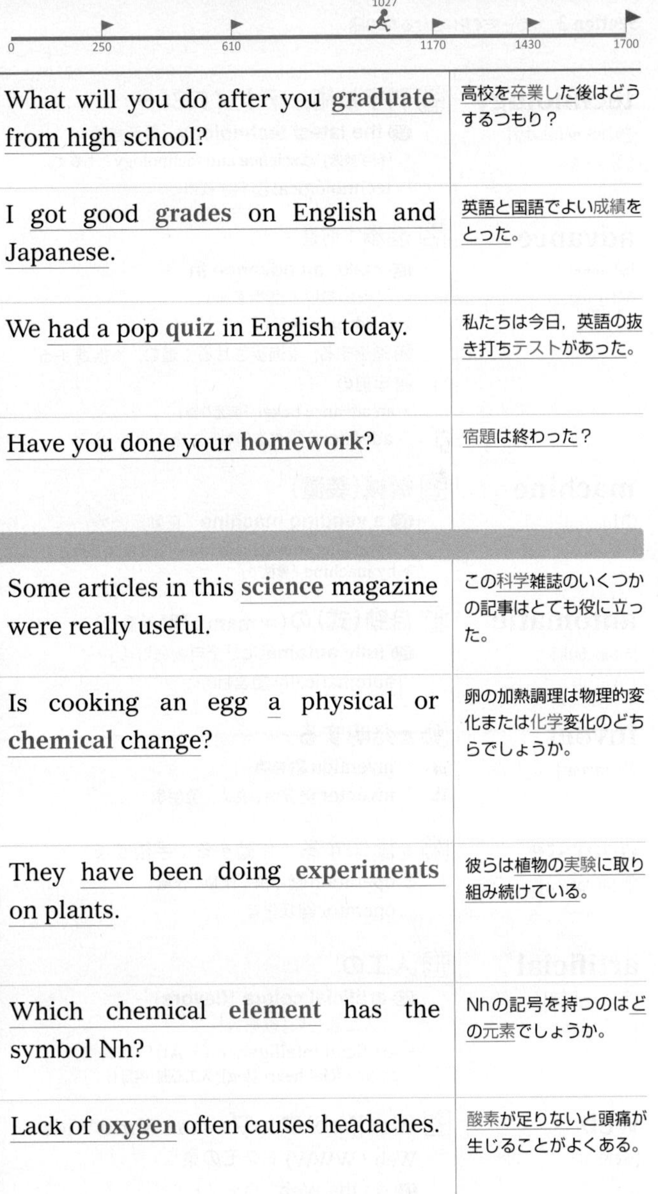

What will you do after you **graduate** from high school?	高校を卒業した後はどうするつもり？
I got good **grades** on English and Japanese.	英語と国語でよい成績をとった。
We had a pop **quiz** in English today.	私たちは今日，英語の抜き打ちテストがあった。
Have you done your **homework**?	宿題は終わった？
Some articles in this **science** magazine were really useful.	この科学雑誌のいくつかの記事はとても役に立った。
Is cooking an egg a physical or **chemical** change?	卵の加熱調理は物理的変化または化学変化のどちらでしょうか。
They have been doing **experiments** on plants.	彼らは植物の実験に取り組み続けている。
Which chemical **element** has the symbol Nh?	Nhの記号を持つのはどの元素でしょうか。
Lack of **oxygen** often causes headaches.	酸素が足りないと頭痛が生じることがよくある。

technology
ア [tekná(:)lədʒi]
□□ 1028

名 **科学技術，テクノロジー**
TG **the latest technology**「最新技術」
▶「科学技術」はscience and technologyとも表す。
□ technológical 形 科学技術の

advance
[ədvǽns]
□□ 1029

名 **進歩**；前進
TG **make an advance in ～**
「～において進歩する」
▶ in advance ➡ 1160
動 進歩する，を進歩させる；進む，を推進する
形 事前の
▶ an advance ticket「前売り券」
□ adváncced 形 先進的な；上級の

machine
発 [məʃíːn]
□□ 1030

名 **機械(装置)**
TG **a vending machine**「自動販売機」
▶ a washing [ticket] machine「洗濯機[券売機]」
▶ by machine「機械で」

automatic
[ɔ̀ːtəmǽtɪk]
□□ 1031

形 **自動(式)の**(⇔ manual 形 手動の)
TG **fully automatic**「全自動(式)の」
□ automátically 副 自動的に

invent
ア [ɪnvént]
□□ 1032

動 を**発明する**
□ invéntion 名 発明
□ invéntor 名 発明した人，発明家

operate
ア [á(:)pərèɪt]
□□ 1033

動 を**操作する**；作動する；手術する
□ operátion 名 手術；作動；作業
□ óperator 名 操作者

artificial
ア [ɑ̀ːrtɪfíʃəl]
□□ 1034

形 **人工の**
TG **artificial colors [flavors]**
「人工着色料[香味料]」
▶ artificial intelligence (= AI)「人工知能」
▶ an artificial heart [leg]「人工心臓[義足]」

web
[web]
□□ 1035

名 〔the Web〕**ウェブ**(= the World Wide Web / WWW)；クモの巣
TG **on the Web**「ウェブ上で」

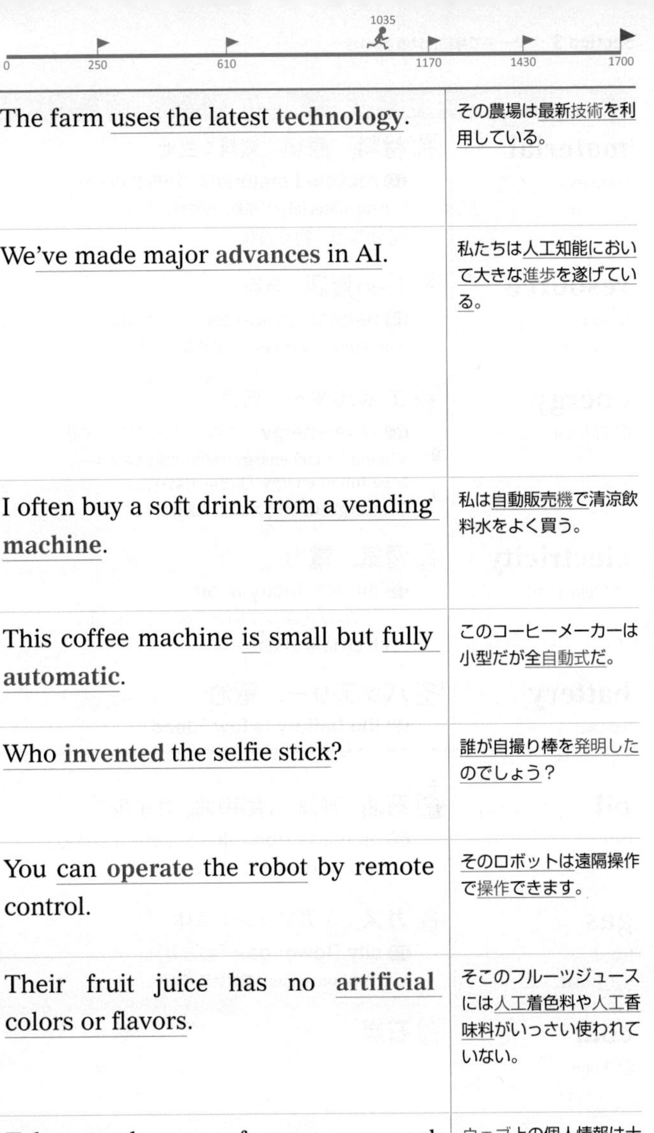

The farm uses the latest **technology**.	その農場は最新技術を利用している。
We've made major **advances** in AI.	私たちは人工知能において大きな進歩を遂げている。
I often buy a soft drink from a vending **machine**.	私は自動販売機で清涼飲料水をよく買う。
This coffee machine is small but fully **automatic**.	このコーヒーメーカーは小型だが全自動式だ。
Who **invented** the selfie stick?	誰が自撮り棒を発明したのでしょう？
You can **operate** the robot by remote control.	そのロボットは遠隔操作で操作できます。
Their fruit juice has no **artificial** colors or flavors.	そこのフルーツジュースには人工着色料や人工香味料がいっさい使われていない。
Take good care of your personal information on the **Web**.	ウェブ上の個人情報は十分に管理するように。

技術・資源・宇宙《資源・動力源》

material [mətíəriəl] □□ 1036	名 **材料，原料**；資料；生地 TG **recycled materials**「再生材料」 ▶ raw material(s)「原料，原材料」 形 物質の；物質的な
resource [ríːsɔːrs] □□ 1037	名 〔~s〕**資源**；資料 TG **natural resources**「天然資源」 ▶ human resources「人的資源，人材」
energy 発 ア [énərdʒi] □□ 1038	名 **エネルギー**；活力 TG **save energy**「エネルギーを節約する」 ▶ wind [solar] energy「風力[太陽]エネルギー」 ▶ *be* full of energy「元気いっぱいだ」 □ energétic 形 精力的な，活発な
electricity ア [ɪlèktrísəti] □□ 1039	名 **電気，電力** TG **the electricity is off** 「電気が止まっている，停電している」 □ eléctric 形 電気の
battery [bǽtəri] □□ 1040	名 **バッテリー，電池** TG **the battery is low** [**dead**] 「バッテリーが残り少ない[切れている]」
oil [ɔɪl] □□ 1041	名 **石油**，原油；(食用)油，オイル TG *be* **made from oil**「石油から作られる」 ▶ cooking [olive] oil「食用油[オリーブオイル]」
gas [gæs] □□ 1042	名 **ガス**；米 ガソリン；気体 TG **city** [**town**] **gas**「都市ガス」 ▶ gréenhouse gas「温室効果ガス」
coal 発 [koul] □□ 1043	名 **石炭**
metal [métəl] □□ 1044	名 **金属** TG **a precious metal**「貴金属」

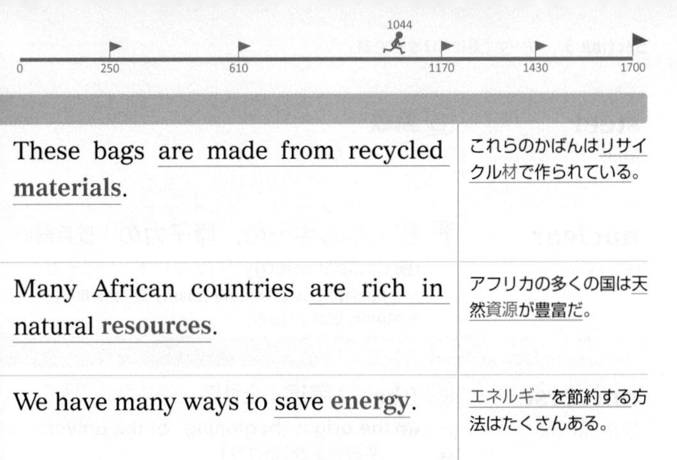

These bags are made from recycled **materials**.	これらのかばんはリサイクル材で作られている。
Many African countries are rich in natural **resources**.	アフリカの多くの国は天然資源が豊富だ。
We have many ways to save **energy**.	エネルギーを節約する方法はたくさんある。
The **electricity** is off from the storm.	嵐で電気が止まっている。
My phone's **battery** is very low now.	私の電話のバッテリーは今ほとんど残っていない。
Plastics are made from **oil**.	プラスチックは石油から作られる。
Houses in this area use city **gas**.	この地区の家庭では都市ガスを使用している。
Coal is still one of the main sources of world energy.	石炭はなおも世界の主要なエネルギー源の１つだ。
Precious **metals** such as gold and silver are used in smartphones.	金や銀などの貴金属がスマホに使われている。

steel [stiːl] □□ 1045	名 **鋼鉄**
nuclear [njúːkliər] □□ 1046	形 **核エネルギーの，原子力の**；核兵器の TG **nuclear energy**「核エネルギー，原子力」 ▶ a nuclear power station [plant]「原子力発電所」 ▶ atómic 形 原子(力)の

技術・資源・宇宙《宇宙》

universe ア [júːnɪvə̀ːrs] □□ 1047	名〔the ～〕**宇宙**；全世界 TG **the origin [beginning] of the universe** 「宇宙の起源[始まり]」 □ univérsal 形 全世界の；普遍的な
planet [plǽnɪt] □□ 1048	名 **惑星**；〔the ～〕地球，世界 TG **on a planet**「惑星(上)に」 ▶「地球」の意味は，特に環境の話題において用いる。
astronaut 発 ア [ǽstrənɔ̀ːt] □□ 1049	名 **宇宙飛行士**
earth 発 [əːrθ] □□ 1050	名〔the ～ / (the) E-〕**地球**；地面，地上 ▶ on (the) Earth「地球上[世界中]で」

経済・社会・政治《経済・産業》

cash [kæʃ] □□ 1051	名 **現金** TG **in cash**「現金で」 ▶ pay by (credit) card「カードで支払う」
earn [əːrn] □□ 1052	動 (働いて)(お金)を**得る**；(名声など)を得る TG **earn money**「お金を稼ぐ」 ▶ earn a [*one's*] living「生計を立てる」 □ éarnings 名 所得，賃金
reward 発 [rɪwɔ́ːrd] □□ 1053	名 **報酬**，ほうび TG **a reward for ～**「～に対する報酬」 動 に報酬を与える

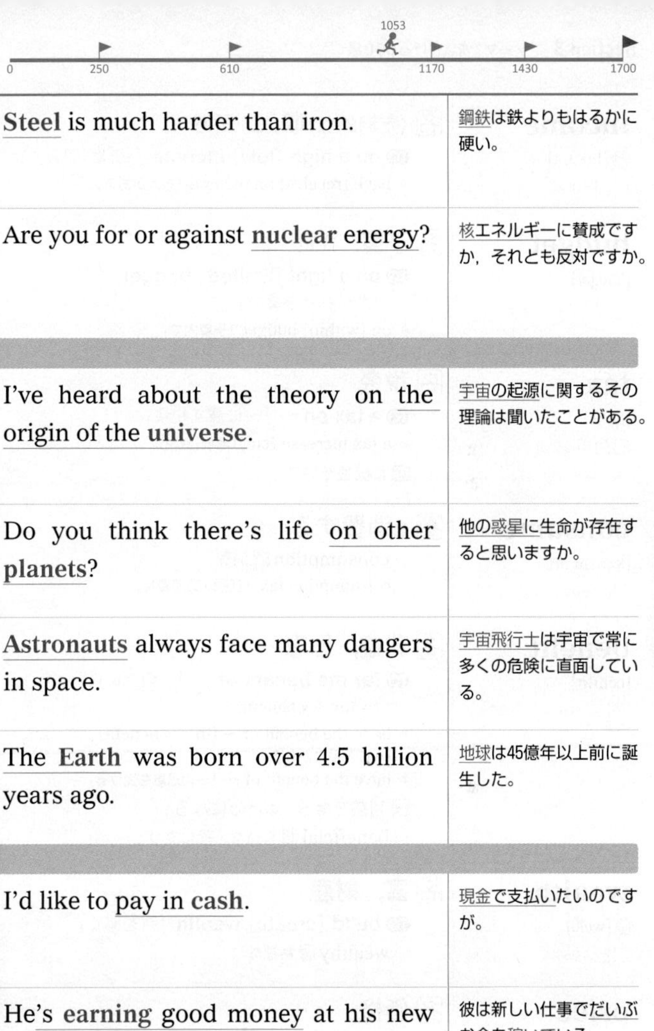

Steel is much harder than iron.	鋼鉄は鉄よりもはるかに硬い。
Are you for or against nuclear energy?	核エネルギーに賛成ですか，それとも反対ですか。

I've heard about the theory on the origin of the universe.	宇宙の起源に関するその理論は聞いたことがある。
Do you think there's life on other planets?	他の惑星に生命が存在すると思いますか。
Astronauts always face many dangers in space.	宇宙飛行士は宇宙で常に多くの危険に直面している。
The Earth was born over 4.5 billion years ago.	地球は45億年以上前に誕生した。

I'd like to pay in cash.	現金で支払いたいのですが。
He's earning good money at his new job.	彼は新しい仕事でだいぶお金を稼いでいる。
She got a just reward for her effort.	彼女は労力に見合う当然の報酬をもらった。

Section 3 単語

income ア [ínkʌ̀m] □□ 1054	名 (定期的な)**収入**，所得 TG **on a high [low] income**「高[低]収入で」 ▶ have [receive] an income「収入がある」
budget [bʌ́dʒət] □□ 1055	名 **予算**，経費 TG **on a tight [limited] budget** 「限られた予算で」 ▶ on [within] budget「予算内で」
tax [tæks] □□ 1056	名 **税金** TG **a tax on ～**「～に課す税金」 ▶ a tax increase [cut]「増税[減税]」 動 に税金を課す
consume [kənsjúːm] □□ 1057	動 を**消費する** □ consúmption 名 消費 ▶ consumption tax「(日本の)消費税」
benefit [bénɪfɪt] □□ 1058	名 **利益，恩恵** TG **for the benefit of ～**「～のために」 (= for ～'*s* benefit) ▶ *be* to the benefit of ～ [to ～'*s* benefit] 「～の利益にかなう」 ▶ have the benefit of ～「～の恩恵を受ける」 動 利益を得る；のためになる □ benefícial 形 有益な，役に立つ
wealth 発 [welθ] □□ 1059	名 **富，財産** TG **build [create] wealth**「富を築く」 □ wéalthy 形 裕福な
price [praɪs] □□ 1060	名 **価格** TG **at a low [a high / half] price** 「低価格[高価格／半額]で」
cheap [tʃiːp] □□ 1061	形 (想定よりも)**安い**；安っぽい ▶「(手頃に)安い，低価格で」はinexpensiveやreasonable(➡1062)などを用いる。 □ chéaply 副 安く；安っぽく

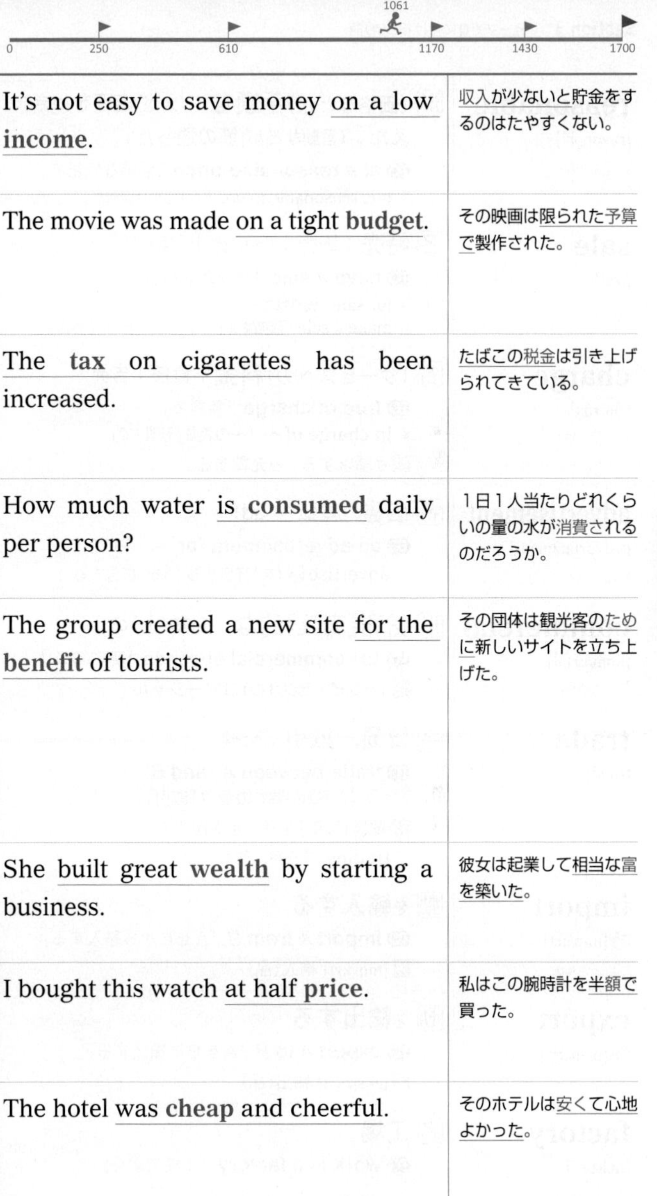

It's not easy to save money on a low **income**.	収入が少ないと貯金をするのはたやすくない。
The movie was made on a tight **budget**.	その映画は限られた予算で製作された。
The **tax** on cigarettes has been increased.	たばこの税金は引き上げられてきている。
How much water is **consumed** daily per person?	1日1人当たりどれくらいの量の水が消費されるのだろうか。
The group created a new site for the **benefit** of tourists.	その団体は観光客のために新しいサイトを立ち上げた。
She built great **wealth** by starting a business.	彼女は起業して相当な富を築いた。
I bought this watch at half **price**.	私はこの腕時計を半額で買った。
The hotel was **cheap** and cheerful.	そのホテルは安くて心地よかった。

reasonable [rí:zənəbl] □□ 1062	形 (価格などが)**手頃な**；(人が)道理をわきまえた；(言動などが)筋の通った TG **at a reasonable price**「手頃な価格で」 ▶ It is reasonable to *do*.「…するのは賢明だ」
sale [seɪl] □□ 1063	名 **特売**；販売；(～s)売上(高) TG **have a sale**「セールを行う」 ▶ for sale「売り物で」 ▶ make a sale「販売する」
charge [tʃɑːrdʒ] □□ 1064	名 (サービスへの)**料金**；責任；告発 TG **free of charge**「無料で」 ▶ in charge of ～「～の責任[管理]で」 動 を請求する；を充電する
advertisement [ædvərtáɪzmənt] □□ 1065	名 **広告**，宣伝(= ad) TG **an advertisement for** ～「～の広告」 □ ádvertise 動 (を)宣伝する；(を)広告する
commercial [kəmə́ːrʃəl] □□ 1066	形 **営利[商業]的な**；商業(上)の TG **(a) commercial success**「商業的成功」 名 (テレビ・ラジオの)コマーシャル
trade [treɪd] □□ 1067	名 **貿易，取引**；交換 TG **trade between *A* (and *B*)**「A(とB)の間での貿易[取引]」 動 貿易[取引]する；を交換する □ tráding 名 売買，取引
import ア [ɪmpɔ́ːrt] □□ 1068	動 を**輸入する** TG **import *A* from *B***「AをBから輸入する」 名 [ímpɔːrt] 輸入(品)
export ア [ɪkspɔ́ːrt] □□ 1069	動 を**輸出する** TG **export *A* to *B***「AをBに輸出する」 名 [ékspɔːrt] 輸出(品)
factory [fǽktəri] □□ 1070	名 **工場** TG **work in a factory**「工場で働く」

The shop sells good quality clothing at **reasonable** prices.	その店は高品質の衣類を手頃な価格で売っている。
The department store is having a **sale** next week.	そのデパートでは来週セールがある。
Their standard delivery is free of **charge**.	その店の標準的な配送は無料だ。
I saw an **advertisement** for the university on the train.	電車内でその大学の広告を目にした。
Her new album was a great **commercial** success.	彼女のニューアルバムは商業的な大成功を収めた。
The **trade** between the two countries has grown.	その二国間の貿易は増大した。
Japan **imports** oil mainly from the Middle East.	日本は石油を主に中東から輸入している。
Japan **exports** cars to America and many other countries.	日本は車をアメリカや他の多くの国々に輸出している。
They work in a car **factory** in shifts.	彼らは自動車工場で交替制で働いている。

agriculture ㋐ [ǽgrɪkʌ̀ltʃər] □□ 1071	名 **農業** □ agricúltural 形 農業の

経済・社会・政治《社会・秩序》

society [səsáɪəti] □□ 1072	名 **社会**；協会；社交界 TG **in (a [*one's*]) society**「社会において」 □ sócial 形 社会の；社交の
community ㋐ [kəmjúːnəti] □□ 1073	名 **地域社会**(の住民)；共同体 TG **the whole community**「地域社会全体」 ▶ the local community「地域社会の人々」
organization [ɔ̀ːrgənəzéɪʃən] □□ 1074	名 **組織，団体** □ órganize 動 を組織する；(活動・行事など)を準備する
committee [kəmíti] □□ 1075	名 **委員会**，(全)委員 TG ***be* on a committee**「委員会の一員だ」 ▶ 委員の個々人を指すときはa committee memberやa member of the committeeで表す。
charity [tʃǽrəti] □□ 1076	名 **慈善行為[事業]**；慈善団体 TG **give ～ to charity** 「～(金)を慈善活動に寄付する」 ▶ to charitiesなら「慈善団体に」。
citizen [sítəzən] □□ 1077	名 **国民**；市民 TG **a Japanese citizen**「日本国民」 ▶ non-cítizen 名 外国人，非市民
duty [djúːti] □□ 1078	名 **義務**；職務；関税 TG **have a duty to *do***「…する義務がある」 ▶ do *one's* duty「義務を果たす」 ▶ duty-frée 形 免税の　副 免税で　名 (～ties)免税品
law 発 [lɔː] □□ 1079	名 **法律**；～法 TG ***be* against the law**「違法だ」 ▶ break the law「法律を破る」 □ láwyer 名 弁護士，法律家

Large companies have been getting into **agriculture**.	大手企業の農業への参入が続いている。
We live in a free **society**.	私たちは自由な社会に暮らしている。
The whole **community** works together to reduce waste.	地域社会全体でごみの減量に協力している。
It is supported by many voluntary **organizations**.	それは多くのボランティア団体により支援されている。
I was on the executive **committee**.	私は実行委員会のメンバーだった。
She gave a lot of money to **charity**.	彼女は多額のお金を慈善事業に寄付した。
He chose to become a Japanese **citizen**.	彼は日本国民となることを選んだ。
They have a **duty** to tell the truth.	彼らには真実を語る義務がある。
It's against the **law** to park on this street.	この通りに駐車するのは違法だよ。

judge 発 [dʒʌdʒ] □□ 1080	名 **裁判官**；(コンテストなどの)審査員 TG **a lay [citizen] judge**「裁判員」 動 (を)判断する；(に)判決を下す □ júdgment 名 判決，裁判；判断(力)
court [kɔːrt] □□ 1081	名 **法廷，裁判所**；(運動施設の)コート TG **take ～ to court**「～を裁判に訴える」 ▶ a food court「(ショッピングモール内の)フードコート」
guard 発 [ɡɑːrd] □□ 1082	名 **警戒，見張り**；警備員；防護物 TG **on guard**「(職務として)警戒して，監視して」 ▶ on *one's* guard「用心して」 動 を守る，警護する，監視する
arrest [ərést] □□ 1083	動 を**逮捕する** TG **arrest *A* for *B***「A(人)をB(の罪)で逮捕する」 名 逮捕
punish [pʌ́nɪʃ] □□ 1084	動 を**罰する** TG **punish *A* for *B***「A(人)をBのことで罰する」 ▶ punish *A* by *B*「A(人)をB(という手段)で罰する」 □ púnishment 名 処罰；刑罰
crime [kraɪm] □□ 1085	名 **犯罪** TG **commit a crime**「犯罪を犯す」 □ críminal 名 犯人　形 犯罪の
murder 発 [mə́ːrdər] □□ 1086	名 **殺人(事件)** TG **commit (a) murder**「殺人を犯す」 動 を殺害する □ múrderer 名 殺人者[犯]
shoot [ʃuːt] □□ 1087	動 (銃で)(を)**撃つ**，(銃)を撃つ；シュートする TG **shoot *A* in the *B***「A(人)のB(体の部位)を撃つ」 ▶ shoot at ～「～を(銃で)撃つ，(弓で)射る」 活 shoot - shot [ʃɑ(ː)t] - shot □ shot 名 発砲；写真

She did her duty as a lay **judge**.	彼女は裁判員としての義務を果たした。
He took the publisher to **court** for the article.	彼はその記事のことで出版社を裁判に訴えた。
The police were on **guard** at the airport.	警察が空港で警戒任務に就いていた。
The man was **arrested** for drunk driving.	その男は飲酒運転で逮捕された。
They were **punished** for smoking.	彼らは喫煙したことで罰せられた。
The newspaper says he committed a serious **crime**.	新聞によると彼は重大な犯罪を犯したそうだ。
The shocking **murder** was committed in the neighboring town.	隣町でその衝撃的な殺人事件は起こった。
The journalist was **shot** in the leg.	その記者は脚を撃たれた。

steal 発 [stiːl] □□ 1088	動 を**盗む** TG **have ～ stolen**「～を盗まれる」 ▶ steal *A* from *B*「AをBから盗む」 活 steal - stole [stoul] - stolen [stóulən]
rob [rɑ(ː)b] □□ 1089	動 (人など)を**襲って奪う** TG **rob *A* of *B***「A(人・銀行など)からBを奪う」 □ róbbery 名 強盗(行為・事件)
thief [θiːf] □□ 1090	名 **泥棒** TG **a car [jewel] thief**「自動車[宝石]泥棒」 ▶ 複 thieves
victim [víktɪm] □□ 1091	名 **犠牲[被害]者** TG **a victim of ～**「～の被害[犠牲・被災]者」 ▶ earthquake victims「地震の被災者」
drug [drʌg] □□ 1092	名 **薬物**，麻薬；薬 TG **take [use] drugs**「薬物[麻薬]を使用する」 ▶ drugは良くも悪くも体に作用する「薬剤，薬物」，medicine (➡ 143)は治療や予防などの「薬」一般の意で用いられる。
poverty [pá(ː)vərti] □□ 1093	名 **貧乏，貧困** TG **live [grow up] in poverty** 「貧しい状態で暮らす[成長する]」 □ poor 形 貧しい

経済・社会・政治《政治・紛争》

government [gʌ́vərnmənt] □□ 1094	名 **政府**；政治 ▶ local government「地方自治体」 □ góvern 動 を治める，統治する
policy [pá(ː)ləsi] □□ 1095	名 **政策，方針**；(個人の)主義 TG **economic [foreign] policy** 「経済[外交]政策」
nation [néɪʃən] □□ 1096	名 **国家，国**；(the ～)国民 ▶ nationは社会・経済・政治的な枠組みで国民を見たときの「国家」を表す。country(➡ 35)は政府や統治者が存在する国土という視点での「国」を表す。 □ nátional 形 国家の；全国的な

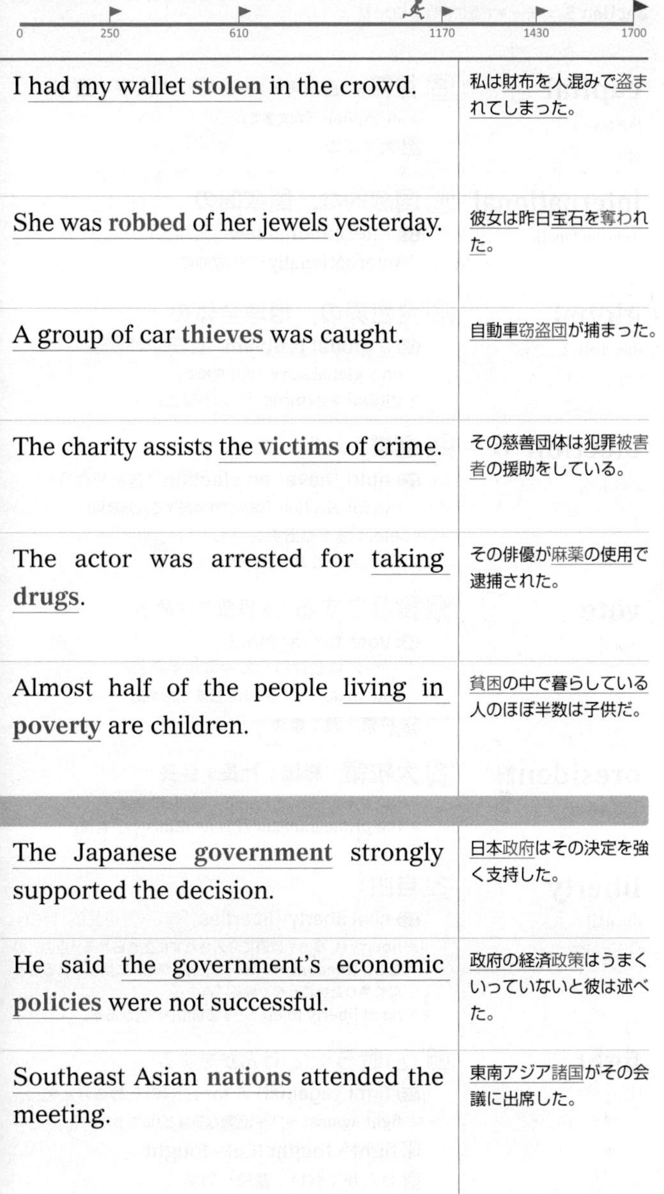

I had my wallet **stolen** in the crowd.	私は財布を人混みで盗まれてしまった。
She was **robbed** of her jewels yesterday.	彼女は昨日宝石を奪われた。
A group of car **thieves** was caught.	自動車窃盗団が捕まった。
The charity assists the **victims** of crime.	その慈善団体は犯罪被害者の援助をしている。
The actor was arrested for taking **drugs**.	その俳優が麻薬の使用で逮捕された。
Almost half of the people living in **poverty** are children.	貧困の中で暮らしている人のほぼ半数は子供だ。
The Japanese **government** strongly supported the decision.	日本政府はその決定を強く支持した。
He said the government's economic **policies** were not successful.	政府の経済政策はうまくいっていないと彼は述べた。
Southeast Asian **nations** attended the meeting.	東南アジア諸国がその会議に出席した。

capital [kǽpətəl] □□ 1097	名 **首都**；(産業等の)中心地；大文字；資本 ▶ in capitals「大文字で」 形 大文字の
international [ìntərnǽʃənəl] □□ 1098	形 **国際的な，国家間の** TC **international law**「国際法」 □ internátionally 副 国際的に
global [glóubəl] □□ 1099	形 **全世界の，地球全体の** TC **a global problem**「世界的な問題」 ▶ on a global scale「地球規模で」 ▶ global warming「地球温暖化」
election [ılékʃən] □□ 1100	名 **選挙** TC **hold [have] an election**「選挙を行う」 ▶ run for election「選挙に立候補する」(無冠詞) □ eléct 動 を選出する ▶ elect *A* (as) *B*「AをBに選出する」
vote [vout] □□ 1101	動 **投票をする**；を投票で決める TC **vote for [against] ～** 「～に賛成[反対]の投票をする」 ▶ vote to *do*「…することを投票で決める」 名 投票，票；票決
president [prézıdənt] □□ 1102	名 **大統領**，総統；社長；会長 ▶ the President of France「フランス大統領」 ▶ the prime minister [Prime Minister]「首相」
liberty [líbərti] □□ 1103	名 **自由** TC **civil liberty [liberties]**「市民の[市民的]自由」 ▶ libertyは，権力や政府に介入されずに生きられる「自由」のこと。freedom(➡ 1265)は，個人が他人に妨げられることなくやりたいことをできる「自由」。 ▶ *be* at liberty to *do*「…する自由[権利]がある」
fight [faıt] □□ 1104	動 (と)**戦う**；(と)けんかをする TC **fight (against) *A* for *B***「Bのために Aと戦う」 ▶ fight against ～「～(困難な事など)に立ち向かう」 活 fight - fought [fɔːt] - fought 名 けんか；戦い；奮闘；対戦

What's the **capital** of India?	インドの首都はどこですか。
We must protect human rights under **international** law.	私たちは国際法の下，人権を擁護しなければならない。
Terrorism is a serious **global** problem.	テロリズムは深刻な世界全体の問題だ。
The **election** will be held soon.	もうすぐ選挙が行われる。
I **voted** for her in the election.	私は選挙で彼女に投票した。
The new **president** was elected after a close race.	接戦の末，新大統領が選出された。
They're worried about losing their civil **liberties**.	彼らは市民の自由を失うことを心配している。
They were **fighting** the enemy for their country.	彼らは祖国のために敵と戦っていた。

war 発 [wɔːr] □□ 1105	名 **戦争(状態)**；争い，戦い TG *be* **at war**「戦争状態にある」 ▶ World War I [II] (= the First [Second] World War)「第一次[二次]世界大戦」 ▶ a trade war「貿易戦争」
military [mílətèri] □□ 1106	形 **軍(隊)の**，軍用の TG **take military action**「軍事行動をとる」 ▶ (a) military power「軍事力；軍事大国」 ▶ military service「兵役」 名 〔the ～〕軍隊
army [áːrmi] □□ 1107	名 (地上)**軍隊**；〔the ～〕陸軍 ▶ join [go into] the army「(陸軍に)入隊する」 □ arm 名 〔～s〕武器，兵器　動 を武装させる
soldier 発 [sóuldʒər] □□ 1108	名 **兵士**；(陸軍の)軍人 ▶ sáilor 名 (海軍の)軍人，水兵；船員
weapon 発 [wépən] □□ 1109	名 **武器，兵器** TG **chemical [biological] weapons**「化学[生物]兵器」 ▶ nuclear weapon「核兵器」(≒ nuke) ▶ carry a weapon「武器を携帯する」
bomb 発 [bɑ(ː)m] □□ 1110	名 **爆弾** TG **an atomic [a nuclear] bomb**「原子[核]爆弾」(≒ the bomb) 動 を爆撃する □ bómbing 名 爆撃

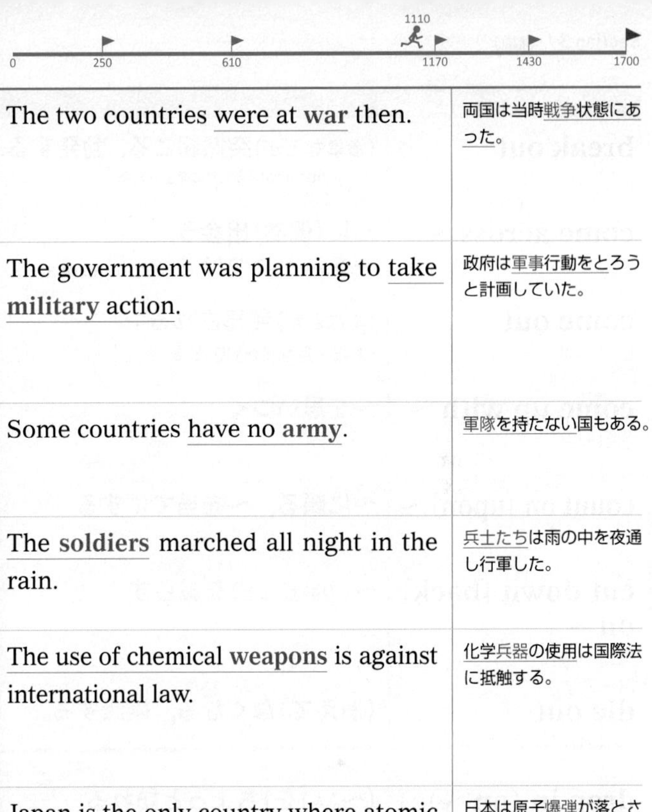

The two countries **were at war** then.	両国は当時戦争状態にあった。
The government was planning to **take military action**.	政府は軍事行動をとろうと計画していた。
Some countries **have no army**.	軍隊を持たない国もある。
The **soldiers** marched all night in the rain.	兵士たちは雨の中を夜通し行軍した。
The use of chemical **weapons** is against international law.	化学兵器の使用は国際法に抵触する。
Japan is the only country where **atomic bombs** were dropped.	日本は原子爆弾が落とされた唯一の国だ。

Section 3 単語

一般動詞を含む熟語

break out □□ 1111	(惨事などが)**突然起こる，勃発する** ▶ óutbreak 名 突然の発生，勃発
come across ～ □□ 1112	**～に(偶然)出会う，** **～をふと見つける**(≒ run across ～)
come out □□ 1113	(本などが)**発売される**； (太陽・月などが)現れる
come up with ～ □□ 1114	**～を思いつく**
count on [upon] ～ □□ 1115	**～に頼る，～を当てにする**
cut down [back] on ～ □□ 1116	**～**(の数量など)**を減らす**
die out □□ 1117	**(消えて)なくなる，絶滅する**
drop in (on ～) □□ 1118	**(～**(人)**を)ちょっと訪れる** ▶ drop by (～) 「(～(人・場所(にいる人))を)ちょっと訪ねる」 drop by his house 「彼の家(にいる彼)をふらっと訪ねる」
feel free to *do* □□ 1119	**自由に[遠慮なく]…する**
get along (with ～) □□ 1120	**(～**(人)**と)仲よくやっている**； (～(仕事や状況)で)うまくやっていく
get out of ～ □□ 1121	**～**(やるべきこと)**から逃れる**； ～(習慣など)をやめる ▶「～から出る，抜け出す；～から下車する」の意味でも用いる。

A fire broke out near here last night.	昨晩この近くで火事が起こった。
I came across my cousin in the mall.	私はショッピングモールでいとこに出くわした。
Her new novel is coming out soon.	彼女の新しい小説がまもなく発売される。
How did you come up with the great idea?	どうやってそのすばらしいアイデアを思いついたの？
You can count on me anytime.	いつでも私を当てにしていいからね。
I need to cut down on the salt.	私は塩分を減らす必要がある。
The old traditions are dying out in the city.	その街では古い伝統が消えつつある。
I'll drop in on you when I have time.	時間のあるときにあなたをちょっと訪ねますね。
Please feel free to ask me about it.	そのことについて私に自由に聞いてください。
How are you getting along with him?	彼とは仲よくやっていますか。
I really wanted to get out of today's meeting.	私は本当に今日の会議には出ずに済ませたかった。

get over ～ □□ 1122	**～から回復する，立ち直る**；～を克服する
get through ～ □□ 1123	**～(困難など)を切り抜ける**；～(仕事など)を終える
give way (to ～) □□ 1124	**(～に)譲歩する，屈する**；～に取って代わられる(≒ *be* replaced by ～ ➡386)
go along with ～ □□ 1125	**～に賛成する，を支持する**
head for ～ □□ 1126	**～(場所・悪い状況)に向かう** ▶ *be* heading [headed] for ～ の形でよく使われる。
keep [bear] ～ in mind □□ 1127	**～を心に留めておく** ▶ keep [bear] in mind that ... 「…ということを心に留めておく」
keep [stay] in touch (with ～) □□ 1128	**(～と)連絡を取り続ける** ▶ Keep [Stay] in touch. 「ではまた(連絡を)」 (別れ際の挨拶や，Eメールなどの末尾に添えて) ▶ get in [lose] touch with ～ 「～と連絡を取る[連絡が途絶える]」
learn (how) to *do* □□ 1129	**…できるようになる，** …の仕方を習う[覚える] ▶ learn to drive「運転(の仕方)を習う」
look back (on ～) □□ 1130	**(～を)回想する，振り返る** ▶ Looking back (on it), ... 「思い返してみると，…」
look into ～ □□ 1131	**～を調査する**；～をのぞき込む ▶ look into *doing*「…することを検討する」

He's completely **gotten over** the disease.	彼はすっかり病気から回復した。
This is how I **got through** the hot summer.	こうして私は暑い夏を乗り切ったんだ。
I didn't **give way to** her on this point.	私はこの点では彼女に譲歩しなかった。
She **went along with** me.	彼女は私に賛同してくれた。
The plane was **heading for** New York.	飛行機はニューヨークに向かっていた。
I'll **keep** your advice **in mind**.	君のアドバイスを覚えておきますね。
Do you still **keep in touch with** him?	まだ彼とは連絡を取り合っているのかな？
How did you **learn to cook** so many recipes?	どうやってそんなにたくさんのレシピを料理できるようになったのですか。
Someday I'll **look back on** this day and laugh.	いつかこの日を振り返って笑うことでしょう。
They're **looking into** the problem.	彼らはその問題を調査しているところだ。

look over ～ / look ～ over □□ 1132	**～をざっと調べる，～に目を通す**
look up to ～ □□ 1133	**～を尊敬する**
make a difference (to ～) □□ 1134	**(～にとって)影響がある，重要である** ▶ make no difference (to ～)「(～にとっては)重要ではない，どうでもよい」
make [earn] a [*one's*] living □□ 1135	**生計を立てる**
make up (～) / make ～ up □□ 1136	**～を構成する**；～をでっち上げる；(～に)化粧する ▶ *A* is made up of *B*「AはBから成り立っている」
pass away □□ 1137	**亡くなる**；滅びる ▶ die「死ぬ」の婉曲表現。
point out ～ / point ～ out □□ 1138	**～を指摘する**；～を指し示す
put off ～ / put ～ off □□ 1139	**～を延期する**，先延ばしにする ▶ put off going to the doctor「医者に行くのを延ばし延ばしにする」
put together ～ / put ～ together □□ 1140	**～を組み立てる，まとめ上げる** ▶ put together the report「報告書をまとめる」
put up with ～ □□ 1141	**～を我慢する** ▶ bear ➡488

Would you **look over** my essay for me?	私のレポートをざっと見ていただけませんか。
I always **look up to** her for her courage.	私はいつも彼女の勇敢さを尊敬している。
He **made a** big **difference to** my life.	彼は私の人生に大きな影響を与えた。
She couldn't **make a living** as an actor.	彼女は俳優として生計を立てられなかった。
The committee is **made up** of ten experts.	その委員会は10人の専門家で構成されている。
His father **passed away** last year.	彼の父は昨年亡くなった。
She kindly **pointed out** some errors to me.	彼女は親切にも私にいくつか誤りを指摘してくれた。
The event has been **put off** until next Sunday.	イベントは翌週の日曜まで延期された。
I **put** this shelf **together** in about 30 minutes.	私は30分ほどでこの棚を組み立てた。
You don't have to **put up with** it.	それを我慢する必要はないんだよ。

run after ～ □□ 1142	**～を追いかける**
run away (from ～) □□ 1143	**(～から)逃げる** ▶ run away from home「家出をする」
run out of ～ □□ 1144	**～を使い果たす** ▶ run out「(～が)尽きる，なくなる」
stand for ～ □□ 1145	**～を意味する，～の略称である**；～を支持する
stand out □□ 1146	**ずば抜けている**；目立つ ▶ stand out in the crowd「人混みの中で目立つ」
take *A* for *B* □□ 1147	**AをBだと思う[思い込む]** ▶ take *A* to be *B*「AをBであると思い込む」
take place □□ 1148	(事が)**起こる，行われる** ▶「予定されていたことが起こる」という意味合い。「予期せず(偶発的に)起こる」はhappen(➡23)。
take up ～ / take ～ up □□ 1149	(趣味として)**～を始める**；～(職務など)に就く；～(問題など)を取り上げる
work on ～ □□ 1150	～(の改善・制作・作業など)**に取り組む**；～(人)に働きかける ▶ work on a car「車の手入れをする」

副詞・前置詞の働きをする熟語

all at once □□ 1151	(予期せずに)**突然**；いっせいに
all the way □□ 1152	**はるばる，ずっと**
along with ～ □□ 1153	**～と一緒に，～に加えて**

I ran after the thief, but he disappeared.	私は泥棒を追いかけたが，彼は姿を消してしまった。
He won't run away from the problem.	彼はその問題から逃げたりしない。
We're running out of ideas.	私たちはもうアイデアが出てこないようだね。
What does DIY stand for?	DIYは何を表していますか。
She always stands out as a key player.	彼女は中心的存在として常に際立っている。
I took him for your brother.	私は彼のことをあなたの弟さんだと思い込んでいた。
The fireworks display takes place next Saturday evening.	その花火大会は次の土曜の夜に行われる。
She took up boxing when she was 15.	彼女は15歳の時にボクシングを始めた。
I'm working on my presentation for tomorrow.	私は明日のプレゼンの準備に取り組んでいるところだ。

All at once it began to rain heavily.	突然雨が激しく降り出した。
Thank you for coming all the way.	はるばるお越しくださりありがとうございます。
I sent flowers along with a message card.	私はメッセージカードを添えて花を送った。

at least □□ 1154	**少なくとも** ▶ At least it's not your fault. 「少なくともあなたのせいではない」
at (the) most □□ 1155	**せいぜい，多くても** (⇔ at (the) least)
by way of ～ □□ 1156	**～を通って**；～の形[手段]で
for some time □□ 1157	**かなり長い間**；しばらくの間 ▶ some timeは 圏「いつか」(= sometime)の意味もある。
face to face (with ～) □□ 1158	**(～(人)に)面と向かって**； (～(事態・困難など)に)直面して ▶ come face to face (with ～) 「(～と)ばったり出くわす」
first of all □□ 1159	**まず第一に**；何よりもまず ▶ 圖 firstの1語でも代用される。
in advance □□ 1160	**あらかじめ，～前に**；前金で ▶ in advance of ～「～に先立って」 ▶ pay in advance「前払いする」
in all □□ 1161	**全部で**，合計で ▶ all in all「全体として，概して」
in place of ～ / in ～'s place □□ 1162	**～の代わりに** ▶ in ～'s placeは「～の立場なら」の意味もある。
in return (for ～) □□ 1163	**(～の)お返しに**
in the long run □□ 1164	**長い目で見れば**(⇔ in the short run「短期的に見れば」)，結局は

She reads **at least** four books a month.	彼女は月に少なくとも本を 4 冊読んでいる。
He'll be here in ten minutes **at most**.	彼はせいぜい10分もすればここに来ますよ。
They went to Peru **by way of** Atlanta.	彼らはアトランタ経由でペルーに行った。
Since she's lived here **for some time**, she speaks Japanese well.	彼女はだいぶ長くここに住んでいるだけに，日本語を話すのは上手だ。
I haven't talked to him **face to face**.	私は彼と差し向かいで話したことはない。
First of all, let me introduce myself.	まず最初に，自己紹介をさせてください。
How many days **in advance** can I book?	何日前に予約ができますか。
There were over 100 people **in all** at the test site.	試験会場には全部で100人以上はいた。
She uses soy milk **in place of** milk to make bread.	彼女はパンを作るのに牛乳の代わりに豆乳を使う。
He asked nothing **in return for** his help.	彼は手伝いの見返りを何も求めなかった。
It may be the best method **in the long run**.	それは長い目で見れば最善の方法なのかもしれない。

in time (for ～) □□ 1165	**(～に)間に合うように，遅れずに** ▶ in time to *do*「…するのに間に合うように」
on sale □□ 1166	**販売されて**；特売で(= 英 in the sales)
on time □□ 1167	**時間通りに，定刻に**
one by one □□ 1168	**1つ[1人]ずつ**
out of the question □□ 1169	**論外で，不可能で**
side by side (with ～) □□ 1170	**(～と)**(横に)**並んで**；(～と)一緒に(協力して)

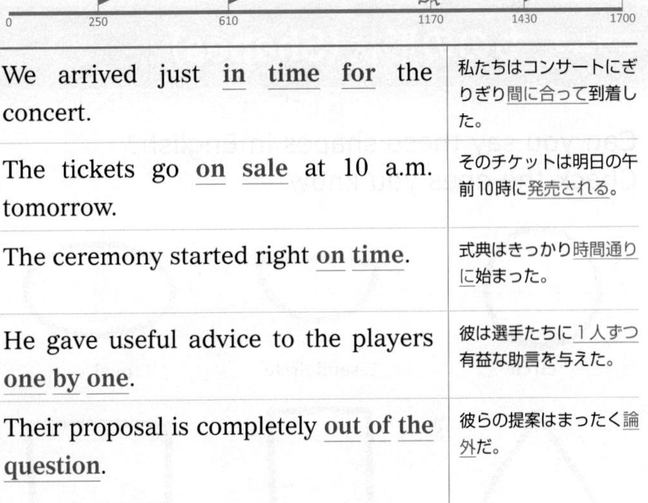

We arrived just **in time for** the concert.	私たちはコンサートにぎりぎり間に合って到着した。
The tickets go **on sale** at 10 a.m. tomorrow.	そのチケットは明日の午前10時に発売される。
The ceremony started right **on time**.	式典はきっかり時間通りに始まった。
He gave useful advice to the players **one by one**.	彼は選手たちに１人ずつ有益な助言を与えた。
Their proposal is completely **out of the question**.	彼らの提案はまったく論外だ。
We walked along the beach **side by side**.	私たちはビーチを並んで歩いた。

コラム③ ものの形状 (Shapes)

Can you say these shapes in English?
Check the ones you know.

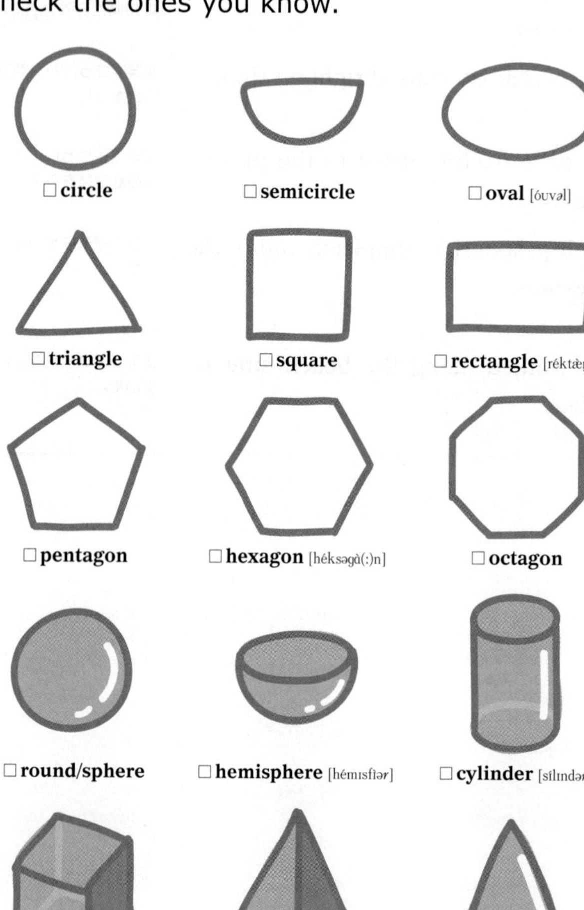

Section 4

語法で覚える

200語

動詞の用法《SVC》

become [bɪkʌ́m] □□ 1171	動 **になる** ▶ become an engineer「エンジニアになる」 活 become - became [bɪkéɪm] - become
turn 発 [təːrn] □□ 1172	動 **になる，変わる**；回る，を回す；（を）曲がる；振り向く ▶ turn sour「（すえて）酸っぱくなる」 名 方向転換；曲がり角；〔*one's* 〜〕順番 ▶ It's your turn.「あなたの番だよ」
remain [rɪméɪn] □□ 1173	動 **のままである**；にとどまる ▶ Please remain seated. 「（座席に）座ったままでいてください」 名〔〜s〕残り（物）
smell [smel] □□ 1174	動 **のにおいがする**；のにおいに気づく；のにおいをかぐ ▶ smell 〜 の "〜" は形容詞。 ▶ smell of [like] 〜「〜の[のような]においがする」（"〜" は名詞） ▶ smell gas「ガスのにおいがする[に気づく]」 名 におい
taste [teɪst] □□ 1175	動 **の味がする**；の味を見る ▶ taste 〜 の "〜" は形容詞。 ▶ taste of [like] 〜「〜の[のような]味がする」（"〜" は名詞） 名 味，風味；好み ▶ suit *one's* taste「好みに合う」

文構造の基本

英語の文は，原則として次の4つの要素と，その他の修飾語で構成される。
①主語（S）　②動詞・be動詞（V）　③目的語（O）：動詞の動作の対象
④補語（C）：主語や目的語について説明を補う内容

これら要素の基本的な語順は，まずは大きく次のようにとらえておくとよい。
・②動詞（V）は，①主語（S）の後に続ける。
・③目的語（O）や④補語（C）は，②動詞（V）の後に続ける。

He **became** famous for posting the video.	彼はそのビデオを投稿して有名になった。
The leaves have all **turned** red and yellow.	葉はすっかり赤や黄色になった。
They have **remained** close friends after graduation.	彼らは卒業後もずっと親友のままだ。
These flowers **smell** sweet.	これらの花は甘いにおいがする。
This chicken **tastes** delicious.	このチキンはとてもよい味だ。

左記の基本語順を念頭に，文の基本的な5つの構造を確認しておこう。

1. S＋V 「SはVする」
2. S＋V＋C 「SはCである，SはCとなる」
3. S＋V＋O 「SはOをVする」
4. S＋V＋O_1＋O_2 「SはO_1にO_2をVする［してあげる］」
   *O_1：（人）を表す「間接目的語」，O_2：（物）を表す「直接目的語」
5. S＋V＋O＋C 「SはOをC（の状態）にVする」

動詞の用法《SVO＋副詞句［前置詞句など］》

take
[teɪk]
□□ 1176

動 を**連れて行く，持って行く**；
（交通機関）に乗って行く；（時間）がかかる
TG **take *A* to *B***「AをBに連れて［持って］行く」
▶ take *A* with *B*「Aを（B（人）が携帯して）持って行く」
▶ take a bus「バスに乗って行く」
▶ it takes ～ to *do*「…するのに～（時間）かかる」
活 take - took [tuk] - taken [téɪkən]

put
[put]
□□ 1177

動 を**置く，入れる**；の状態にする
TG **put *A* on [in / into] *B***
「AをBに置く［入れる］」
▶ put sugar in the coffee「コーヒーに砂糖を入れる」
活 put - put - put

set
[set]
□□ 1178

動（注意を払って）を**置く，配置する**；
を設定する；（太陽などが）沈む
TG **set *A* (down) on *B***「AをBに置く，並べる」
▶ set the table「食卓の準備をする」
活 set - set - set
名 ひとそろい；セット；装置
▶ a set of ～「ひとそろいの～」
形 規定の，セットの

spread
発 [spred]
□□ 1179

動 を**広げる**；を広める；広がる
TG **spread *A* on [over / across] *B***
「AをBに広げる」
▶ spread jam on (the) toast / spread (the) toast with jam「ジャムをトーストに塗る」
活 spread - spread - spread
名 増大，普及；範囲

〈SVO＋付加要素〉
put（➡1177）は〈SVO〉の構造でも用いられる動詞の1つ。意味・用法によっては，O（目的語）の後に場所などを表す副詞（句）といった付加的な語（句）を伴わないと，文意が不完全になる場合があることに注意したい。

I **took** them to my most special place.	私は彼らをとっておきの場所に連れて行った。
Should I **put** these copies on that desk?	これらのコピーはあの机の上に置いておけばいいですか。
Help me **set** dishes on the table.	テーブルに料理を並べるのを手伝ってよ。
He slowly **spread** his sleeping bag on the floor.	彼はのそのそと寝袋を床に広げた。

・I put it on that desk.「私はそれをあの机の上に置いた」
　*on that deskなど場所の語句を伴わないと不自然。
・They live in this town.「彼らはこの町に住んでいる」
　*〈SV〉構造のこのlive(➡5)も，in this townやhereなどを伴わないと不自然。

Section 4 単語

fold [fould] □□ 1180	動 を**折る，折りたたむ**；(腕など)を組む TG **fold ～ in half**「～を二つ折りにする」 ▶ fold (up) the clothes「衣類をたたむ」 ▶ with *one's* arms folded「腕組みをして」 名 折り目

動詞の用法《SVO_1O_2》

show 発 [ʃou] □□ 1181	動 を**見せる，示す**；を明らかにする；を案内する TG **show** O_1 O_2「O_1(人)にO_2を見せる[示す]」 活 show - showed - shown [ʃoun] 名 ショー；番組；展覧会
give [gɪv] □□ 1182	動 を**与える，あげる** TG **give** O_1 O_2「O_1(人)にO_2を与える[あげる]」 活 give - gave [geɪv] - given [gívən]
choose [tʃu:z] □□ 1183	動 を**選ぶ** TG **choose** O_1 O_2「O_1(人)にO_2を選んでやる」 ▶ choose *A* (to be) *B*「AをB(役職など)に選出する」 ▶ choose to *do*「…することに決める」 活 choose - chose [tʃouz] - chosen [tʃóuzn]
pay [peɪ] □□ 1184	動 (金)を**支払う**；代金を支払う；(注意など)を払う TG **pay** O_1 O_2「O_1(人)にO_2(代金・給料など)を支払う」 ▶ pay (*A*) for *B*「(A(人)に)Bの代金を支払う」 名 給料 □ páyment 名 支払い(金)
leave [li:v] □□ 1185	動 を**残しておく**；のままにしておく；出発する，を去る TG **leave** O_1 O_2「O_1(人)にO_2を残しておく[残す]」 ▶ leave (*A*) for *B*「Bに向けて(Aを)出発する」 活 leave - left [left] - left 名 休暇

I **folded** the letter in half and gave it to her.	私は手紙を二つ折りにして，彼女に渡した。
You need to **show** the guard your ID card.	警備員に身分証を見せる必要がありますよ。
He **gave** me his used PC.	彼は私に中古のパソコンをくれた。
She **chose** her father a nice tie.	彼女は父親にすてきなネクタイを選んであげた。
I **paid** him 6,000 yen for the ticket.	私は彼にチケット代として６千円払った。
Can I **leave** her a message?	彼女に伝言を残しておいていいですか。

offer アク [ɔ́(:)fər] □□ 1186	動 **を申し出る**；(必要とされるもの)を提供する TG **offer** O_1 O_2 「O_1(人)にO_2を申し出る[提供する]」 ▶ offer to *do*「…しようと申し出る」 名 申し出，提案
bring [brɪŋ] □□ 1187	動 **を持ってくる，連れてくる**；をもたらす TG **bring** O_1 O_2 「O_1(人)にO_2を持ってくる[持って行く]」 活 bring - brought [brɔːt] - brought
send [send] □□ 1188	動 **を送る** TG **send** O_1 O_2「O_1(人)にO_2を送る」 活 send - sent [sent] - sent
pass [pæs] □□ 1189	動 **を手渡す**；(を)通り過ぎる；(に)合格する TG **pass** O_1 O_2「O_1(人)にO_2を手渡す」 名 通行[入場]許可証，パス
sell [sel] □□ 1190	動 **を売る**；売れ行きが～だ TG **sell** O_1 O_2 (**for** [**at**] ～) 「O_1(人)にO_2を(～の値段で)売る」 ▶ sell out / *be* sold out「(が)売り切れ(てい)る」 活 sell - sold [soʊld] - sold
draw [drɔː] □□ 1191	動 **を描く，**(線など)を**引く**；を引きつける TG **draw** O_1 O_2 「O_1(人)にO_2(地図など)を描いてやる」 ▶ drawはペンや鉛筆などで絵や図形などを描くこと。paint (➡ 365)は絵の具などを使って描くこと，sketchは素描や略図をざっと描くこと。 活 draw - drew [druː] - drawn [drɔːn] 名 引き分け □ dráwing 名 線画；絵を描くこと
owe [oʊ] □□ 1192	動 **にお金を借りている**；に恩義がある TG **owe** O_1 O_2 (**for** ～) 「O_1(人)に(～のことで)O_2(お金)を借りている」 ▶ owe O_1 O_2「O_1(人)にO_2(恩義)がある」 He owes her a favor.「彼は彼女に恩義[借り]がある」

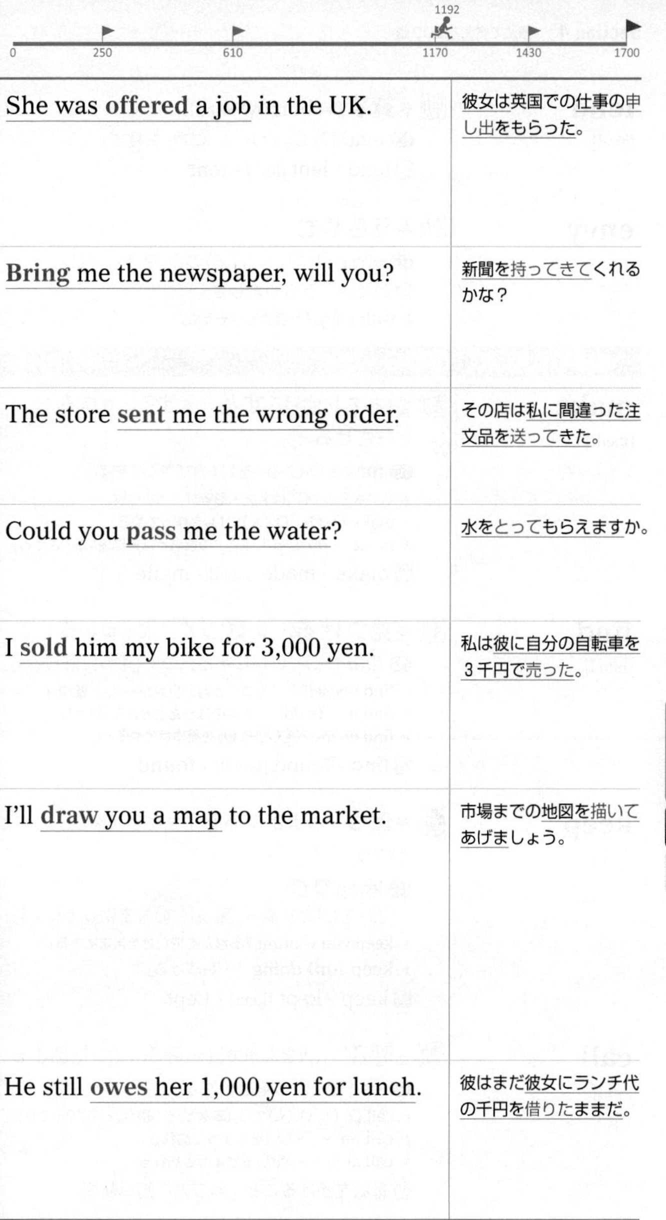

She was **offered** a job in the UK.	彼女は英国での仕事の申し出をもらった。
Bring me the newspaper, will you?	新聞を持ってきてくれるかな？
The store **sent** me the wrong order.	その店は私に間違った注文品を送ってきた。
Could you **pass** me the water?	水をとってもらえますか。
I **sold** him my bike for 3,000 yen.	私は彼に自分の自転車を３千円で売った。
I'll **draw** you a map to the market.	市場までの地図を描いてあげましょう。
He still **owes** her 1,000 yen for lunch.	彼はまだ彼女にランチ代の千円を借りたままだ。

lend [lend] □□ 1193	動 を**貸す**（⇔ borrow ➡113） TG **lend** O_1 O_2「O_1（人）にO_2を貸す」 活 lend - lent [lent] - lent
envy [énvi] □□ 1194	動 を**うらやむ** TG **envy** O_1 O_2「O_1（人）のO_2をうらやむ」 名 ねたみ，うらやましさ ▶ with envy「うらやましそうに」

動詞の用法《SVOC》

make [meɪk] □□ 1195	動 を（ある状態）**にする**；をする；を作る；に…させる TG **make** *O C*「OをC（の状態）にする」 ▶ この場合の“C”は名詞・形容詞・過去分詞。 ▶ make O_1 O_2「O_1（人）にO_2を作ってやる」 ▶ make ～ *do*「～（人）に（～の意志とは無関係に）…させる」 活 make - made [meɪd] - made
find [faɪnd] □□ 1196	動 を**見つける，**に**気づく**；だとわかる TG **find** *O C*「OがCだと気づく[思う，感じる]」 ▶ find *oneself* ～「気づくと自分自身が～（の状態）だ」 ▶ find it ～ to *do*「…するのは～だとわかる[思う]」 ▶ find O_1 O_2「O_1（人）にO_2を見つけてやる」 活 find - found [faʊnd] - found
keep [kiːp] □□ 1197	動 を**保つ**；のままである；をとっておく；を飼う TG **keep** *O C* 「OをC（の状態）に保つ[Cのままにしておく]」 ▶ keep you waiting「あなたを待たせたままにする」 ▶ keep (on) *doing*「…し続ける」 活 keep - kept [kept] - kept
call [kɔːl] □□ 1198	動 と**呼ぶ**；（大きな声で）（を）呼ぶ；（に）電話する TG **call** *O C*「OをCと呼ぶ」 ▶ call O_1 O_2「O_1（人）にO_2（車など）を（電話などで）呼んでやる」 ▶ call on ～「～（人）をちょっと訪れる」 ▶ call at ～「～（場所）をちょっと訪れる」 名 電話をかけること；叫び声；短い訪問

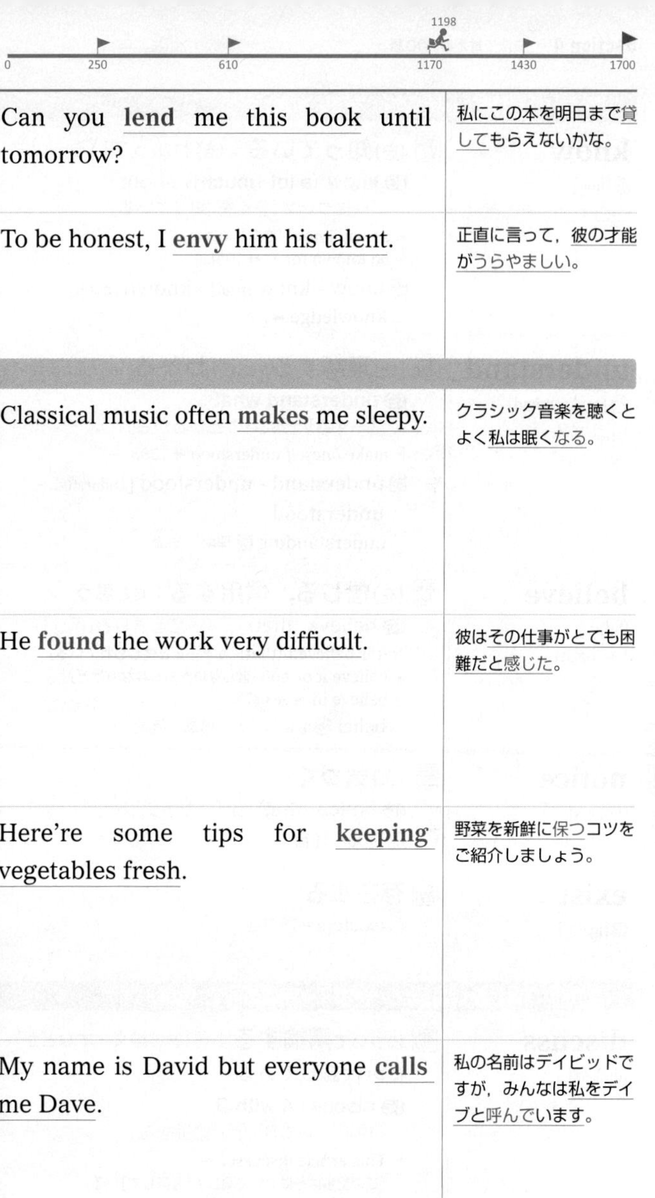

Can you **lend** me this book until tomorrow?	私にこの本を明日まで貸してもらえないかな。
To be honest, I **envy** him his talent.	正直に言って，彼の才能がうらやましい。
Classical music often **makes** me sleepy.	クラシック音楽を聴くとよく私は眠くなる。
He **found** the work very difficult.	彼はその仕事がとても困難だと感じた。
Here’re some tips for **keeping** vegetables fresh.	野菜を新鮮に保つコツをご紹介しましょう。
My name is David but everyone **calls** me Dave.	私の名前はデイビッドですが，みんなは私をデイブと呼んでいます。

動詞の用法《「状態」を表す動詞》

know 発 [noʊ] □□ 1199	動 (を)知っている；(を)わかっている TG **know (a lot [much]) about ～** 「～について(多くを)知っている」 ▶ as you know「ご存じの通り」 ▶ *be* known for ～ ➡ 1398 活 know - knew [njuː] - known [noʊn] □ knówledge ➡ 999
understand ア [ʌndərstǽnd] □□ 1200	動 (を)理解する，(が)わかる TG **understand what ...** 「…する[である]ことがわかる」 ▶ make *oneself* understood ➡ 1383 活 understand - understood [ʌndərstʊ́d] - understood □ understánding 名 理解，知識
believe [bɪlíːv] □□ 1201	動 (を)信じる，信用する；だと思う TG **believe (that) ...**「…だと信じる[思う]」 ▶ It is believed (that) ....「…だと信じられている」 ▶ believe it or not「信じないかもしれないけど」 ▶ believe in ～ ➡ 1371 □ belíef 名 信じること，信念，確信
notice [nóʊtəs] □□ 1202	動 (に)気づく TG **notice (that) ...**「…だと気づく」 名 通知；注目
exist 発 [ɪgzíst] □□ 1203	動 存在する □ exístence 名 存在

動詞の用法《混同しやすい自動詞と他動詞》

discuss [dɪskʌ́s] □□ 1204	動 について議論する；(記事・論文・本などが)について論じている TG **discuss *A* with *B*** 「AについてB(人)と議論する」 ▶ This article discusses ～. 「この記事は～について論じて[考察して]いる」 □ discússion 名 議論，話し合い

He **knows** a lot about Japanese culture.	彼は日本文化についてよく知っている。
I don't **understand** what she's saying.	私には彼女の言っていることがわかりません。
I can't **believe** you did that all by yourself.	君がそれをたった一人でやったなんて信じられないよ。
He didn't **notice** she was looking at him.	彼は彼女が自分のことを見ていることに気づかなかった。
Hunger and poverty still **exist** around the world.	飢えと貧困は世界中になおも存在している。

They **discussed** the problem with the experts.	彼らはその問題について専門家たちと話し合った。

Section 4 単語

agree ㋐ [əgríː] □□ 1205	動 **意見が一致する**；(に)同意する TG **agree with *A* (on *B*)**「A(人・考えなど)と(B(事)について)意見が同じだ」 ▶ agree to ～「～(提案など)に同意する」 ▶ agree to *do*「…することに同意する」 ▶ agree on ～「～(事)について決定[合意]する」 ▶ agree that ...「…という点で意見が一致する」 □ agréement 名 意見の一致，同意；協定
disagree ㋐ [dìsəgríː] □□ 1206	動 **意見が異なる**，異議を唱える TG **disagree with *A* (on *B*)**「A(人・考えなど)と(B(事)について)意見が異なる」 □ disagréement 名 意見の不一致[相違]
raise 発 [reɪz] □□ 1207	動 を**上げる**；を育てる，養う；(お金)を集める ▶ raise taxes「増税する」 ▶ *be* born and raised in ～「～で生まれ育つ」➡1373
rise [raɪz] □□ 1208	動 **上がる**；増加する；(太陽などが)昇る TG **rise from** ～「～から上がる[立ち上る]」 ▶ rise from *A* to *B*「AからBに増加する」 活 rise - rose [roʊz] - risen [rízən] 名 増加；上昇
approach 発 [əpróutʃ] □□ 1209	動 (に)**近づく，接近する** ▶ Spring is approaching.「春が近づいている」(自動詞) 名 近づくこと；取り組み，アプローチ ▶ approach to ～「～への接近[取り組み，方法]」

自動詞と他動詞

① 動詞の大きな特徴の1つに，後に目的語(O)をとる・とらないという働きの違いがある。目的語をとる場合は「他動詞」，とらない場合は「自動詞」と呼ばれる。多くの動詞は，自動詞・他動詞の両方の働きを兼ね備えている。

② 自動詞の場合，直後に〈前置詞＋目的語〉を続けるものも多くある。目的語や前置詞の有無と，意味との対応関係を混同しやすい動詞は，個別に丁寧に覚えていこう。

③ get up「起きる」のように，〈動詞＋副詞〉で新たな意味を表すまとまりを「句動詞」と呼ぶ。句動詞も，目的語をとる(他動詞)・とらない(自動詞)働きがある。目的語をとる多くの場合，動詞の後は〈副詞＋目的語〉〈目的語＋副詞〉の語順で表せる。

She **agrees** with me on most things.	彼女は私とたいていのことでは意見が同じだ。
I'm sorry but I have to **disagree** with you on that.	申し訳ありませんが，そのことではあなたに同意しかねます。
Raise your hand if you agree.	賛成の方は手を挙げてください。
Steam **rose** from the dish.	料理から湯気が立ち上った。
A huge typhoon is **approaching** the country.	大型台風がその国に接近している。

① 〔自動詞のみ〕steam rises　「蒸気が立ち上る」(➡1208)
〔他動詞のみ〕raise *your hand*　「手を挙げる」(➡1207)
〔自動詞・他動詞〕I know.　「わかっているよ」／
I know *him*.　「彼を知っている」(➡1199)
② agree with *you*「あなたと同意見だ」(➡1205)〈自動詞＋前置詞＋目的語〉

③ 句動詞例：take off(➡218)
〔自動詞〕the plane took off「その飛行機は離陸した」
〔他動詞〕take off *my shoes* / take *my shoes* off「靴を脱ぐ」

complain アク [kəmpléɪn] □□ 1210	動 (だと)**不平[苦情]を言う** TG **complain** (to *A*) **about** [**of**] *B* 「(A(人)に)Bの不満[不平]を言う」 ▶ complain (to ~) (that) ...「…であると(~に)不平を言う」 □ compláint 名 不平，苦情
lie [laɪ] □□ 1211	動 **横たわる**；(場所に)ある，位置する TG **lie on** ~「~に横たわっている」 ▶ lie in bed「ベッドに入って[で寝て]いる」 ▶ lie down「横になる」 活 lie - lay [leɪ] - lain [leɪn] 名 うそ 動 うそをつく 活 lie - lied [laɪd] - lied
lay [leɪ] □□ 1212	動 **を横たえる，置く**；(鳥・昆虫などが)(卵)を産む TG **lay** *A* **on** [**in**] *B*「AをBに置く[横たえる]」 ▶ lie「横たわる」の過去形と同形。 ▶ lay a carpet in the bed room「カーペットを寝室に敷く」 活 lay - laid [leɪd] - laid
marry [mǽri] □□ 1213	動 **と結婚する** ▶ *be* [get] married (to ~) 「(~と)結婚している[結婚する]」 □ márriage 名 結婚

動詞の用法《SV that S′ *do* [should *do*]》

order [ɔ́ːrdər] □□ 1214	動 **を命じる**；(を)注文する TG **order that** *S' do* [**should** *do*] 「S'が…するよう命じる」 ▶ that節内の動詞は，米では動詞の原形がふつう。英 正式用法では通例should *do*だが，くだけた言い方では*S' does*(直説法)も用いられる。 ▶ demand(➡ 1215)，request(➡ 1216)などの動詞のほか，important(➡ 1327)，necessary(➡ 1328)などの形容詞の場合も上記と同じ。 ▶ order ~ to *do*「~に…するよう命じる」 ▶ order O_1 O_2「O_1(人)にO_2を注文する」 名 命令；注文(品)；順序；秩序 ▶ in order to *do* ➡ 595 ▶ out of order ➡ 1669

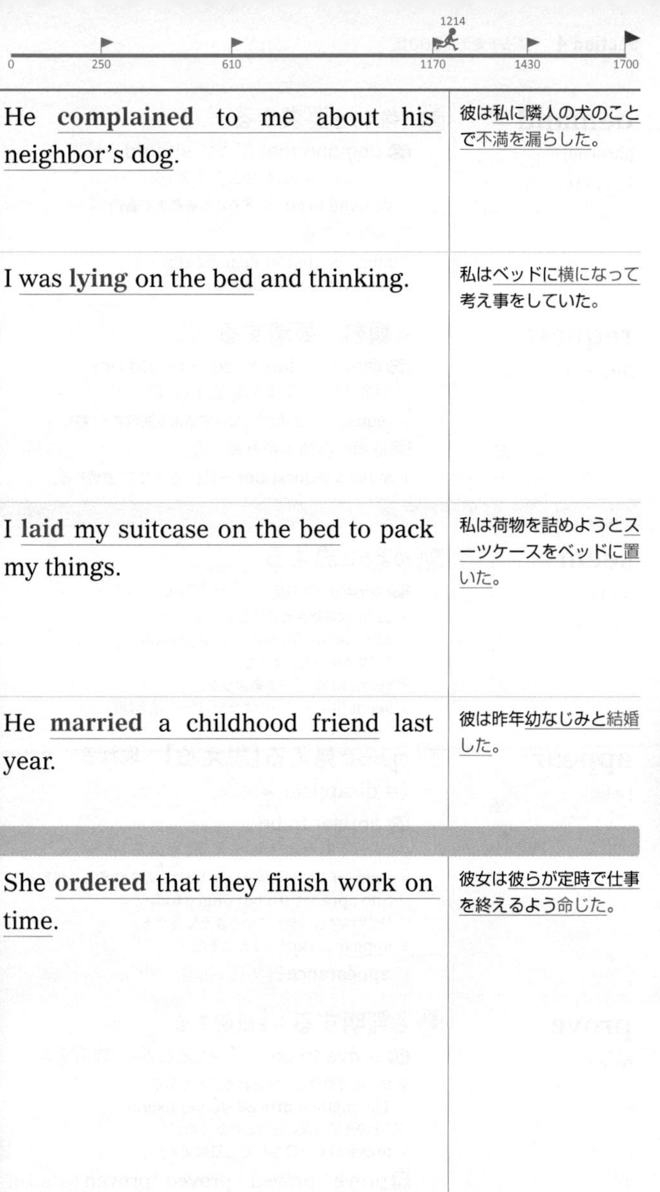

He **complained** to me about his neighbor's dog.	彼は私に隣人の犬のことで不満を漏らした。
I was **lying** on the bed and thinking.	私はベッドに横になって考え事をしていた。
I **laid** my suitcase on the bed to pack my things.	私は荷物を詰めようとスーツケースをベッドに置いた。
He **married** a childhood friend last year.	彼は昨年幼なじみと結婚した。
She **ordered** that they finish work on time.	彼女は彼らが定時で仕事を終えるよう命じた。

demand [dɪmǽnd] □□ 1215	動 (強く)を**要求する** TG **demand that** *S' do* [**should** *do*] 「S'が…するよう要求する」 ▶ demand to *do*「…することを要求する」 名 要求；需要 ▶ meet the [*one's*] demand (for ~) 「(~を求める)要求に応える」
request [rɪkwést] □□ 1216	動 を**頼む，要請する** TG **request that** *S' do* [**should** *do*] 「S'が…するよう要請する[頼む]」 ▶ request ~ to *do*「~に…するよう要請する[頼む]」 名 依頼，要請；頼み事 ▶ make a request (for ~)「(~を求めて)要請する」

不定詞《SV＋to不定詞》

seem [siːm] □□ 1217	動 のように**思える** TG **seem to be** ~「~であるようだ」 ▶ to beは省略されることもある。 She seems (to be) a *nice* person. 「彼女はいい人のようだ」 ▶ seem to *do*「…するようだ」 ▶ seem like ~「~のようだ」(“~” は名詞)
appear [əpíər] □□ 1218	動 のように**見える[思える]**；現れる (⇔ disappear ➡363) TG **appear to be** ~ 「~であるように見える[思える]」 ▶ seem(➡1217)と同様，to beは省略されることがある。 She appears (to be) *angry* today. 「彼女は今日は怒っているように見える」 ▶ appear to *do*「…するようだ」 □ appéarance 名 外見；出現
prove 発 [pruːv] □□ 1219	動 と**判明する**；を証明する TG **prove to be** ~「~だとわかる[判明する]」 ▶ to beはやはり省略されることがある。 The method proved (to be) *useful*. 「その方法は役に立つとわかった」 ▶ prove *O C*「OをCだと証明する」 活 prove - proved - proved [proven [prúːvən]] □ proof 名 証明；証拠

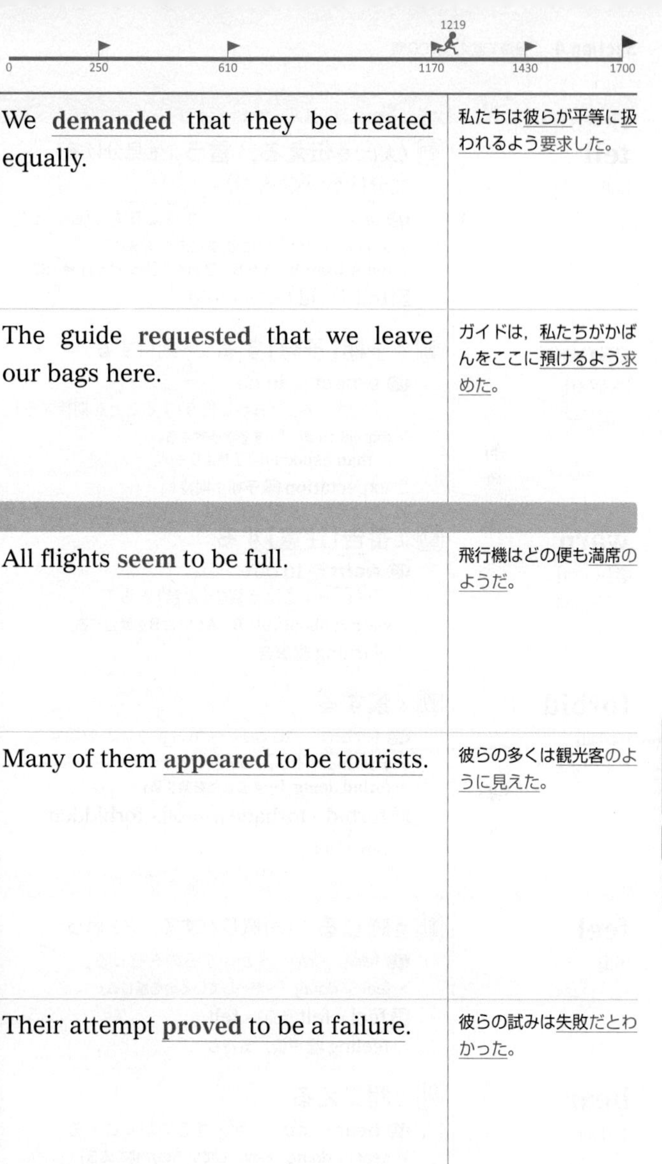

We **demanded** that they be treated equally.	私たちは彼らが平等に扱われるよう要求した。
The guide **requested** that we leave our bags here.	ガイドは，私たちがかばんをここに預けるよう求めた。
All flights **seem** to be full.	飛行機はどの便も満席のようだ。
Many of them **appeared** to be tourists.	彼らの多くは観光客のように見えた。
Their attempt **proved** to be a failure.	彼らの試みは失敗だとわかった。

Section 4 単語

不定詞《SVO＋to不定詞》

tell [tel] □□ 1220	動 (人に)を**伝える，言う**；を見分ける，見分けがつく TG **tell ～ to *do*「～に…するよう言う[命じる]」** ▶ tell O_1 O_2「O_1(人)にO_2を伝える[教える]」 ▶ tell *A* from *B*「AをBと区別する[見分ける]」➡ 1390 活 tell - told [tould] - told
expect [ɪkspékt] □□ 1221	動 を**予期[予想]する**；を期待する TG **expect ～ to *do*「～が…するだろうと思う[することを期待する]」** ▶ expect to *do*「…すると予想する」 ▶ ... than expected「予想よりも…」 □ expectátion 名 予期；期待
warn 発 [wɔːrn] □□ 1222	動 に**警告[注意]する** TG **warn ～ to *do*「～に…するよう警告[注意]する」** ▶ warn *A* about [of] *B*「A(人)にBを警告する」 □ wárning 名 警告
forbid [fərbíd] □□ 1223	動 を**禁ずる** TG **forbid ～ to *do*「～が…することを禁ずる」** ▶ = forbid ～ from *doing* ▶ forbid *doing*「…することを禁ずる」 活 forbid - forbade [fərbéɪd] - forbidden [fərbídən]

不定詞《SVO＋原形不定詞》

feel [fiːl] □□ 1224	動 を**感じる**；(の)感じがする；だと思う TG **feel ～ *do*「～が…するのを感じる」** ▶ feel ～ *doing*「～が…しているのを感じる」 活 feel - felt [felt] - felt □ féeling 名 感情，気持ち
hear 発 [hɪər] □□ 1225	動 が**聞こえる** TG **hear ～ *do*「～が…するのが聞こえる」** ▶ hear ～ *doing*「～が…しているのが聞こえる」 ▶ hear from ～「～から連絡がある」 活 hear - heard [həːrd] - heard

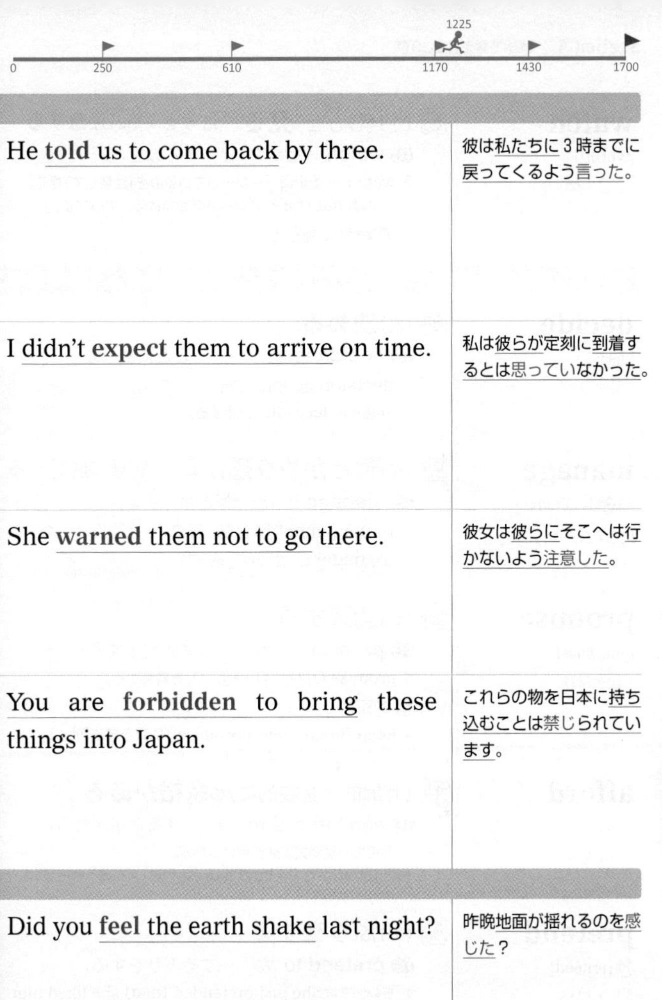

He told us to come back by three.	彼は私たちに3時までに戻ってくるよう言った。
I didn't expect them to arrive on time.	私は彼らが定刻に到着するとは思っていなかった。
She warned them not to go there.	彼女は彼らにそこへは行かないよう注意した。
You are forbidden to bring these things into Japan.	これらの物を日本に持ち込むことは禁じられています。

Did you feel the earth shake last night?	昨晩地面が揺れるのを感じた？
I've heard them argue before.	私は以前，彼らが口論するのを聞いたことがある。

watch
[wɑ(:)tʃ]
□□ 1226

動 (を)(じっと)**見る**，見守る；(に)注意する

TG **watch ～ *do*** 「～が…するのを(じっと)見る」

▶ watch ～ *doing* 「～が…しているのを(注意して)見る」
▶ watch out (for ～)「(～に)気をつける，用心する」

名 腕時計；見張り

不定詞と動名詞《SVO》(O＝to不定詞)

decide
[dɪsáɪd]
□□ 1227

動 (を)**決める**

TG **decide to *do*** 「…することに決める」

□ decísion 名 決定，決心
▶ make a decision「決定する」

manage
発 ア [mǽnɪdʒ]
□□ 1228

動 (を)**何とかやり遂げる**；を管理[運営]する

TG **manage to *do*** 「何とか…する」

□ mánagement 名 管理，経営
□ mánager 名 管理者，経営者

promise
[prɑ́(:)məs]
□□ 1229

動 (を)**約束する**

TG **promise to *do*** 「…すると約束する」

▶ promise O_1 O_2 「O_1(人)にO_2を約束する」

名 約束
▶ keep [break] *one's* promise「約束を守る[破る]」

afford
[əfɔ́:rd]
□□ 1230

動 (時間的・金銭的に)の**余裕がある**

TG **can't afford to *do*** 「…する余裕がない」

▶ 否定文や疑問文で通例用いられる。
▶ can't afford (to buy) a dress「ドレスを買う余裕がない」

pretend
ア [prɪténd]
□□ 1231

動 (の)**ふりをする**

TG **pretend to *do*** 「…するふりをする」

▶ 右の例文はShe just pretended (that) she liked him. とほぼ同意。

refuse
[rɪfjú:z]
□□ 1232

動 を**断る，拒否する**(≒ turn down ～ ➡1655)

TG **refuse to *do*** 「…するのを断る」

▶ refuseは，他人から言われたことをする意志がないことをきっぱり伝える意味合い。reject(➡474)は，提案・要求などを受け入れたり認めたりするのを拒絶する意味合い。

□ refúsal 名 拒否，拒絶

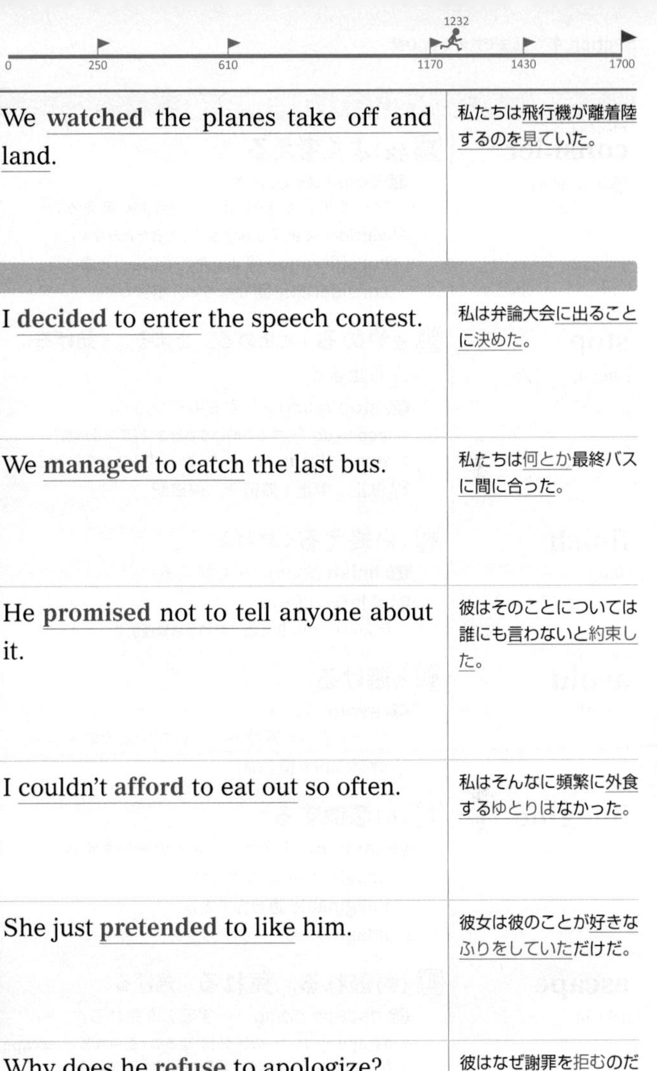

We watched the planes take off and land.	私たちは飛行機が離着陸するのを見ていた。
I decided to enter the speech contest.	私は弁論大会に出ることに決めた。
We managed to catch the last bus.	私たちは何とか最終バスに間に合った。
He promised not to tell anyone about it.	彼はそのことについては誰にも言わないと約束した。
I couldn't afford to eat out so often.	私はそんなに頻繁に外食するゆとりはなかった。
She just pretended to like him.	彼女は彼のことが好きなふりをしていただけだ。
Why does he refuse to apologize?	彼はなぜ謝罪を拒むのだろう？

不定詞と動名詞《SVO》(O＝動名詞)

consider ㋐ [kənsídər] □□ 1233	動 (を)**よく考える** TG **consider** *doing* 「…することを[しようかと]よく考える」 ▶ consider *A* as [to be] *B*「AをBだとみなす」 □ considerátion 名 よく考えること，考慮 □ consíderable 形 かなりの，相当の
stop [stɑ(:)p] □□ 1234	動 を**やめる**；を止める，止まる；を妨げる；立ち止まる TG **stop** *doing*「…するのをやめる」 ▶ stop to *do*「…するために立ち止まる[手を止める]」 ▶ stop ～ from *doing*「～が…することを妨げる」 名 停止，中止；停留所，停車駅
finish [fínɪʃ] □□ 1235	動 (を)**終える**；終わる TG **finish** *doing*「…し終える」 名 終わり；ゴール ▶ from start to finish「最初から最後まで」
avoid [əvɔ́ɪd] □□ 1236	動 を**避ける** TG **avoid** *doing* 「…するのを避ける，…しないようにする」 □ avóidance 名 回避
imagine ㊥ [ɪmǽdʒɪn] □□ 1237	動 (を)**想像する** TG **imagine** *doing*「…するのを想像する」 □ imaginátion 名 想像(力) □ imáginable 形 想像できる □ ímage ➡295
escape [ɪskéɪp] □□ 1238	動 (を)**逃れる，免れる**；逃げる TG **escape** *doing*「…するのを免れる」 ▶ escape ～ は「～の状況(に陥るの)を免れる」，escape from ～ は「～の状況や場所から逃げる[逃れる]」。 名 逃亡，脱出
quit [kwɪt] □□ 1239	動 (仕事・学校・行為など)(を)**やめる** TG **quit** *doing*「…することをやめる」 活 quit - quit [quitted] - quit [quitted]

I'm considering starting a blog in English.	私は英語のブログを始めようかと検討している。
He can't stop eating sweets.	彼は甘い物を食べるのをやめられない。
I've just finished cleaning my room.	私はちょうど部屋を掃除し終えたところだ。
Use this umbrella to avoid getting wet.	雨に濡れないようこの傘を使ってください。
I can't imagine being without her.	私は彼女なしでいることなど想像がつかない。
She escaped being hit by a car.	彼女は車にひかれるのを免れた。
You should quit laughing at him.	君は彼のことを笑うのをやめるべきだよ。

dislike [dɪsláɪk] □□ 1240	動 を嫌う TG **dislike *doing*** 「…することを嫌う」 ▶ likeとは異なり，目的語にはto不定詞をとらない。 ▶ dislike ～ *doing* 「～(人)に…してもらいたくない」 名 嫌悪(感)

不定詞と動名詞《SVO》(O = to不定詞 or 動名詞で意味がほぼ同じ)

start [stɑːrt] □□ 1241	動 を始める；始まる；出発する TG **start to *do* [*doing*]**「…し始める」 ▶ startもbegin(➡1242)も，進行形のときはto不定詞を通例用いる。It's starting to snow.「雪が降り出してきた」 ▶ get started「始める，始まる」 名 開始；出発
begin [bɪgín] □□ 1242	動 を始める；始まる TG **begin to *do* [*doing*]**「…し始める」 ▶ begin at nine「9時から始まる」(前置詞に注意) 活 begin - began [bɪgǽn] - begun [bɪgʌ́n] □ begínning 名 始まり，最初 □ begínner 名 初心者
continue アク [kəntínju(ː)] □□ 1243	動 (を)続ける；続く TG **continue to *do* [*doing*]**「…し続ける」 ▶ continue with ～「～(仕事・計画など)を続ける」
prefer アク [prɪfə́ːr] □□ 1244	動 の方を好む TG **prefer to *do* [*doing*]**「…する方を好む」 ▶ prefer ～ to *do*「～に…してほしい」 ▶ prefer *A* to *B*「BよりもAの方を好む」 (“A”“B” は名詞や動名詞。このtoは前置詞) □ préference 名 好み
hate [heɪt] □□ 1245	動 をひどく嫌う，憎む TG **hate to *do* [*doing*]**「…するのは嫌だ」 ▶ dislike(➡1240)よりも強い嫌悪感情を表す。 ▶ hate ～ to *do* [*doing*]「～に…してほしくない」 ▶ I hate to *do*(,) but ～.「…したくはありませんが，～」 (言いにくいことを切り出す決まり文句) 名 憎しみ，憎悪 ▶ hate speech「ヘイトスピーチ」(憎悪に基づいた演説) □ hatred [héɪtrɪd] 名 憎しみ，憎悪

I like eating but dislike cooking.	私は食べるのは好きだが料理するのは嫌いだ。
I started to learn sign language from her.	私は彼女から手話を習い始めた。
He began talking about his family.	彼は家族について語り始めた。
Our team continues to grow.	私たちのチームは成長し続けている。
I prefer drinking tea with milk and sugar.	私は紅茶はミルクと砂糖入りで飲む方が好きだ。
She hates to travel by plane.	彼女は飛行機で移動するのが大嫌いだ。

不定詞と動名詞《SVO》(O＝① to不定詞 or ②動名詞で意味が異なる)

try [traɪ] □□ 1246	動 (を)**試みる**；(を)試す TG ① **try to** *do*「…しようと試みる[努力する]」 TG ② **try** *doing*「(試しに)…してみる」 ▶ ①の意味でtry *doing*を使う場合もある。 名 試し；トライ □ tríal 名 試み，試し；裁判
remember [rɪmémbər] □□ 1247	動 (を)**覚えている**；(を)思い出す TG ① **remember to** *do* 「忘れずに…する，…するのを覚えておく」 TG ② **remember** *doing*「…したことを覚えている」 □ remémbrance 名 回想；記憶
forget [fərgét] □□ 1248	動 (を)**忘れる** TG ① **forget to** *do*「…するのを忘れる」 TG ② **forget** *doing*「…したことを忘れる」 ▶ ②は否定形で通例使用する。 活 forget - forgot [fərgá(:)t] - forgotten [fərgá(:)tən]
regret [rɪgrét] □□ 1249	動 (を)**後悔する**；を残念に思う TG ① **regret to** *do*「残念ながら…する」 TG ② **regret** *doing*「…したことを後悔している」 名 後悔；残念

名詞《物質名詞》

air [eər] □□ 1250	名 **空気，大気**；〔the ～〕空中 ▶ by air「空路で，飛行機で」

名詞の種類

　まず，数えられる名詞「可算名詞」(Ⓒ)と，数えられない名詞「不可算名詞」(Ⓤ)の2タイプでとらえる。そして，それぞれに特徴的な名詞として，5種類を整理して理解する。

〔可算名詞〕

① 普通名詞：同じ種類の物や人に共通で示される名称。a word(➡45)，books

② 集合名詞：同じような物や人の集まり全体。many people(➡863)，some families

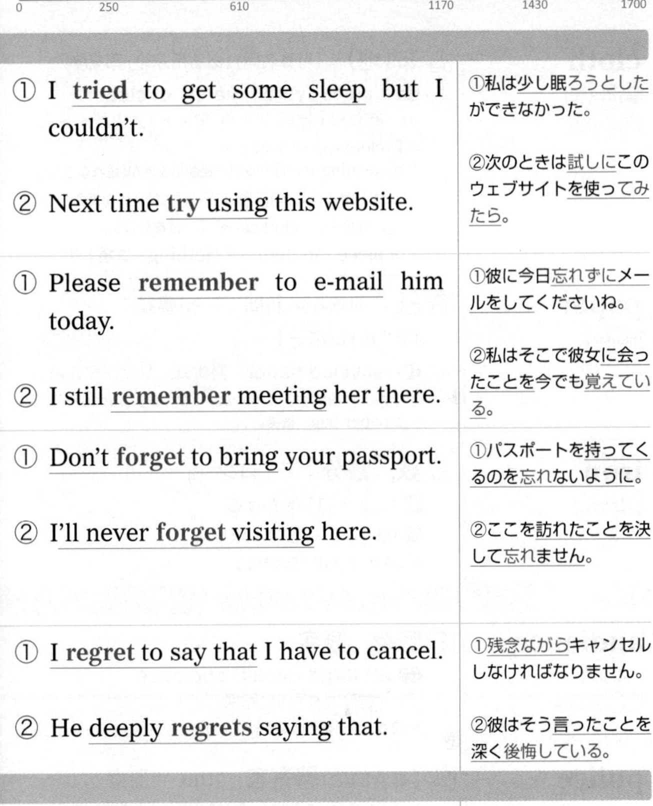

① I **tried** to get some sleep but I couldn't.	①私は少し眠ろうとしたができなかった。
② Next time **try** using this website.	②次のときは試しにこのウェブサイトを使ってみたら。
① Please **remember** to e-mail him today.	①彼に今日忘れずにメールをしてくださいね。
② I still **remember** meeting her there.	②私はそこで彼女に会ったことを今でも覚えている。
① Don't **forget** to bring your passport.	①パスポートを持ってくるのを忘れないように。
② I'll never **forget** visiting here.	②ここを訪れたことを決して忘れません。
① I **regret** to say that I have to cancel.	①残念ながらキャンセルしなければなりません。
② He deeply **regrets** saying that.	②彼はそう言ったことを深く後悔している。

We can't live without **air**.	私たちは空気なしでは生きられない。

〔不可算名詞〕
③ 物質名詞：一定の形を持たない物質の名称。light「光」(「照明」は普通名詞)，water(数えるときにはa glass of「1杯の」など単位の表現が必要)
④ 抽象名詞：形を持たない抽象概念の名称。weather(➡130)，homework (➡1022)
⑤ 固有名詞：特定の物・人・地名など固有の名称。Japan，Tokyo Bay(➡828)

cloth 発 [klɔ(:)θ] □□ 1251	名 **布(地)**；〔可算名詞〕(ある用途の)布切れ TG **a piece [yard / meter] of cloth** 「布(地)1枚[1ヤール[ヤード]／1メートル]」 ▶ 複 cloths [klɔ(:)ðz, klɔ(:)θs] ▶ a cleaning [wet] cloth「掃除用ふきん[濡れぶきん]」 □ clothing [klóuðɪŋ] 名 衣料品(衣類全体を集合的に指し，単数扱い。clothes(➡717)は複数扱い) a piece [an item] of clothing「衣類1点」
paper [péɪpər] □□ 1252	名 **紙**；〔可算名詞〕新聞；〔～s〕書類；(学生の)レポート TG **recycled paper**「再生紙，リサイクル紙」 ▶ a piece [sheet] of paper「1枚の紙」(sheet ➡708) ▶ a paper bag「紙袋」
iron 発 [áɪərn] □□ 1253	名 **鉄，鉄分**；アイロン 動 (に)アイロンをかける 形 (鉄のように)堅い；厳しい ▶ an iron will「鉄の意志」

名詞《集合名詞》

audience [ɔ́:diəns] □□ 1254	名 **聴衆，観客** TG **(a) large [small] audience** 「大勢の[少ない]聴衆」 ▶ 可算名詞。動詞は単数形で通例受けるが，複数形の場合もある。
police 発 アク [pəlí:s] □□ 1255	名 〔集合的に〕**警察官**；〔the ～〕警察 ▶ 不可算名詞，複数扱い。警官1人を表すときはa police officer(➡628)と言う。 ▶ call the police「警察を呼ぶ」 ▶ a police box「(日本の)交番，派出所」
staff [stæf] □□ 1256	名 **スタッフ，職員** TG **a staff member / a member of staff** 「スタッフの1人」 ▶ 米 は単数，英 は複数扱い。 ▶ a staff of three「3人のスタッフ，スタッフ3人」
furniture 発 [fə́:rnɪtʃər] □□ 1257	名 **家具** TG **a piece [an item] of furniture**「家具1点」

She used three yards of cotton **cloth** to make her costume.	彼女は自分の衣装を作るのに綿布3ヤール分を使った。
My family always buys recycled toilet **paper**.	私の家族は再生紙のトイレットペーパーをいつも買っている。
She tries to eat foods high in **iron**.	彼女は鉄分が多い食べ物を食べるようにしている。

The large **audience** cheered loudly.	大勢の聴衆が大歓声を送った。
Hundreds of **police** were gathered on the day.	当日は数百人の警官隊が招集された。
Three new **staff** members will be hired soon.	新しいスタッフが3人もうすぐ雇われる。
They bought some pieces of **furniture** for their apartment.	彼らはアパート用に家具を何点か購入した。

stuff [stʌf] □□ 1258	名 (漠然と)**物，こと**；(*one's* ～)持ち物 TG **all that stuff**「そんな物[こと]すべて」 ▶ 特に口語で用いられる，thingよりもくだけた表現。 ▶ pack *one's* stuff「荷物をまとめる[詰める]」 動 を詰め込む
baggage 発 [bǽɡɪdʒ] □□ 1259	名 **手荷物**(= 英 luggage) TG **a piece [an item] of baggage**「手荷物1つ」

名詞《抽象名詞》

information [ìnfərméɪʃən] □□ 1260	名 **情報**；案内 TG **a piece of information (about [on] ～)**「(～についての)情報1件」 □ infórm 動 に知らせる
ability [əbíləti] □□ 1261	名 **能力**；才能，力量 TG **ability to *do***「…する能力」 □ able ➡1313
advice ア [ədváɪs] □□ 1262	名 **助言，忠告** TG **advice on [about] ～**「～についての助言[忠告]」 ▶ a piece [word] of advice「助言[忠告]を1つ」 □ advíse 動 (人)に忠告[助言]する ▶ advise ～ to *do*「～(人)に…するよう助言[忠告]する」
beauty [bjú:ti] □□ 1263	名 **美，美しさ**；(可算名詞)美女 TG **natural beauty**「自然の美しさ」 □ béautiful 形 美しい
death [deθ] □□ 1264	名 **死**；(可算名詞)死亡 TG **after (*one's*) death**「(～の)死後」 ▶ to death「死ぬほど，ひどく；死に至るまで」 □ die ➡105 □ dead ➡879
freedom [frí:dəm] □□ 1265	名 **自由** TG **freedom to *do***「…する自由(な権利・状態)」 ▶ freedom of expression [speech]「表現[言論]の自由」 ▶ liberty ➡1103

Are you going to carry all that **stuff**?	そんなもの全部持って行くつもり？
There's space here for one more piece of **baggage**.	ここにもう１つ荷物を置くスペースがありますよ。
I got a useful piece of **information** about it.	私はそのことについて有益な情報を得た。
You have the **ability** to take action.	あなたには行動力がある。
Could you give me some **advice** on my speech?	私のスピーチについて何か助言をいただけますか。
We admired the natural **beauty** of the landscape.	私たちはその風景の自然美に見とれていた。
Some people believe in life after **death**.	死後の世界を信じる人もいる。
You have the **freedom** to express your thoughts openly.	あなたたちには自分の考えを率直に表現する自由があります。

peace [piːs] □□ 1266	名 **平和**；静けさ TG **at peace** (with ～)「(～と)平和で，友好的で」 ▶ in [at] peace「平穏で，安らかで」 □ péaceful 形 平和(的)な；穏やかな

名詞《使い分けに注意すべき名詞》

customer [kʌ́stəmər] □□ 1267	名 (店の)**客，顧客** TG **a regular customer**「常連客」 ▶ *one's* best [biggest] customer「得意客，大口顧客」
guest [gest] □□ 1268	名 **(招待)客，ゲスト**，来客；宿泊客 TG **invite a guest**「客を招待する」 ▶ as a guest of ～「～の招待客として」 ▶ Be my guest.「ご自由にどうぞ」(許可の求めに応じて)
habit [hǽbɪt] □□ 1269	名 (個人の)**習慣，癖** TG **from [out of] habit**「習慣で，癖で」 ▶ have a habit of *doing*「…する習慣[癖]がある」
custom [kʌ́stəm] □□ 1270	名 (社会的)**慣習，風習**；〔*one's* ～〕(個人の)習慣；〔～s〕税関，関税 TG **It is the custom** (for ～) **to *do*.** 「(～が)…するのが慣習だ」
fee [fiː] □□ 1271	名 (入場・加入などの)**料金，会費**；(弁護士など専門職への)謝礼 TG **an entrance fee**「入場料」 ▶ a school fee「授業料」
fare [feər] □□ 1272	名 (交通機関の)**運賃，料金** TG **What [How much] is the fare?** 「運賃はいくらですか」 ▶ bus [train / taxi] fare「バス[列車／タクシー]料金」 ▶ a round-trip fare「往復運賃」
appointment [əpɔ́ɪntmənt] □□ 1273	名 (面会の)**約束，**(医者などの)**予約** TG **have an appointment** (with ～) 「(～と)約束[予約]がある」 ▶ 飲食店やホテルなどの「予約」はreservation。 ▶ make an appointment「約束[予約]する」 □ appóint 動 を指定する；を任命する

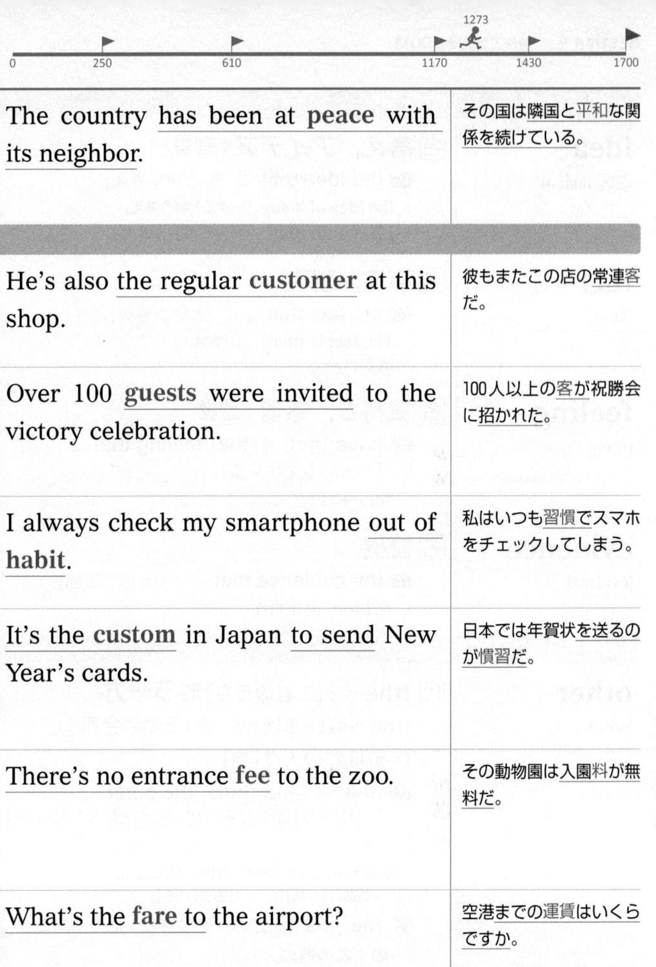

The country has been at **peace** with its neighbor.	その国は隣国と平和な関係を続けている。
He's also the regular **customer** at this shop.	彼もまたこの店の常連客だ。
Over 100 **guests** were invited to the victory celebration.	100人以上の客が祝勝会に招かれた。
I always check my smartphone out of **habit**.	私はいつも習慣でスマホをチェックしてしまう。
It's the **custom** in Japan to send New Year's cards.	日本では年賀状を送るのが慣習だ。
There's no entrance **fee** to the zoo.	その動物園は入園料が無料だ。
What's the **fare** to the airport?	空港までの運賃はいくらですか。
I have an **appointment** with him at 5 p.m.	彼と午後5時に約束があります。

名詞《名詞＋that節(＝名詞を説明)》

idea 発 ア [aɪdíːə] □□ 1274	名 **考え，アイデア**；理解 TG **the idea that ...**「…という考え」 ▶ the idea of *doing*「…するという考え」 ▶ I have no idea.「見当も付きません」
fact [fækt] □□ 1275	名 **事実，現実** TG **the fact that ...**「…という事実[現実]」 ▶ The fact is (that) ....「実は…」 ▶ in fact ➡ 1414
feeling [fíːlɪŋ] □□ 1276	名 **気持ち，感情**；感覚 TG **have [get] a [the] feeling that ...** 「…という気がする」 □ feel ➡ 1224
evidence [évɪdəns] □□ 1277	名 **証拠** TG **the evidence that ...**「…という証拠」 □ évident 形 明白な

代名詞《不定代名詞》

other [ʌ́ðər] □□ 1278	代 〔the ～〕(二者のうち)**もう一方**， 〔the ～s〕(三者以上のうち)その他全部； 〔～s〕ほかの人々[物] TG **one ～, (and [but]) the other ...** 「1人[1つ]は～，(そして[だが])もう1人[1つ]は…」 ▶ some ～, (and [but]) (the) others ... 「～もあれ[いれ]ば，…もある[いる]」 形 〔the ～〕もう一方の，その他の；他の；向こうの；この前の ▶ the other day「先日」

「不定代名詞」: **one, some, other(s)** (➡ 1278), **the other(s), another** (➡ 1279)

one(1つ) ←● ■→ **the other**(残りのもう1つ)

one(1つ) ←● ■■■→ **the others**(残り全部)

one(1つ) ←● ■■■→ **another**(他のどれか1つ)

I don't like the **idea** that wealth is everything.	富がすべてだという考えは好きではない。
He should accept the **fact** that everyone is different.	彼は人はみな違うという事実を受け入れた方がよい。
I had a **feeling** that she was avoiding me.	私は彼女が私のことを避けている気がした。
There's no **evidence** that he has lied.	彼が嘘をついているという証拠は何もない。

One is sour, and the **other** is sweet.	1つは酸っぱくて，もう1つの方は甘いね。

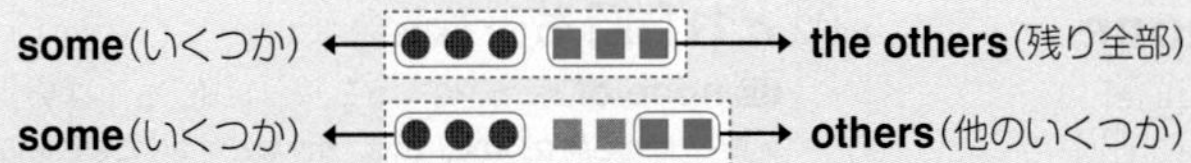

another
[ənʌ́ðər]
□□ 1279

代 (同じ種類のうちの不特定な)**別の物[人]**；(同じ種類のうちの)**もう1つ[1人]**

TG **another of** (*one's*) ～「～の別の1つ[1人]」

形 別の；もう1つ[1人]の；さらに

▶ This jacket is too small. Show me another one.
「このジャケットは小さすぎます。別のを見せてください」

each
[iːtʃ]
□□ 1280

代 **それぞれ**

TG **each of** ～「～のそれぞれ」

▶ "～" は代名詞やthe, these, myなどがついた複数形の名詞。この表現が主語のとき，動詞は単数で通例受ける。

形 それぞれの　副 それぞれに

both
発 [boʊθ]
□□ 1281

代 **両方**

TG **both of** ～「～の両方とも」

▶ "～" の扱いはeach(➡1280)を参照。

形 両方の

either
[íːðər]
□□ 1282

代 (二者のうち)**どちらか，どちらでも**

TG **either of** ～「～の(うち)どちらか」

▶ "～" の扱いはeach(➡1280)を参照。この表現が主語のとき，動詞は単数(原則)または複数(略式)で受ける。

形 どちらかの，どちらでも

副 〔否定文で〕～もまた…ない

▶ either *A* or *B*「AかBかどちらか」

neither
[níːðər]
□□ 1283

代 (二者のうち)**どちらも…ない**

TG **neither of** ～「～の(うち)どちらも…ない」

▶ "～" の扱いはeach(➡1280)を参照。この表現が主語のとき，動詞の扱いはeither(➡1282)と同じ。

▶ 三者以上についてはnone(➡1284)を用いる。

形 どちらの～も…ない

副 ～もまた…ない

▶ neither *A* nor *B*「AもBも…ない」

none
発 [nʌn]
□□ 1284

代 **どれ[誰]も…ない**

TG **none of** ～「～の(うち)どれ[誰]も…ない」

▶ "～" は代名詞や，the, this, myなどがついた複数形の名詞または不可算名詞。この表現が主語で "～" が複数形のとき，動詞は単数(原則)または複数(略式)で受ける。

This is another of my favorite photos.	これは私が大好きな写真の別の１枚です。
Each of the students has their own dream.	生徒の一人ひとりが自分だけの夢を持っている。
Both of her brothers are smart.	彼女の兄弟は二人とも賢い。
Has either of them been to the country?	彼らのうちのどちらかはその国に行ったことがありますか。
Neither of these addresses was correct.	これらの住所はどちらも正しくなかった。
None of my homework is done.	私の宿題はどれも片付いていない。

something [sʌ́mθɪŋ] □□ 1285	代 何か TG **something to *do***「何か…するもの」 ▶ 疑問文で相手の肯定的な返答を期待するときは，anything ではなく something を用いる。
anything [éniθìŋ] □□ 1286	代 〔否定文で〕何も(～ない)；〔疑問文・if節で〕何か；〔肯定文で〕何でも TG **not ～ anything**「何も～ない」 ▶ anything や anyone(➡ 1291)の後に not ～ など否定表現を続ける語順は不可。
nothing 発 [nʌ́θɪŋ] □□ 1287	代 何も～ない TG **There is nothing** (in ～)「(～には)何もない」 ▶ for nothing「無料で」 名 重要ではない[取るに足りない]こと[人]
everything [évriθìŋ] □□ 1288	代 すべての物[こと] ▶ everything が主語のとき，動詞は単数で受ける。
everyone [évriwʌ̀n] □□ 1289	代 みんな，誰でも(≒ everybody) TG **not everyone** ～「誰もが～わけではない」 ▶ 部分否定。 ▶ everyone [everybody]が主語のとき，動詞は単数で受ける。
someone [sʌ́mwʌ̀n] □□ 1290	代 誰か，ある人(≒ somebody) TG **someone like** ～「誰か～のような人」 ▶ 疑問文での使用は，相手の肯定的な反応を期待。 Will someone please decide? 「誰か決めてもらえませんか」(ほぼ依頼に近いニュアンス)
anyone [éniwʌ̀n] □□ 1291	代 〔疑問文で〕誰か；〔否定文で〕誰も(～ない)；〔肯定文で〕誰でも(≒ anybody) ▶ Anyone is welcome.「どなたでも大歓迎です」(肯定文)
nobody アク [nóubədi] □□ 1292	代 誰も～ない(≒ no one) ▶ nobody の後にさらに not など否定語句を用いないこと。 名 取るに足りない人

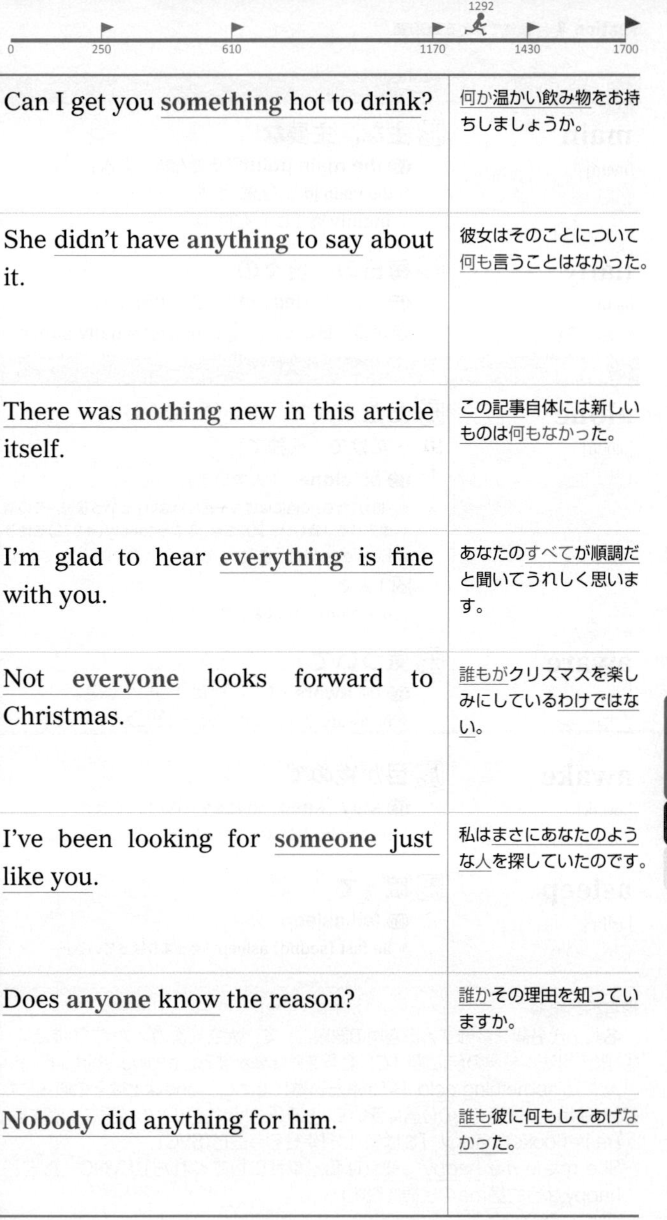

Can I get you **something** hot to drink?	何か温かい飲み物をお持ちしましょうか。
She didn't have **anything** to say about it.	彼女はそのことについて何も言うことはなかった。
There was **nothing** new in this article itself.	この記事自体には新しいものは何もなかった。
I'm glad to hear **everything** is fine with you.	あなたのすべてが順調だと聞いてうれしく思います。
Not **everyone** looks forward to Christmas.	誰もがクリスマスを楽しみにしているわけではない。
I've been looking for **someone** just like you.	私はまさにあなたのような人を探していたのです。
Does **anyone** know the reason?	誰かその理由を知っていますか。
Nobody did anything for him.	誰も彼に何もしてあげなかった。

形容詞《限定用法》

main
[meɪn]
□□ 1293

形 **主な，主要な**

TG **the main point**「重要な点，要点」

▶ the main idea「主題，本題」

□ máinly 副 主に；大部分は

---

daily
[déɪli]
□□ 1294

形 **毎日の，日々の**

TG (*one's*) **daily life**「日常生活」

副 毎日，日ごとに　名 日刊新聞(= daily paper)

形容詞《叙述用法》

alone
[əlóun]
□□ 1295

形 **ただ1人で**，自分(たち)だけで；〜だけで；孤独で

TG *be* **alone**「1人でいる」

▶「自分(たち)の他には誰も一緒にいない」という状況。その結果生じる「寂しい」気持ちは，ふつうlonely(➡939)を使う。

▶ Leave me alone.「放っておいてくれ；1人にしてくれ」

副 1人で

▶ live alone「1人で暮らす」

---

aware
[əwéər]
□□ 1296

形 **気づいて**

TG *be* **aware of** 〜「〜に気づいている」

▶ *be* aware (that) ...「…ということに気づいている」

---

awake
[əwéɪk]
□□ 1297

形 **目が覚めて**

TG **stay** [**keep**] **awake**「寝ないで起きている」

▶ lie awake「横になって起きて[目を覚まして]いる」

---

asleep
[əslíːp]
□□ 1298

形 **眠って**

TG **fall asleep**「寝入る」

▶ *be* fast [sound] asleep「ぐっすり眠っている」

形容詞の語順

名詞・代名詞を修飾する形容詞の語順として，大きく次の2タイプがある。

① 限定用法：名詞の前に置いて，名詞を直接修飾する。a blue shirt「青いシャツ」，something cold「何か冷たい物」(-thing，-oneなどはその直後に)

② 叙述用法：補語(C)の位置に置いて，主語(S)や目的語(O)の名詞を説明する。
He is [looks] happy.「彼は幸せだ[幸せそうだ]」(SVC)
She made *me* happy.「彼女は私を幸せにしてくれた」(SVOC，形容詞happyは目的語meの状態を説明)

Did you get the **main** points of his speech?	彼のスピーチの要点はわかりましたか。
Music is a part of my **daily** life.	音楽は私の日常生活の一部だ。

He likes being **alone** and never feels lonely.	彼は1人でいるのが好きで，寂しく感じることはない。
We were well **aware** of the problem.	私たちはその問題を十分認識していた。
I was so tired I couldn't stay **awake**.	私はとても疲れていたので起きていられなかった。
She fell **asleep** during the lecture.	彼女は講義中に寝入ってしまった。

多くの形容詞は，① 限定・② 叙述の両用法を持つが，どちらかの働きしかないものもある。

①②の両方：① a great *idea*「すばらしい考え」，② *the idea* is great「その考えはすばらしい」(➡75)

①のみ：the chief *problem* (➡432)

②のみ：*I* was afraid of dogs. (➡86)

alive 発 [əláɪv] □□ 1299	形 **生きて(いる)**；生き生きして TG *be* (**still**) **alive**「(まだ)生きている」 ▶ 限定用法ではlive [laɪv] やlivingを用いる。live animals「生きている動物」/ all living things「すべての生き物」
alike [əláɪk] □□ 1300	形 **似ている，同様な** TG *be* **alike**「似ている」 ▶ 限定用法ではsimilar(➡ 1508)を用いる。 ▶ look alike「(外見が)似ている」 副 同じように

形容詞《①限定用法と②叙述用法で意味が異なる形容詞》

right [raɪt] □□ 1301	形 ①**右の**；正しい，適切な TG **on the right side**「右側に」 ②(判断・行動などについて)**正しい**；正確な TG *be* **right about** ～「～について正しい」 副 すぐに；ちょうど；右に 名 正しいこと；権利；右
present ア [prézənt] □□ 1302	形 ①**現在の** TG **at the present time**「現時点で」 ▶ *one's* present address「現住所」 ②**出席して** TG *be* **present at** [**in**] ～「～に(出席して)いる」 名 現在；贈り物 動 [prɪzént] を贈呈する；を提示する □ présence 名 出席；存在 □ presentátion 名 提出；プレゼンテーション
certain [sə́ːrtən] □□ 1303	形 ①**ある**，例の；いくぶん TG **for a certain reason**「ある理由で，都合により」 ②(人が)**確信して，確かで** TG *be* **certain** (**that**) ...「…ということを確信している」 ▶ *be* certain about [of] ～「～を確信している」 ▶ *be* certain to *do*「確実に…する」 □ cértainly 副 確かに；もちろん

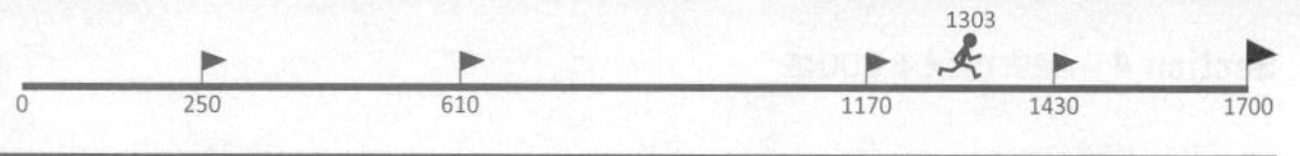

My grandparents are still **alive** and enjoying life.	祖父母はまだ健在で人生を楽しんでいます。
They are very much **alike** in some ways.	彼らはある点においては実によく似ている。

① Touch the button on the **right** side of the screen. ② You were **right** about that.	①画面の右側にあるボタンに触れてください。 ②それについてはあなたが正しかった。
① We have no information at the **present** time. ② He wasn't **present** at the graduation ceremony.	①現時点で私たちには何も情報がない。 ②彼は卒業式に出席していなかった。
① He quit his job for **certain** personal reasons. ② I'm **certain** she will agree.	①彼はある個人的な理由で仕事を辞めた。 ②私は彼女が賛同してくれると確信している。

形容詞《分詞形容詞》

1304 **interested** [íntərəstɪd] □□

形 **興味を持って**

TG *be* **interested in** ～「～に興味がある」

□ ínteresting 形 興味深い，おもしろい

□ ínterest 動 に興味を抱かせる　名 興味，関心

1305 **surprised** [sərpráɪzd] □□

形 **驚いて**

TG *be* **surprised at** [**by**] ～「～に驚く」

□ surprísing 形 驚くべき

▶ It's not surprising (that) ....「…は驚くに当たらない」

□ surpríse 動 を驚かす　名 驚き；驚くべきこと

1306 **tired** [táɪərd] □□

形 **飽きて，うんざりして**；疲れて

TG *be* **tired of** ～「～に飽きて[うんざりして]いる」

▶ *be* tired from ～「～で疲れている」

▶ get tired「疲れる」

□ tire 動 をうんざりさせる；を疲れさせる

1307 **pleased** [pliːzd] □□

形 **喜んで**

TG *be* **pleased with** [**about** / **by** / **at**] ～「～に喜んで[満足して]いる」

▶ *be* pleased to *do*「…してうれしい」
(I'm) Pleased to meet you.「お目にかかれて光栄です」

□ please 動 を喜ばせる；好む　間 どうぞ，どうか

1308 **satisfied** [sǽtɪsfàɪd] □□

形 **満足して**

TG *be* **satisfied with** ～「～に満足している」

□ sátisfying 形 満足のいく，十分な

□ sátisfy 動 を満足させる

1309 **bored** [bɔːrd] □□

形 **退屈して，うんざりして**

TG **get bored with** [**of**] ～「～に退屈[うんざり]する」

□ bóring 形 退屈な，うんざりするような

□ bore 動 を退屈[うんざり]させる　名 退屈な人

分詞形容詞

動詞の現在分詞（-ing）と過去分詞（-edなど）は，形容詞として広く用いられる。現在分詞と過去分詞では意味・用法の使い分けに注意する。
〔例〕interest 動（人）に興味を持たせる ⇒ interesting「（人に）興味を持たせるような，興味深い」，interested「（人が）興味を持って」(➡ 1304)

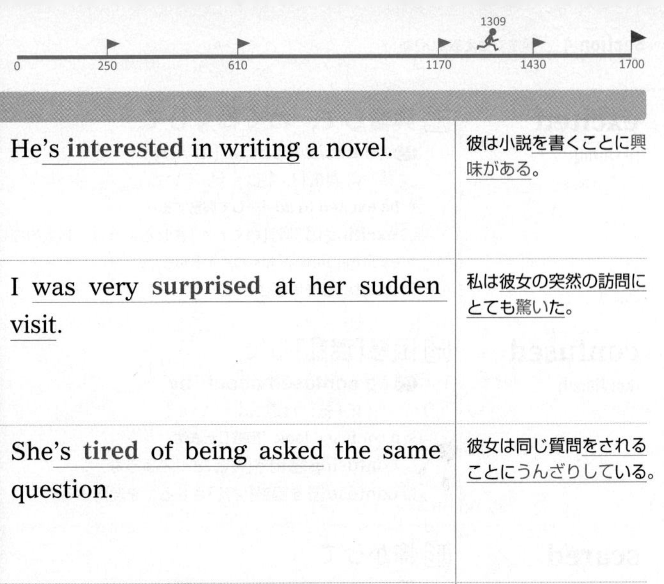

He's **interested** in writing a novel.	彼は小説を書くことに興味がある。
I was very **surprised** at her sudden visit.	私は彼女の突然の訪問にとても驚いた。
She's **tired** of being asked the same question.	彼女は同じ質問をされることにうんざりしている。
We're very **pleased** with his recovery.	私たちは彼の回復にとても喜んでいる。
She wasn't **satisfied** with its quality.	彼女はその品質に満足してはいなかった。
I'm getting **bored** with social media.	私はSNSに飽きてきた。

動 The news interested him. 「その知らせは彼に興味を持たせた」
形 *The news* was interesting to him. 「その知らせは彼にとって興味深かった」
形 That was an interesting *news*. 「それは興味深い知らせだった」
形 *He* was interested in the news. 「彼はその知らせに興味を持った」

excited [ɪksáɪtɪd] □□ 1310	形 **興奮して，わくわくして** TG *be* **excited about** [at / by] ～ 「～に興奮[わくわく]している」 ▶ *be* excited to *do*「…して興奮する」 □ excíting 形 興奮[わくわく]させるような，刺激的な ▶ exciting news「わくわくする知らせ」 □ excíte 動 を興奮させる
confused [kənfjúːzd] □□ 1311	形 **困惑[混乱]して** TG *be* **confused about** [by] ～ 「～に戸惑う[混乱している]」 ▶ a confused look「困惑した表情」 □ confúsing 形 困惑[混乱]させるような □ confúse 動 を困惑[混乱]させる；を混同する
scared [skeərd] □□ 1312	形 **怖がって** TG *be* **scared of** ～「～が怖い」 ▶ *be* scared to *do*「怖くて…できない」 □ scare 動 を怖がらせる　名 恐怖；不安 □ scáry 形 恐ろしい，怖い

形容詞《形容詞＋to不定詞》

able [éɪbl] □□ 1313	形 **できる**（⇔ unable 形 できない） TG *be* **able to** *do*「…することができる」 □ abílity ➡ 1261
likely [láɪkli] □□ 1314	形 **ありそうな**（⇔ unlikely 形 ありそうもない） TG *be* **likely to** *do*「…しそうである」 ▶ It is likely (that) ....「…である可能性が高い」
sure [ʃʊər] □□ 1315	形 **確信して** TG *be* **sure to** *do*「きっと[必ず]…する(と思う)」 ▶ 話者の確信を表す。右の例文はI'm sure (that) she will pass the exam. とも表せる。 ▶ Be sure to *do*.「必ず…しなさい」 ▶ *be* sure of [about] ～「～を確信している」 副 〔返答で〕もちろん，いいですよ；確かに ▶ It sure is.「確かにそうだね」

They're really **excited** about their trip to Mexico.	彼らはメキシコへの旅行にとてもわくわくしている。
I'm still **confused** about what to do next.	私は次に何をすべきかまだ戸惑っている。
He's really **scared** of insects.	彼は虫が怖くてしかたがない。
You'll be **able** to watch a beautiful sunset there.	そこでは美しい夕焼けを見ることができるでしょう。
The beach is **likely** to be crowded tomorrow.	そのビーチは明日は混雑しそうだ。
She's **sure** to pass the exam.	彼女はきっと試験に受かるよ。

ready 発 [rédi] □□ 1316	形 **準備[用意]のできた** TG *be* **ready to** *do*「…する準備[用意]ができている；進んで…する；…しそうである」 ▶ You're always ready to help me. 「あなたはいつも進んで私を手助けしてくれる」 ▶ *be* ready for ～「～の用意ができている」
eager [íːgər] □□ 1317	形 **熱望して**；熱心な TG *be* **eager to** *do*「ぜひ…したいと熱望する」 ▶ *be* eager for ～「～を熱望している」

形容詞《It is＋形容詞(＋of＋人)＋to不定詞》

polite アク [pəláɪt] □□ 1318	形 **礼儀正しい，丁寧な** (⇔ impolite 形 失礼な，rude(➡1322)) TG **It is polite** (**of** ～) **to** *do*. 「…するとは(～は)礼儀正しい」 ▶ *be* polite to ～「～に(対して)礼儀正しい」 □ polítely 副 礼儀正しく，丁寧に
clever [klévər] □□ 1319	形 **利口な**；巧妙な；抜け目のない TG **It is clever** (**of** ～) **to** *do*. 「…するとは(～は)利口だ」 ▶ a clever idea「うまい考え」
brave [breɪv] □□ 1320	形 **勇敢な** TG **It is brave** (**of** ～) **to** *do*. 「…するとは(～は)勇気がある」
wise [waɪz] □□ 1321	形 **賢明な，賢い** TG **It is wise** (**of** ～) **to** *do*. 「…するとは(～は)賢明だ」 □ wísely 副 賢く □ wísdom 名 賢明さ；知恵
rude [ruːd] □□ 1322	形 **失礼な** TG **It is rude** (**of** ～) **to** *do*. 「…するとは(～は)失礼だ」 ▶ *be* rude to ～「～に失礼だ」

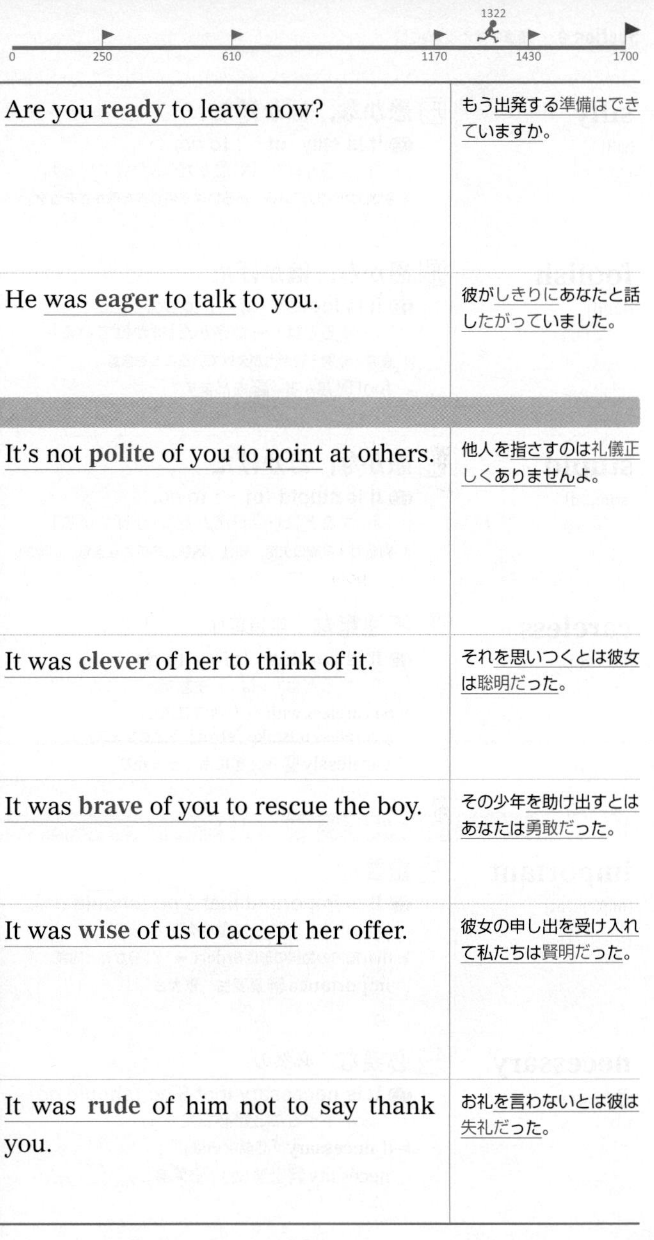

Are you **ready** to leave now?	もう出発する準備はできていますか。
He was **eager** to talk to you.	彼がしきりにあなたと話したがっていました。
It's not **polite** of you to point at others.	他人を指さすのは礼儀正しくありませんよ。
It was **clever** of her to think of it.	それを思いつくとは彼女は聡明だった。
It was **brave** of you to rescue the boy.	その少年を助け出すとはあなたは勇敢だった。
It was **wise** of us to accept her offer.	彼女の申し出を受け入れて私たちは賢明だった。
It was **rude** of him not to say thank you.	お礼を言わないとは彼は失礼だった。

silly [síli] □□ 1323	形 **愚かな，ばかげた** TG **It is silly (of ～) to *do*.** 「…するとは(～は)愚かだ[ばかげている]」 ▶ 判断力が欠けている，あるいは子供じみた愚かさを含意。
foolish [fúːlɪʃ] □□ 1324	形 **愚かな，ばかげた** TG **It is foolish (of ～) to *do*.** 「…するとは(～は)愚かだ[ばかげている]」 ▶ 良識・分別・判断力が欠けていることを含意。 □ fool 名 愚か者 動 をだます
stupid [st*j*úːpəd] □□ 1325	形 **愚かな，ばかげた** TG **It is stupid (of ～) to *do*.** 「…するとは(～は)愚かだ[ばかげている]」 ▶ 判断力・良識の欠落，知性・理解力の低さを含意。口語的。
careless [kéə*r*ləs] □□ 1326	形 **不注意な**；無頓着な TG **It is careless (of ～) to *do*.** 「…するとは(～は)不注意だ」 ▶ *be* careless with ～「～に不注意だ」 ▶ a careless mistake [error]「不注意なミス」 □ cárelessly 副 不注意にも，うっかり

形容詞《It is＋形容詞＋that節》

important [ɪmpɔ́ː*r*tənt] □□ 1327	形 **重要な** TG **It is important that *S do* [should *do*].** 「Sが…することは重要だ」 ▶ that節内の動詞の形はorder(➡1214)などと同様。 □ impórtance 名 重要性，重大さ
necessary ア [nésəsèri] □□ 1328	形 **必要な**，必然の TG **It is necessary that *S do* [should *do*].** 「Sが…することが必要だ」 ▶ if necessary「必要ならば」 □ necéssity 名 必要(性)；必需品

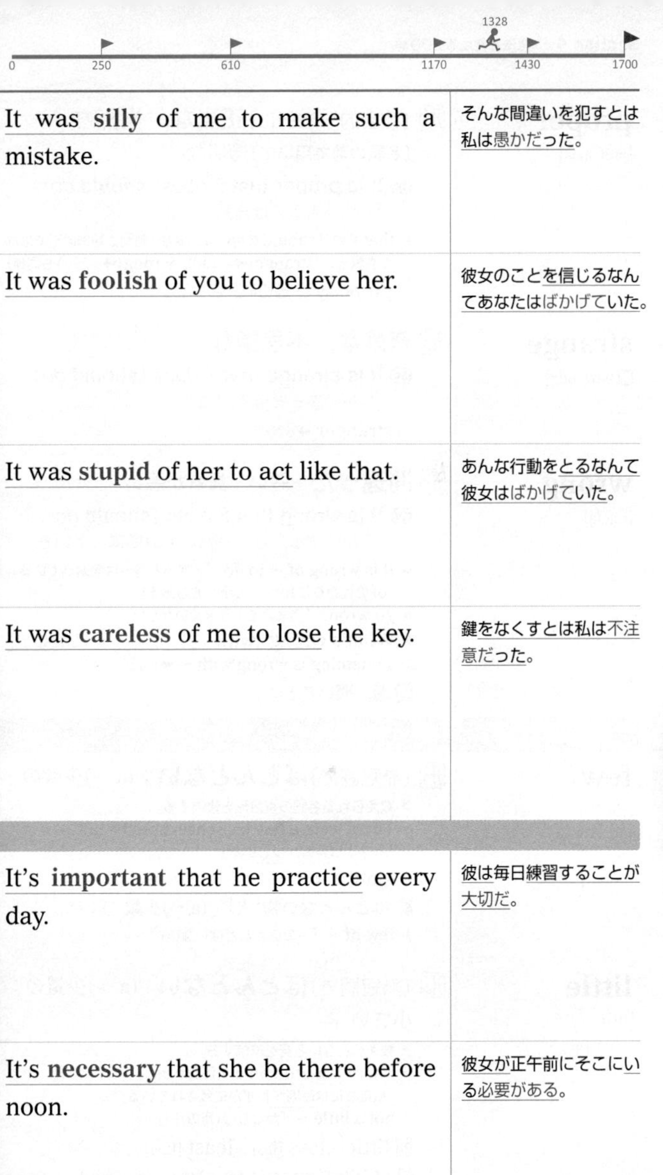

It was **silly** of me to make such a mistake.	そんな間違いを犯すとは私は愚かだった。
It was **foolish** of you to believe her.	彼女のことを信じるなんてあなたはばかげていた。
It was **stupid** of her to act like that.	あんな行動をとるなんて彼女はばかげていた。
It was **careless** of me to lose the key.	鍵をなくすとは私は不注意だった。
It's **important** that he practice every day.	彼は毎日練習することが大切だ。
It's **necessary** that she be there before noon.	彼女が正午前にそこにいる必要がある。

proper
[prɑ́(ː)pər]
□□ 1329

形 (社会的・法的に)**正当な，当然な**；
〔名詞の前で用いて〕適切な

TG **It is proper that** *S does* [**should** *do*].
「Sが…するのは当然だ」

▶ that節内でshouldを用いない場合，動詞は通例原形ではなく直説法。(strange(➡1330)，wrong(➡1331)も同様)

□ próperly 副 適切に，きちんと

strange
発 [streɪndʒ]
□□ 1330

形 **奇妙な，不思議な**

TG **It is strange that** *S does* [**should** *do*].
「Sが…するとは不思議だ」

□ stránger ➡870

wrong
[rɔ(ː)ŋ]
□□ 1331

形 **間違った**；悪い；具合が悪い

TG **It is wrong that** *S does* [**should** *do*].
「Sが…することは(道義的に)間違っている」

▶ It is wrong of ～ to *do*.「…するとは～は間違っている」(ofの代わりにfor ～ の示し方もある)

▶ go wrong「間違える；うまくいかない」

▶ What's wrong (with ～)?「(～を)どうしたの？」

▶ something is wrong with ～ ➡1429

名 悪，悪いこと

形容詞《準否定語「ほとんど～ない」》

few
[fjuː]
□□ 1332

形 〔無冠詞で〕**ほとんどない**；〔a ～〕少数の

▶ 数えられる名詞の複数形を修飾する。

▶ There were a few passengers on the bus.
「バスには乗客が少しいた」

▶ quite a few ～「かなり多数の～」

代 ほとんどない物[人]；〔a ～〕少数

▶ few of ～「～のほとんどは…ない」

little
[lítl]
□□ 1333

形 〔無冠詞で〕**ほとんどない**；〔a ～〕少量の；
小さい

▶ 数えられない名詞を修飾する。

▶ There is a little time left for us.
「私たちには時間がわずかに残されている」

▶ not a little ～「かなりの(量の)～」

活 little - less [les] - least [liːst]

副 ほとんど～ない；〔a ～〕少し(は)

代 ほとんどない物[人]；〔a ～〕少量，少し

It's proper that we respect our seniors.	私たちが年長者を敬うのは当然だ。
It's strange that she doesn't remember.	彼女が覚えていないとは不思議だ。
It's wrong that he wasn't punished for that.	彼がそのことで罰を受けなかったのは間違っている。
There were few passengers on the bus.	バスには乗客がほとんどいなかった。
There is little time left for us.	私たちには時間がほとんど残されていない。

形容詞・副詞《形容詞と副詞で同形の語》

late
[leɪt]
□□ 1334

形 **遅れた**；遅い
TG ***be* late for** ～「～に遅れる」
▶ a late lunch「遅い昼食」
副 **遅く，遅れて**；終わり近くに
TG **late at night**「夜遅くに」
▶ late in July「7月下旬に」
活〔時間〕late - later [léɪtər] - latest [léɪtɪst]
活〔順序〕late - latter [lǽtər] - last [læst]
▶ latestには 形「最新の，最近の」の意味もある。

far
[fɑːr]
□□ 1335

形 **遠い方の**
TG **far end［side］of** ～「～の向こう側」
▶ for further information「(さらなる)詳細については」
副 **遠くに[へ]**；はるかに
TG **far (away) from** ～「～から遠くに」
▶ so far「これまでのところ」➡1420
▶ How far ...?「どれくらい遠くに…ですか」
活〔距離〕
far - farther [fɑ́ːrðər] - farthest [fɑ́ːrðɪst]
活〔距離・程度・時間〕
far - further [fə́ːrðər] - furthest [fə́ːrðɪst]

hard
発 [hɑːrd]
□□ 1336

形 **難しい，困難な**；熱心な；硬い
TG **It is hard (for ～) to *do*.**
「…するのは(～には)難しい」
▶ a hard day「大変な1日」
▶ a hard worker「働き者，努力家」
副 **懸命に，熱心に**；力を込めて；激しく
TG **try hard**「懸命に努力する」
▶ rain hard「激しく雨が降る」

fast
[fæst]
□□ 1337

形 **速い，素早い**
TG **the fastest way**「最速の方法」
副 **速く**；すぐに
TG **speak［talk］fast**「早口で話す」

He was almost late for work today.	今日，彼はもう少しで仕事に遅れるところだった。
I had to study until late at night last week.	先週は夜遅くまで勉強しなければならなかった。
You'll find a juice stand at the far end of this pond.	この池の向こう側にジュースの売店がありますよ。
I live far away from the station.	私は駅から遠く離れたところに住んでいる。
It's still hard for him to use chopsticks.	箸を使うのは彼にはまだ難しい。
Try harder if you want to get good grades.	良い成績を取りたいなら，いっそう努力すること。
What's the fastest way to learn English?	英語を学ぶ最速の方法とは何だろう？
She spoke so fast that nobody understood her.	彼女があまりに早口なので，誰も彼女の話がわからなかった。

deep [diːp] □□ 1338	形 **深い**；(深さが)〜の TG **deep snow** [**water**]「深い雪[海]」 ▶ two meters deep「深さ2メートルで」 副 **深く(に)** TG **deep into** 〜「〜の奥深く」 ▶ deep into *one's* heart「心の奥では[まで]」 □ déeply 副 非常に；(程度が)深く ▶ love 〜 deeply「〜をとても愛している」 ▶ sleep deeply「深く眠る」
direct [dərékt] □□ 1339	形 **直接の**；まっすぐな TG **a direct link** [**connection**]「直接の関係」 ▶ a direct flight「直行便」 副 **直接に，まっすぐに** TG **direct to** 〜「〜に(乗り継ぎなどせず)直通で」 動 を向ける；を指揮する □ diréctly 副 直接に，じかに
well [wel] □□ 1340	形 **健康で** TG **get well**「(具合が)良くなる」 ▶ feel well「気分[調子]がよい」 副 **十分に，よく**；上手に TG **go well**「(事が)うまくいく」 ▶「(人が)うまくいく」はdo well。 ▶ well-known「よく知られた」 ▶ as well「…もまた」 活 well - better [bétər] - best [best] 間 えーと；では，さて(ためらい，会話の終了，話題を変えるときなどのつなぎ言葉として) 名 井戸
wide [waɪd] □□ 1341	形 (幅・範囲が)**広い**；(幅が)〜の TG **a wide choice of** 〜「幅広い選択肢の〜」 ▶ one meter wide「幅1メートルで」 副 **大きく(開いて)，すっかり** TG **wide open**「広く開いて」 ▶ wide awake「すっかり目が覚めて」 □ wídely 副 広範囲に；はなはだ

They walked on in **deep** snow to the lodge.	彼らは深い雪の中ロッジまで歩き続けた。
She looked **deep** into my eyes and whispered.	彼女は私の目をじっと見てささやいた。
There was no **direct** link between the two.	その両者の間に直接の関係はなかった。
He flew **direct** to London.	彼はロンドンに直行便で飛んだ。
I hope you get **well** soon.	すぐによくなるといいですね。
Things are going **well** for me now.	私に関しては今のところ順調にいっています。
That shop has a **wide** choice of souvenirs.	あの店は土産物の品揃(ぞろ)えが幅広い。
Please leave the door **wide** open.	ドアは広く開けたままにしておいてください。

pretty 発 [príti] □□ 1342	形 **かわいい**；すてきな TG **look pretty**「かわいく見える」 ▶ a pretty name「すてきな名前」 副 **かなり** TG **pretty much [well]**「ほとんど」 ▶ pretty wellは「かなりよく」の意味でも使われる。
sharp [ʃɑːrp] □□ 1343	形 **鋭い，とがった**；急な TG **a sharp knife**「鋭いナイフ」 ▶ a sharp pencil「先のとがった鉛筆」 (「シャープペンシル」はa mechanical pencil) 副 **ちょうど，きっかり** TG **at ～ o'clock sharp**「～時きっかりに」

副詞《完了形の文でよく用いられる副詞》

just [dʒʌst] □□ 1344	副 **たった今，ちょうど(～したばかり)**； ちょうど；単に ▶ 現在完了形のほか，過去形でも用いられる。 ▶ just now「たった今」(過去形または現在形で)
already [ɔːlrédi] □□ 1345	副 **もう，すでに**
recently [ríːsəntli] □□ 1346	副 **(ここ)最近** ▶ 現在完了形のほか，過去形でも用いられる。 □ récent ➡1587
lately [léɪtli] □□ 1347	副 **(ここ)最近** ▶ 完了(進行)形の文で通例用いられる。
yet [jet] □□ 1348	副 〔否定文で〕**まだ(～ない)**；〔疑問文で〕もう ▶ Have you seen her yet?「彼女にはもう会いましたか」 接 けれども
ever [évər] □□ 1349	副 **これまでに，かつて**；ずっと ▶ ... than ever「これまでになく…」(比較級・最上級と共に) ▶ ever since ～「～以来ずっと」

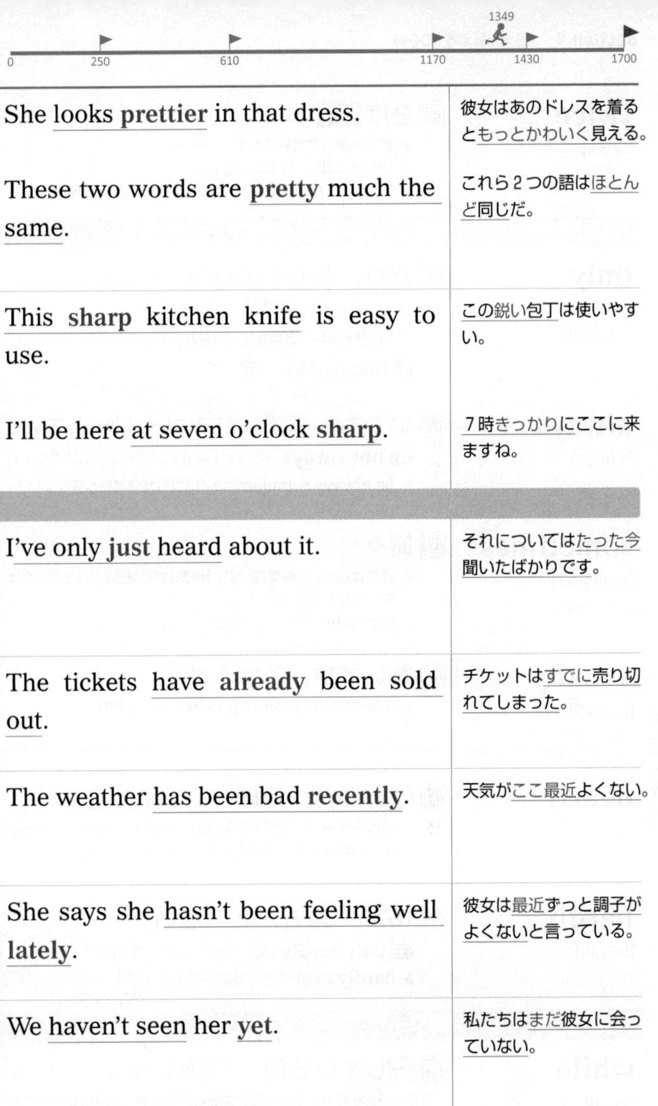

She looks **prettier** in that dress.	彼女はあのドレスを着るともっとかわいく見える。
These two words are **pretty** much the same.	これら2つの語はほとんど同じだ。
This **sharp** kitchen knife is easy to use.	この鋭い包丁は使いやすい。
I'll be here at seven o'clock **sharp**.	7時きっかりにここに来ますね。
I've only **just** heard about it.	それについてはたった今聞いたばかりです。
The tickets have **already** been sold out.	チケットはすでに売り切れてしまった。
The weather has been bad **recently**.	天気がここ最近よくない。
She says she hasn't been feeling well **lately**.	彼女は最近ずっと調子がよくないと言っている。
We haven't seen her **yet**.	私たちはまだ彼女に会っていない。
Have you **ever** been to the morning market?	その朝市にはこれまで行ったことがありますか。

twice [twaɪs] □□ 1350	副 **2度[回]**；2倍 ▶ 完了形以外の時制でも用いられる。 ▶ twice a day「1日に2度」 ▶ twice as many [much] as ～「～の2倍(の数[量])」

副詞《その他の副詞(程度・頻度)》

only 発 [óunli] □□ 1351	副 **だけ，しか(～ない)**；たった，ほんの(～にすぎない) ▶ Staff Only「職員専用」(掲示など) 形〔the [*one's*] ～〕唯一の
always [ɔ́ːlweɪz] □□ 1352	副 **いつも，必ず**；〔進行形で〕～ばかりしている TG **not always**「いつも[必ずしも]～とは限らない」 ▶ *be* always complaining「いつも文句ばかり言っている」
sometimes [sʌ́mtàɪmz] □□ 1353	副 **時々** ▶ 位置は通例，一般動詞の前，be動詞や助動詞の後だが，文頭や文末などでもよい。 ▶ sometime 副 (未来・過去の)いつか
usually [júːʒuəli] □□ 1354	副 **たいてい，ふつうは** ▶ 位置についてはsometimes(➡ 1353)と同様。
nearly [níərli] □□ 1355	副 **ほとんど，ほぼ**；もう少しで ▶ almost(➡ 182)と異なり，no，never，none，nothing，nobodyなど否定語の前に置くことはできない。
hardly [hɑ́ːrdli] □□ 1356	副 (程度が)**ほとんど～ない** TG **can hardly *do***「ほとんど…できない」 ▶ hardly ever「めったに～ない」(頻度)

接続詞・関係詞

while [*h*waɪl] □□ 1357	接 **…している間**；…である一方 ▶ while節の主語が主節の主語と同じとき，while節の主語とbe動詞は省略できる。 *I* called her while waiting for the train. 名 しばらくの間 ▶ for a while ➡ 1409

I've stayed at the hotel **twice**.	私はそのホテルに2度泊まったことがある。

Only you could say something like that.	あなたしかあんなことは言えないだろう。
This famous street is not **always** crowded.	この有名な通りはいつも混んでいるわけではない。
I **sometimes** chat in a group.	私は時々グループでチャットをする。
He **usually** drinks four cups of coffee a day.	彼は1日にたいていコーヒーを4杯飲む。
It's been **nearly** two years since they got married.	彼らが結婚してほぼ2年になる。
I could **hardly** eat anything that night.	私はその晩ほとんど何も食べられなかった。

I called her **while** I was waiting for the train.	私は列車を待っている間に彼女に電話した。

unless アク [ənlés] □□ 1358	接 …でない限り，もし…でなければ ▶ unless節内は，未来の内容でも現在形で示すことに注意。
nor [nɔːr] □□ 1359	接 〔否定文で〕もまた(…ない) TG **neither** *A* **nor** *B*「AもBも…ない」
whatever アク [*h*wʌtévər] □□ 1360	代 何が[を]…しようとも； …するものは何でも ▶ She bought me whatever I needed. 「彼女は私が必要とするものは何でも買ってくれた」
whichever アク [*h*wɪtʃévər] □□ 1361	代 どちらが[を]…しようとも； …するものはどちら[どれ]でも ▶ You can take whichever you want. 「どちらでも欲しいものを取っていいですよ」
whenever アク [*h*wenévər] □□ 1362	接 …するときはいつでも， …するたびに；いつ…しようとも
wherever アク [*h*weərévər] □□ 1363	接 …する所ならどこでも； どこで[へ]…しようとも

構文《無生物の主語を伴う動詞》

cause 発 [kɔːz] □□ 1364	動 を引き起こす TG **cause** ～ **to** *do*「(物・事が)～に…させる」 →「(物・事が原因で)～は…する」 ▶ cause O_1 O_2「O_1(人)にO_2をもたらす」 名 原因；理由
allow 発 [əláu] □□ 1365	動 を可能にする；を許す TG **allow** ～ **to** *do* 「(物・事が)～に…するのを可能にする」 →「(物・事によって)～は…することができる」 ▶ *be* allowed to *do*「…することが許されている」 You're not allowed to park your bike here. 「ここに自転車をとめることはできません」

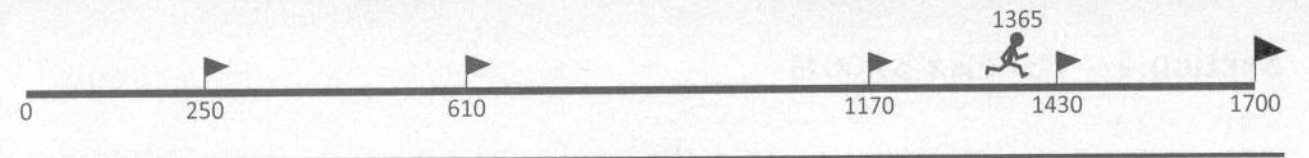

Unless we ask him, we won't find the solution.	彼に聞かない限り，私たちには解決策が見つからないだろう。
He was neither surprised **nor** pleased when she appeared.	彼女が現れたとき，彼は驚きも喜びもしなかった。
Whatever they say, I won't change my mind.	彼らが何と言おうとも，私は決心を変えない。
Whichever you choose, you're sure to like it.	どちらを選んでも，きっと気に入ると思うよ。
Whenever I see him, I always feel nervous.	彼に会うたびに，私はいつも緊張してしまう。
Please sit **wherever** you like.	どこでもお好きな所にお座りください。
The bad weather **caused** us to cancel our trip.	悪天候のために私たちは旅行を中止した。
This website **allows** you to compare prices for various hotels.	このウェブサイトでいろいろなホテルの料金を比較することができる。

Section 4 単語

enable 発 アク [ɪnéɪbl] □□ 1366	動 (人)に(…すること)を**可能にする** TG **enable ～ to *do*** 「(物・事が)～に…するのを可能にする」 →「(物・事のおかげで)～は…できる」
prevent アク [prɪvént] □□ 1367	動 **を妨げる，中止させる** TG **prevent ～ from *doing*** 「(物・事が)～が…するのを妨げる」 →「(物・事のせいで)～は…できない」
force [fɔːrs] □□ 1368	動 **を強いる** TG **force ～ to *do*** 「(事が)～に…するよう強いる」 →「(事が原因で)～は…せざるを得ない」 名 力；軍隊
cost 発 [kɔːst] □□ 1369	動 (金額・費用)が**かかる** TG **It costs (O_1) O_2 to *do*.** 「…するのに(O_1(人)に)O_2(金額)がかかる」 →「(O_1は)…するのにO_2かかる」 活 cost - cost - cost 名 費用；犠牲
remind [rɪmáɪnd] □□ 1370	動 (人)に**思い出させる** TG **remind *A* of *B*** 「(物・事が)A(人)にBを思い出させる」 →「(物・事で)A(人)はBを思い出す」 ▶ That reminds me, ... 「それで思い出したのだけど，…」

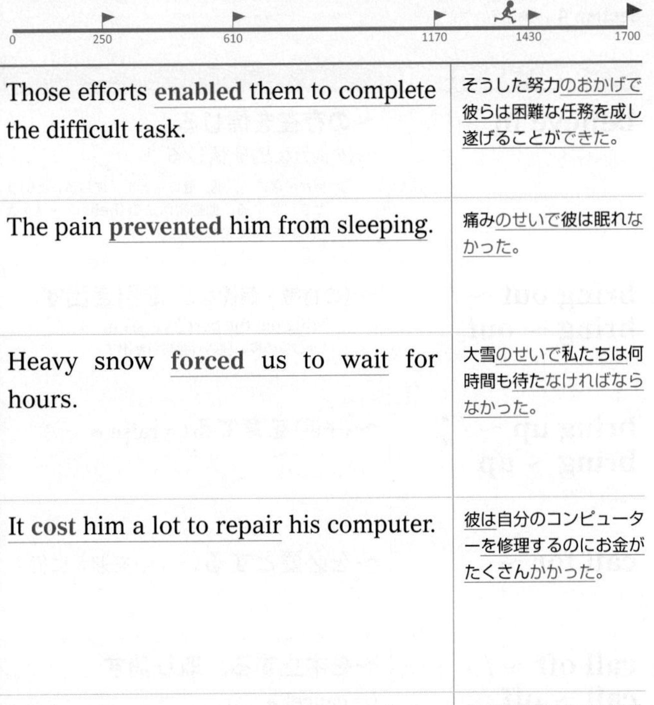

Those efforts **enabled** them to complete the difficult task.	そうした努力のおかげで彼らは困難な任務を成し遂げることができた。
The pain **prevented** him from sleeping.	痛みのせいで彼は眠れなかった。
Heavy snow **forced** us to wait for hours.	大雪のせいで私たちは何時間も待たなければならなかった。
It **cost** him a lot to repair his computer.	彼は自分のコンピューターを修理するのにお金がたくさんかかった。
This song always **reminds** me of my childhood.	この歌を聴くといつも私は子供の頃を思い出す。

一般動詞を含む熟語

believe in ～ □□ 1371	**～の存在を信じる；** ～(の能力など)を信じる ▶ 何かの存在，人柄，価値などを「信じる」というときに用いる。他動詞用法の〈believe＋人〉は「(人)の言葉を信じる」。
bring out ～ / **bring ～ out** □□ 1372	**～**(の特徴・個性など)**を引き出す** ▶ bring out the best [worst] in ～ 「～(人)の良い[悪い]面を引き出す」
bring up ～ / **bring ～ up** □□ 1373	**～**(子供)**を育てる**(＝raise ➡1207)
call for ～ □□ 1374	**～を必要とする**；～(人)を迎えに行く
call off ～ / **call ～ off** □□ 1375	**～を中止する，取り消す** (＝cancel ➡763)
decide on [upon] ～ □□ 1376	(選んで)**～に決める**
feel like *doing* □□ 1377	**…したい気がする** ▶ feel like ～「～を食べ[飲み]たい気がする；～のような気がする」 I feel like a cup of coffee. 「コーヒーを飲みたい気分だ」
give up *doing* □□ 1378	(習慣など)**…することをやめる，諦める** ▶ give up ～ / give ～ up 「～を諦める；～を譲る」 give up *one's* seat to ～「席を～に譲る」

I used to **believe in** Santa.	私は以前はサンタがいると信じていた。
A little salt **brings out** the flavor of the meat.	少量の塩で肉の旨(うま)味を引き出せる。
He was born and **brought up** in Boston.	彼はボストンで生まれ育った。
This kind of work **calls for** great patience.	この種の仕事はかなりの忍耐を必要とする。
The group tour was **called off**.	その団体旅行は中止となった。
We **decided on** the route.	私たちはそのルートに決めた。
I didn't **feel like doing** anything yesterday.	昨日は何もする気になれなかった。
You should **give up** biting your nails.	爪を噛(か)むのはやめた方がいいよ。

Section 4 単語 熟語

go on *doing* □□ 1379	(やめずに)…**し続ける** ▶ go on with ～「～を続ける」 ▶ go on to *do*「(～し終えた後に)続けて…する」 I went on to study after a short break. 「少し休憩した後，勉強を続けた」
have [*be*] nothing to do with ～ □□ 1380	**～と何も関係がない** ▶ have [*be*] something to do with ～ 「～といくらか関係がある」
lie in [with] ～ □□ 1381	(責任・問題などが)**～にある**， 見いだされる
make it □□ 1382	**うまくいく，成功する**；間に合う； 出席する
make *oneself* understood □□ 1383	**自分の意志[考え]が**(相手に)**通じる** ▶ make *oneself* heard 「自分の声が(相手に)聞こえる(ようにする)」
pass *A* on (to *B*) / pass on *A* (to *B*) □□ 1384	**Aを(Bに)伝える[渡す]** ▶「話者が受け取ったもの(＝A)を，続けて次(＝B)に回す」というニュアンス。
put away ～ / put ～ away □□ 1385	**～を片付ける**；～(お金)を蓄える
put on ～ / put ～ on □□ 1386	～(衣服など)**を身につける，** **着る**(⇔ take off ～ ➡218)； ～(電灯・テレビなど)をつける
show up □□ 1387	(人が)**現れる，やって来る** (≒ appear ➡1218，turn up)
take [have] a walk □□ 1388	**散歩する**

I **went on** **studying** until midnight.	私は夜12時まで勉強し続けた。
Leadership **has nothing to do with** age.	リーダーシップは年齢と無関係だ。
The problem **lies in** a shortage of staff.	その問題はスタッフの不足にある。
She's certain she'll **make it** as a pro.	彼女は自分がプロとして成功すると確信している。
I couldn't **make myself understood** in English then.	私は当時，自分の英語がうまく通じなかった。
The secretary **passed** his request **on to** the president.	秘書は彼の要望を社長に伝えた。
Can you **put** the books **away**?	本を片付けてもらえますか。
She **put on** her glasses and read the label.	彼女は眼鏡をかけて，ラベルを読んだ。
They **showed up** late for the party.	彼らはパーティーに遅れて現れた。
It's a perfect day for **taking a walk**.	散歩するには絶好の日和だ。

Section 4
単語
熟語

take time (to *do*) □□ 1389	(物・事が)**(…するのに)時間がかかる**，(人が)時間をかける ▶ take *one's* time「ゆっくりやる」 Take your time.「ゆっくりやってください」
tell *A* from *B* □□ 1390	**AをBと区別する[見分ける]** ▶ tell the difference between *A* (and *B*) 「A(とB)の間の違いがわかる」
throw away ～ / throw ～ away □□ 1391	**～**(不要なもの)**を捨てる**
try on ～ / try ～ on □□ 1392	**～を試着する**
turn *A* into *B* □□ 1393	**AをBに変える** ▶ turn into ～「～に変わる」
turn off ～ / turn ～ off □□ 1394	**～**(スイッチなど)**を切る，消す** ▶「電気・水・ガスなどを(一時的に)止める」ということ。反対の行為がturn on ～。
turn on ～ / turn ～ on □□ 1395	**～**(スイッチなど)**をつける**
turn out to be ～ □□ 1396	**～であることがわかる** ▶ It turns out (that) ....「…だとわかる」 ▶ turn out well [fine]「(結果的に)うまくいく」 ▶ turn out ～ / turn ～ out「～(電気など)を消す」
turn over ～ / turn ～ over □□ 1397	**～をひっくり返す**； ～(ページなど)をめくる ▶ turn over「ひっくり返る；寝返りを打つ」

Our order **took time to** arrive.	私たちの注文は来るのに時間がかかった。
Can he really **tell** right **from** wrong?	彼は本当に善悪の区別がつくのだろうか。
I can't **throw away** old things.	私は古い物を捨てられない。
Why not **try** these jeans **on**?	このジーンズを試着してみたら？
She **turned** her idea **into** a reality.	彼女は自分のアイデアを現実の物にした。
Turn off your mobile phone here.	ここでは携帯電話の電源を切ってください。
I **turn** the TV **on** as soon as I get home.	私は家に帰るとすぐにテレビをつける。
The report **turned out to be** false.	その報告は間違いだとわかった。
Turn the pancake **over** and cook for a few minutes.	パンケーキをひっくり返して，数分火を通してください。

be動詞を含む熟語

***be* known for ～** □□ 1398	**～のことで有名だ** ▶ *be* known to ～「～に知られている」 ▶ *be* known to be ～ [to *do*] 「～であることで[…することで]有名だ」
be* unable to *do □□ 1399	**…することができない**
***be* used to ～ [*doing*]** □□ 1400	**～[…すること]に慣れている** ▶ used toの発音 [júːstə] に注意。 ▶ used to *do* ➡249
be* willing to *do □□ 1401	**…してもかまわない,** **…する気がある**

副詞・前置詞の働きをする熟語

as ～ as ever □□ 1402	**相変わらず～で** ▶ as ever単独で「相変わらず」の意味でも使う。
as usual □□ 1403	**いつものように** ▶ 通例文末で用いる。
as well □□ 1404	**～もまた，同じように** ▶ *A* as well as *B* ➡1691
at a loss □□ 1405	**途方に暮れて，困って**
at present □□ 1406	**現在(は)，目下** (≒ now, at the moment ➡1560)
at the age of ～ □□ 1407	**～歳で**(= at age ～)
before long □□ 1408	**間もなく，ほどなく**(= soon)

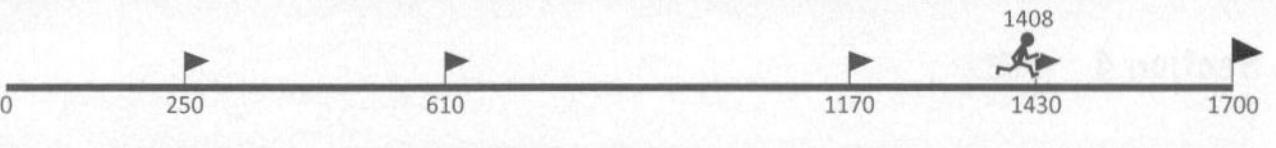

The town **is known for** its hot springs.	その町は温泉で知られている。
He'll **be unable to** attend the next meeting.	彼は次回の会議に出席できないでしょう。
She's **used to** getting up early.	彼女は早起きに慣れている。
I'm **willing to** help you if you want.	もしお望みならお手伝いしてもかまいませんよ。

His family were **as** friendly **as ever**.	彼の家族は相変わらず気さくだった。
She was sitting by the window **as usual**.	彼女はいつものように窓際に座っていた。
There were other causes **as well**.	他にもまた原因があった。
I was shocked and **at a loss** for words.	私はショックを受けて，何と言ってよいのか困った。
He has no time to spare **at present**.	目下のところ彼には暇がまったくない。
She started acting **at the age of** nine.	彼女は９歳のときに演劇活動を始めた。
Before long they fell in love with each other.	ほどなくして彼らは恋に落ちた。

for a while □□ 1409	**しばらくの間** ▶ in [after] a while「しばらくして」
for sure [certain] □□ 1410	**確かに** ▶ that's for sure 「(確かに)その通りだ；それは間違いない」
for the sake of ～ / for ～'s sake □□ 1411	**～のために** ▶「誰か[何か]に助けや恩恵・利益などをもたらすように」ということ。
in a [one] way □□ 1412	**ある意味で(は)**
in danger of ～ □□ 1413	**～の恐れ[危険]があって** ▶ in danger「危険な状態で」 ⇔ out of danger「危険[危機]を脱して」
in (actual) fact □□ 1414	〔前述内容を追加補強して〕**実際に(は)**；〔前述内容を訂正・対比補強して〕それどころか(実際) ▶ I thought it easy, but in fact it was very difficult.「私はそれを簡単だと思ったが，実際はとても難しかった」
in turn □□ 1415	**順番に，交替で**；その結果 ▶ take turns「交替でする」
little by little □□ 1416	**少しずつ** ▶ grádually ➡ 1617
no doubt □□ 1417	**きっと**；確かに(～だが，…) ▶ No doubt he made mistakes, but he's already learned from them.「確かに彼は間違いを犯したが，すでにそれらから学んでいる」 ▶ no doubt about it「それは間違いない」
one after another [the other] □□ 1418	**次々と**

He'll stay with us **for a while**.	彼はしばらくの間私たちのところに滞在する予定だ。
I can't say **for sure** what it means.	それがどういう意味なのか，私には確かなことは言えない。
She's working hard **for the sake of** her family.	彼女は家族のために懸命に働いている。
Your plan sounds reasonable **in a way**.	君の計画はある意味もっともらしく聞こえる。
The empty house is **in danger of** falling down.	その空き家は倒壊の恐れがある。
She loves cooking. **In fact**, she posts many original menus.	彼女は料理が大好きだ。実際，オリジナルメニューをたくさん投稿している。
We took a short break **in turn**.	私たちは交替で短い休憩をとった。
They're getting used to Japanese customs **little by little**.	彼らは少しずつ日本の習慣に慣れてきた。
No doubt you'll want to live there.	あなたはきっとそこに住みたいと思いますよ。
The reporters asked questions **one after another**.	記者たちは次々と質問をした。

right away [off] □□ 1419	**直ちに，すぐに** ▶ right now「今すぐに；ちょうど今」
so far □□ 1420	**これまでのところ；** (程度が)そこまでは
the other day □□ 1421	**先日**
to ～'s surprise □□ 1422	**～が驚いたことに**

形容詞・接続詞・その他の働きをする熟語

as [so] far as ... □□ 1423	(範囲)**…する限り(では)；** (距離・場所)…まで ▶ as far as I can remember 「私が覚えている限りでは」 ▶ walk as far as the station「駅まで歩く」 ▶ as [so] long as ... ➡603
as many [much] as ～ □□ 1424	**～**(数量)**ほども多く(の)；** ～と同じくらい ▶ "～" が数量を表す名詞のとき，可算名詞ではmanyを，不可算名詞ではmuchを用いる。 as *much* as one million yen「100万円も」
both *A* and *B* □□ 1425	**AもBも(両方とも)** ▶ 否定文では用いず，代わりにneither *A* nor *B*「AもBも…ない」を用いる(➡1283, 1359)。
either *A* or *B* □□ 1426	**AかBのどちらか**
each other □□ 1427	**お互い**(= one another) ▶ each other全体で代名詞の扱い。each other's (one another's)の形や，他動詞・前置詞の目的語として用いるが，文の主語では用いない。
every other ～ □□ 1428	**1つおきの～，～ごとに** ▶ every other day「1日おきに，2日ごとに」

I'll be with you right away.	すぐにそちらに参ります。
We haven't noticed anything wrong so far.	私たちはこれまでのところ異常な点には何も気づいていない。
I happened to see your sister the other day.	先日たまたまあなたのお姉さんに会いました。
To everyone's surprise, I got a perfect score in math.	みんなが驚いたことに，私は数学で満点を取った。
As far as I know, it's the best method.	私が知る限りでは，それが最善策だ。
As many as one million people joined the protest.	100万人もの人がその抗議活動に参加した。
Both he and his brother belong to the same club.	彼と彼の弟は2人とも同じクラブに所属している。
You can get support either by chat or by e-mail.	サポートはチャットかEメールのいずれかで受けられます。
We've known each other since then.	私たちはそれ以来知り合いだ（＝お互いを知っている）。
This magazine is published every other Saturday.	この雑誌は隔週の土曜日に発行される。

something is wrong with ～ □□ 1429	**～はどこか調子が悪い** (= there is something wrong with ～) ▶ nothing is wrong with ～ 「～はどこも調子は悪くない」 (= there is nothing wrong with ～)
What is ～ like? □□ 1430	**～はどのようなもの[人]ですか** ▶「人」や「物」についての特徴や外見・意見などを尋ねる表現。How is ～?は「人」や「物」の(健康)状態・調子や印象などを尋ねる表現。 ▶ 右の例文の応答例： He's tall and good-looking. / He's very friendly, energetic, and sometimes strict. 「彼は背が高くてかっこいいよ」「とてもフレンドリーで熱心だけど，たまに厳しいね」

Something is wrong with this printer.	このプリンターはどこか調子が悪い。
What's your new ALT like?	新しいALTの先生はどんな人ですか。

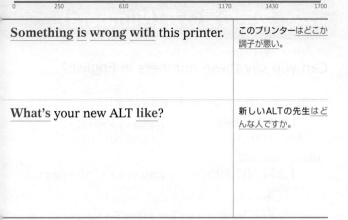

コラム④ 数字の言い方(Numbers)

Can you say these numbers in English?

ケタ違いに難しい?! 日本語は4ケタ，英語は3ケタ！

12 3456 7890 ← 日本語は4ケタで区切る
(億)┘ (万)┘

billion┐ thousand┐
1,234,567,890 ← 英語は3ケタずつ，コンマが基準！
million┘

(one billion two hundred thirty-four million five hundred sixty-seven thousand eight hundred and ninety「12億3,456万7,890」)

100	one hundred	(百)
1,000	one thousand	(千)
10,000	ten thousand	(万)
100,000	one hundred thousand	(10万)
1,000,000	one million	(100万)
1,000,000,000	one billion	(10億)

小数は日本語と同じ！「点」はpointと読む。

3.1416 three point one four one six

英語は分数でも複数になる!?

1/2 one half / a half
1/3 one-third / a third　2/3 two-thirds
(*2/3は1/3が2つと考える)
1/4 a quarter / one-fourth
1/5 one-fifth / a fifth　2/5 two-fifths

Section 5

入試によく出る

200語

動詞 1

spend
[spend]
□□ 1431

[動] を**費やす，使う**
- **spend** ～ *doing*「～を…するのに費やす[使う]，…して～を過ごす」
- ▶ spend *A* on *B*「A(時間・お金)をBに費やす[使う]」
- [活] spend - spent [spent] - spent

increase
[アク] [ɪnkríːs]
□□ 1432

[動] **増える**；を増やす
- **increase in** ～「～において増える」
- ▶ an increasing number of ～「ますます多くの～」
- [名] [íŋkriːs] 増加

decrease
[アク] [dìːkríːs]
□□ 1433

[動] **減る**；を減らす
- **decrease by** ～「～だけ減少する」
- ▶ decrease from *A* to *B*「AからBに減少する」
- [名] [díːkriːs] 減少

improve
[発] [ɪmprúːv]
□□ 1434

[動] を**改善する，向上させる**；よくなる
- **improve** (**the quality of**) ～「～(の質)を向上させる[改善する]」
- □ impróvement [名] 改善，向上

provide
[prəváɪd]
□□ 1435

[動] を**提供[供給]する**，もたらす
- **provide** *A* **with** *B*「A(人)にBを供給[提供]する」
  (≒ provide *B* for [to] *A*「BをAに供給[提供]する」)

include
[ɪnklúːd]
□□ 1436

[動] を**含む**
- *be* **included in** ～「～に含まれている」
- ▶ 進行形では用いない。
- □ inclúding [前] ～を含めて
- ▶ including tax「税込みで」

develop
[アク] [dɪvéləp]
□□ 1437

[動] を**発達[発展]させる**；発達[発展]する；を開発する
- **develop** *one's* **talent**(**s**)「才能を伸ばす」
- □ devélopment [名] 発展，発達；開発
- □ devéloping [形] 発展途上の
- □ devéloped [形] 発展した
- ▶ developing [developed] countries「発展途上[先進]国」

We've **spent** years learning English.	私たちは何年も英語を学ぶのに費やしてきている。
Foreign workers will **increase** in number.	外国人労働者の数は増えるだろう。
The population has **decreased** by 3%.	人口は3パーセント減少した。
They needed to **improve** their quality of service.	彼らはサービスの質を向上させる必要があった。
Pets can **provide** us with much joy.	ペットは私たちに多くの喜びをもたらしてくれる。
What's **included** in the price of the tour?	何がツアー料金に含まれていますか。
He found and **developed** her talent as a runner.	彼はランナーとしての彼女の才能を見いだし，そして伸ばした。

receive [rɪsíːv] □□ 1438	動 を**受け取る，受ける** TG **receive** *A* **from** *B* 「AをBから受け取る[受ける]」 □ receipt [rɪsíːt] 名 領収書；受領 □ recéption 名 宴会；(ホテル等の)フロント，受付
explain [ɪkspléɪn] □□ 1439	動 を**説明する** TG **explain to ～ that [why] ...** 「～(人)に…であると[なぜ…であるかを]説明する」 ▶ 前置詞toを落とさないことに注意。 ▶ explain *A* to *B*「AをB(人)に説明する」 □ explanátion 名 説明
lead [liːd] □□ 1440	動 **至る**；(を)導く；(を)リードする TG **lead to ～**「～に至る，つながる」 ▶ lead *A* to *B*「AをBに導く」 ▶ lead ～ to *do*「～を…するようにさせる」 活 lead - led [led] - led 名 首位；優位　名 [led] 鉛 □ léading 形 主要な；先頭の □ léader ➡ 642
perform [pərfɔ́ːrm] □□ 1441	動 **うまくいく，機能する**；を演じる；を行う TG **perform well [badly / poorly]** 「うまくいく[うまくいかない]」 □ perfórmance 名 実行；性能；上演，演奏；実績，成績 □ perfórmer 名 演奏者，役者，出演者
realize [ríːəlàɪz] □□ 1442	動 に**気づく，**を**認識する**；を実現する TG **realize (that) ...**「…だと気づく[わかる]」 ▶ realize *one's* ambition (of ～) 「(～という)大きな夢を実現する」
produce アク [prədjúːs] □□ 1443	動 を**引き起こす，もたらす**； を生産[製造]する；を制作する □ próduct 名 製品；成果，産物 □ prodúction 名 生産(量)，製造；制作

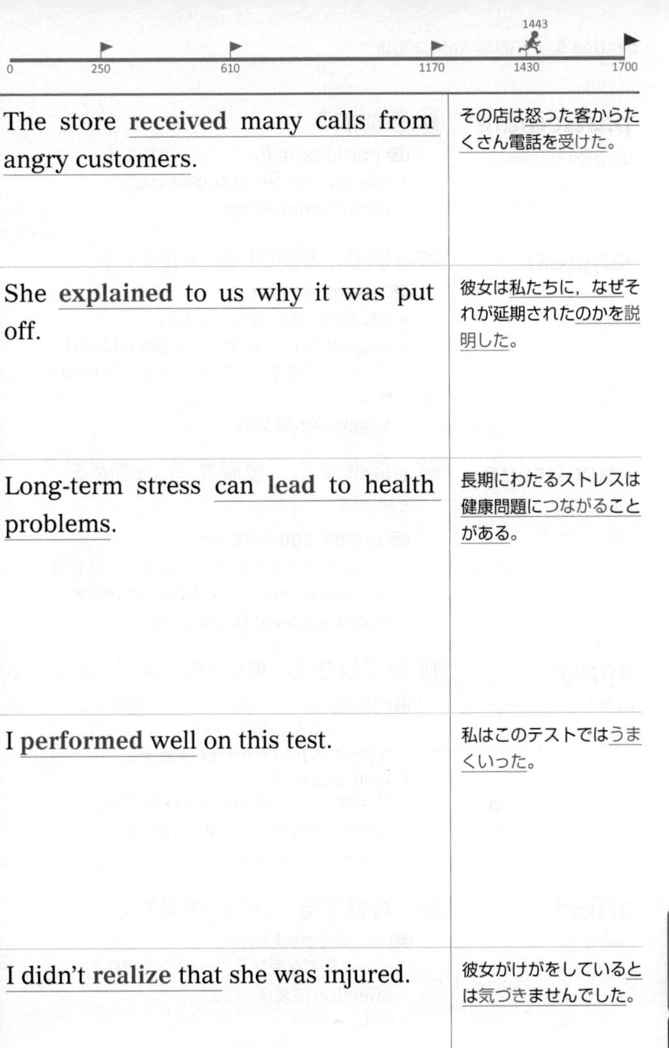

The store **received** many calls from angry customers.	その店は怒った客からたくさん電話を受けた。
She **explained** to us why it was put off.	彼女は私たちに，なぜそれが延期されたのかを説明した。
Long-term stress can **lead** to health problems.	長期にわたるストレスは健康問題につながることがある。
I **performed** well on this test.	私はこのテストではうまくいった。
I didn't **realize** that she was injured.	彼女がけがをしているとは気づきませんでした。
These types of cars **produce** less or no CO_2.	これらの車種はCO_2を排出する量が少ないかまったくない。

participate 発 ア [pɑːrtísɪpèɪt] □□ 1444	動 **参加する** TG **participate in ～**「～に参加する」 ▶ take part in ～(➡219)よりも堅い表現。 □ participátion 名 参加
suggest [səgdʒést] □□ 1445	動 を**示す，暗示する**；を提案する TG **suggest (that) ...**「…だと示している」 ▶ 主語は研究・調査・証拠・統計など。 ▶ suggest (to ～) that *S' do* [should *do*] 「S'が…してはどうかと(～に)提案する」(order ➡1214) □ suggéstion 名 提案
encourage [ɪnkə́ːrɪdʒ] □□ 1446	動 を**促進する，奨励する**；を勧める；を励ます TG **encourage ～ to *do*** 「～に…するよう促す，…する気にさせる」 ▶ encourage *A* in *B*「A(人)をBのことで励ます」 □ encóuragement 名 励まし；奨励
apply [əpláɪ] □□ 1447	動 **当てはまる**；申し込む；を応用[適用]する TG **apply to ～**「(規則・条件・意見などが)～に当てはまる，適用される」 ▶ apply *A* to *B*「AをBに適用[応用]する」 ▶ apply to *A* for *B* 「A(組織・人)にB(職・許可など)を申し込む」 □ applicátion 名 応用；申し込み；アプリ □ ápplicant 名 応募者
affect [əfékt] □□ 1448	動 に**影響する**；(人)の心を痛める TG ***be* affected by ～** 「～に影響を受ける；～に心を痛める」 □ afféction 名 愛情，行為 ▶ effféct ➡1492
recognize ア [rékəgnàɪz] □□ 1449	動 だと**わかる，識別する**；を認める，認識する TG **recognize *A* from [by] *B*** 「BによってAだとわかる」 ▶ *be* recognized as [to be] ～ 「～だと認識される，みなされる」

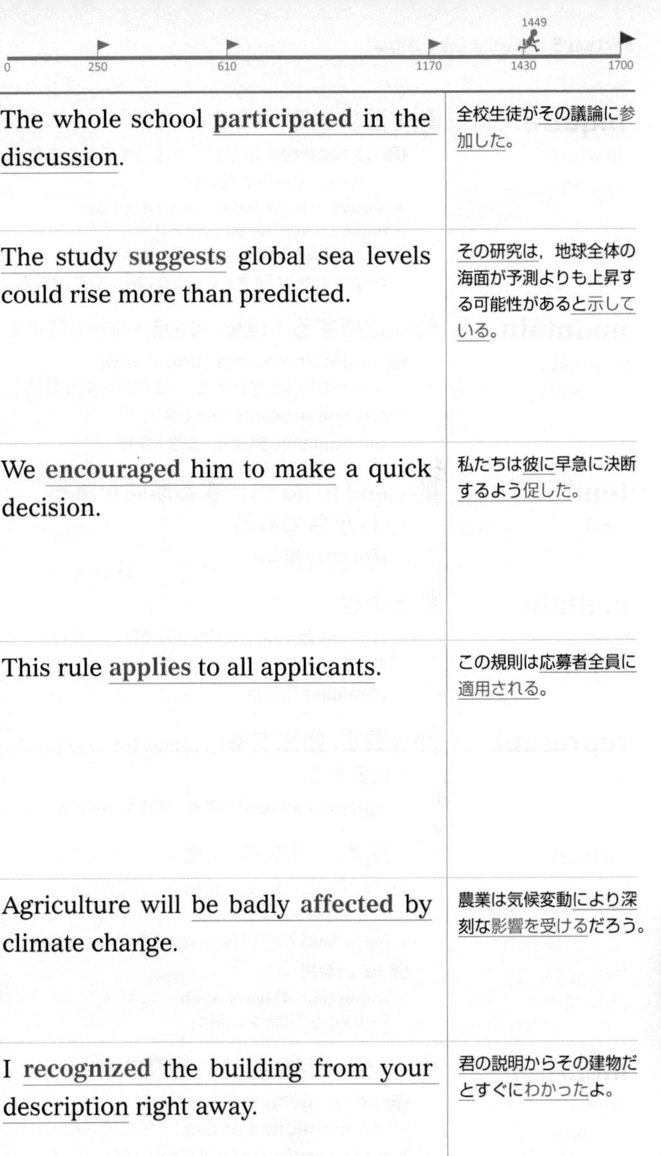

The whole school **participated** in the discussion.	全校生徒がその議論に参加した。
The study **suggests** global sea levels could rise more than predicted.	その研究は，地球全体の海面が予測よりも上昇する可能性があると示している。
We **encouraged** him to make a quick decision.	私たちは彼に早急に決断するよう促した。
This rule **applies** to all applicants.	この規則は応募者全員に適用される。
Agriculture will be badly **affected** by climate change.	農業は気候変動により深刻な影響を受けるだろう。
I **recognized** the building from your description right away.	君の説明からその建物だとすぐにわかったよ。

require
[rɪkwáɪər]
□□ 1450

動 **を要求する**；を必要とする
- TG ***be* required to *do***「…することを要求される，…しなければならない」
- ▶ require ～ to *do*「～が…するよう要求する」
- ▶ require that *S'* *do* [should *do*]「S'が…するよう要求する」(order ➡1214)
- □ requírement 名 要求される物[事]；必要な物[事]

maintain
[meɪntéɪn]
□□ 1451

動 **を維持する**；(建物・機器類)を維持管理する
- TG **maintain contact [links] with ～**「～との関係を維持する，～と連絡を取り続ける」
- ▶ maintain standards「水準を保つ」
- □ máintenance 名 保守，整備；維持

tend
[tend]
□□ 1452

動 〔tend to *do* で〕**…する傾向がある，…しがちである**
- □ téndency 名 傾向

contain
[kəntéɪn]
□□ 1453

動 **を含む**
- □ cóntent 名〔～s〕(入れ物内の)内容；〔～s〕目次；中身；コンテンツ
- □ contáiner 名 容器

represent
[rèprɪzént]
□□ 1454

動 **を表す，象徴する**(≒ stand for ～ ➡1145)；を代表する
- □ represéntative 名 代表者，代理人　形 代表的な

reach
[riːtʃ]
□□ 1455

動 **に届く，達する**；に着く；(手)を伸ばす
- TG **reach an agreement [a decision]**「合意[結論]に達する」
- ▶ reach (out) for ～「(取ろうとして)～に手を伸ばす」
- 名 (届く)範囲
- ▶ within [out of] *one's* reach「～の手の届く[届かない]所に」

mention
[ménʃən]
□□ 1456

動 (のこと)**を話に出す，言及する**
- TG **as (I) mentioned earlier / as mentioned above**「すでに述べたとおり」
- ▶ not to mention ～「～は言うまでもなく」
- ▶ Don't mention it.「どういたしまして」
- 名 言及

Students **are required** to wear uniforms at this school.	この学校では生徒は制服を着用しなければならない。
The two governments **maintain** close contact with each other.	両国政府はお互い緊密な関係を維持している。
I **tend** to get nervous in large crowds.	私は人混みでは緊張しがちだ。
These dishes don't **contain** any animal products.	これらの料理は動物性食品をいっさい含んでいない。
Our national flag **represents** the sun.	私たちの国旗は太陽を表している。
They hope to **reach** an agreement smoothly.	彼らは円滑に合意に達するよう望んでいる。
As **mentioned** earlier, please don't give up hope.	先ほども述べたとおり，どうか望みを捨てないでください。

focus [fóukəs] □□ 1457	動 (意識などを)**集中する, 焦点を合わせる**；(意識など)を集中させる TG **focus on** ～「～に集中する，重点を置く」 ▶ focus *one's* mind [efforts] on ～「気持ちを～に集中させる[全力を～に注ぐ]」 名 (関心・注意などの)中心，焦点
rent [rent] □□ 1458	動 (有料で)を**借りる**；(有料で)を貸す TG **rent** *A* **from** *B*「AをBから借りる」 ▶ rent *A* (out) to *B*「AをBに貸す」 名 賃貸料 ▶ ～ for rent [hire]「賃貸用の～」 □ réntal 名 賃貸[使用]料　形 賃貸の
guess 発 [ges] □□ 1459	動 (を)**推測する** TG **I guess** (**that**) **....**「…だと思う」(= ..., I guess.) ▶ I guess so [not].「そうだ[そうではない]と思う」 ▶ Guess what!「あのね，聞いて」(驚きの話などを切り出すときの表現) 名 推測
add [æd] □□ 1460	動 を**加える**；(数字など)を足す TG **add** *A* **to** *B*「AをBに加える」 ▶ add to ～「～が増す，高まる」 □ addítion 名 追加；足し算 ▶ in addition (to ～) ➡ 1690 □ addítional 形 追加の
delay [dɪléɪ] □□ 1461	動 を**遅らせる**，遅れる；を延期する TG *be* **delayed**「遅れる」 ▶ Don't delay.「遅れないように」 名 遅れ；延期
select [səlékt] □□ 1462	動 を(慎重に)**選び出す** TG **select** *A* **for** [**as**] *B*「AをBに[Bとして]選ぶ」 形 えり抜きの □ seléction 名 選択；選ばれた物[人]

Today's class focused on the past perfect.	今日の授業は過去完了に重点を置いていた。
They rented bikes from the local rental shop.	彼らは自転車を地元のレンタル店で借りた。
I guess something is wrong with my voice.	私は声の調子が悪いようだ。
I'll add it to my to-do list.	やるべきことのリストにそれを加えておきますね。
Our flight was delayed by over four hours.	私たちの飛行便は 4 時間以上遅れた。
I was selected for the debate team.	私はディベートのチームに選ばれた。

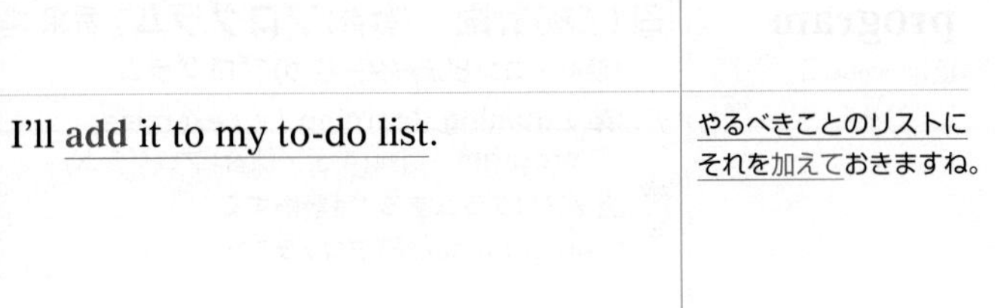

名詞 1

system
[sístəm]
□□ 1463

[名] (体系的)**方法，方式**；制度；体系，系統

TG **a system for [of] ～**「～の方式[方法]」

▶ a system of education「教育制度」
▶ the subway system「地下鉄網」

---

experience
[発] [ɪkspíəriəns]
□□ 1464

[名] **経験，体験**；経験したこと

TG **have experience in [of / with] ～**
「～の経験がある」

▶ by [from] experience「経験によって[経験から]」
▶ in *one's* experience「～の経験では」

[動] を経験[体験]する

□ expérienced [形] 経験豊かな

---

activity
[æktívəti]
□□ 1465

[名] **活動**

TG **outdoor [leisure / classroom] activities**
「屋外[レジャー／学級]活動」

▶ これらの意味では通例複数形。

□ áctive ➡ 960

---

program
[発] [próugræm]
□□ 1466

[名] (活動)**計画，**(教育)**プログラム**；番組；
(演劇・コンピューター等の)プログラム

TG **a training [learning / an exercise] program**「訓練[学習／練習]プログラム」

[動] をプログラムする；を計画する

□ prógramming [名] プログラミング

---

care
[keər]
□□ 1467

[名] **注意**；世話，介護

TG **with care**「注意して」

▶ take care of ～ ➡ 217

[動] (に)関心がある，気にかける

▶ care about ～「～のことを気にする」
▶ care for ～「～の世話をする；～のことが好きだ」

□ cáreful ➡ 158

□ cáreless ➡ 1326

---

situation
[sìtʃuéɪʃən]
□□ 1468

[名] **状況，事態**；(建物・町などの)位置

TG **in a ～ situation**「～な状況において」

▶ the present situation「現状」

They introduced a new system for managing personal information.	彼らは個人情報を管理する新しい方式を導入した。
She has some experience in teaching Japanese online.	彼女は日本語をオンラインで教えた経験がいくらかある。
You can participate in many outdoor activities there.	そこでは多くの屋外活動に参加できます。
They're going to take a two-week training program.	彼らは2週間の研修プログラムを受ける予定だ。
Please handle these packages with great care.	これらの小包は十分注意して扱ってください。
He found himself in a difficult situation.	彼は気がつくと厳しい状況にあった。

research [ríːsəːrtʃ] □□ 1469	名 **研究，調査** TG **do [carry out] research on [into] ～** 「～についての研究[調査]を行う」 ▶ research shows [suggests] (that) ... 「研究では…だと示されている，研究によると…」 動 [rɪsə́ːrtʃ] (を)研究[調査]する □ reséarcher 名 研究者
passage 発 [pǽsɪdʒ] □□ 1470	名 (本・音楽などの)**一節**；通路 TG **a passage from [of] ～**「～の一節」 ▶ an underground passage「地下通路」
factor [fǽktər] □□ 1471	名 **要因，要素** TG **an important [a major] factor in ～** 「～の重要な[主要な]要因」
value [vǽljuː] □□ 1472	名 **価値**；価格 TG **place [put] a high value on ～** 「～を重んじる」 ▶ increase [fall] in value「価値が上がる[下がる]」 動 を尊重する □ váluable 形 高価な；役に立つ　名 (～s)貴重品
influence アク [ínfluəns] □□ 1473	名 **影響**；影響力；影響を与えた人[物] TG **have an influence on [over] ～** 「～に影響を及ぼす」 ▶ use *one's* influence with ～ 「～への影響力を行使する，～とのコネを利用する」 動 に影響を及ぼす
author 発 [ɔ́ːθər] □□ 1474	名 **著者，作者** TG **the author of ～**「～の著者[作者]」 ▶ a best-selling author「ベストセラー作家」
role [roul] □□ 1475	名 **役割**；(映画・劇などでの)役 TG **play a key [major / leading / an important] role in ～** 「～で中心的[重要]な役割を果たす」 ▶ play the role of ～「～の役を演じる」 ▶ role play「ロールプレイ，役割演技」

They're doing **research** on the causes of crime.	彼らは犯罪の原因について研究を行っている。
Let me read a **passage** from my favorite poem.	私の大好きな詩の一節を読ませていただきます。
Location is an important **factor** in business success.	立地はビジネスの成功の重要な要素だ。
They always place a high **value** on privacy.	彼らはどんな時もプライバシーを重んじている。
She's had a strong **influence** on my life.	彼女は私の人生に強い影響を与えている。
The **author** of the article is known for his sharp comments.	その記事の著者は鋭いコメントで知られている。
He played a key **role** in this achievement.	彼はこの功績において中心的な役割を果たした。

average 発 ア [ǽvərɪdʒ] □□ 1476	名 **平均(値)**；標準 TG **on (the [an]) average**「平均して，概して」 ▶ an average of ～「平均して～(の値)」 ▶ above [below] average「標準以上[以下]で」 形 平均の
friendship [fréndʃìp] □□ 1477	名 **交友関係**；友情；(国の)友好関係 TG **a friendship with ～ [between *A* and *B*]** 「～との[AとBとの]交友関係，友情」
view [vjuː] □□ 1478	名 **意見，考え**；眺め TG **from ～ point(s) of view**「～の観点[視点]から」 ▶ from *one's* point of view「～の見方[視点]では」 ▶ in *one's* view「～の考え[意見]では」 ▶ víewpoint 名 観点，見地 動 を考察する；を見る ▶ view *A* as *B*「AをBと考える[見なす]」
result 発 [rɪzʌ́lt] □□ 1479	名 **結果** TG **as a result of ～**「～の結果として」 動 (result in ～ で)～という結果になる ➡1647
surface 発 ア [sə́ːrfəs] □□ 1480	名 (the ～)**外見，うわべ**；表面 TG **on the surface**「表面上は，見かけは」 形 表面の；表面的な
rate [reɪt] □□ 1481	名 **割合，比率**；速度，ペース TG **a success [failure] rate**「成功[失敗]率」 ▶ at any rate「とにかく；少なくとも」 動 を評価する；を(～と)格付けする
process ア [prɑ́(ː)ses] □□ 1482	名 **過程**；推移；工程 TG **in the process of *doing*** 「…している過程[最中]で」 ▶ in the process「その最中[途中]に」 動 を(加工)処理する
topic [tɑ́(ː)pɪk] □□ 1483	名 **話題，トピック**；主題 TG **a topic for [of] discussion**「議題」 ▶ the main topic of conversation「主な話題」

On **average**, women live several years longer than men.	平均して，女性は男性よりも数年長生きをする。
We formed a close **friendship** with them.	私たちは彼らと親密な交友関係を結んだ。
He explained it from a scientific point of **view**.	彼はそれについて科学的見地から説明した。
As a **result** of the election, a new president was born.	選挙の結果，新大統領が誕生した。
The offer seemed attractive on the **surface**.	その申し出は表面的には魅力的に思えた。
The success **rate** is very low in the experiments.	その実験での成功率はとても低い。
They're in the **process** of developing a new website.	彼らは新しいウェブサイトを開発中だ。
The **topics** for discussion today are as follows.	本日の議題は次の通りです。

variety 発 アク [vəráɪəti] □□ 1484	名 **種類**；いろいろ；変化(に富むこと) TG **a variety [varieties] of ～**「～の種類」 □ variátion 名 変化，変動
risk [rɪsk] □□ 1485	名 **危険(性)，リスク** TG **run the risk of ～**「～の危険[恐れ]がある」 ▶ take a risk [risks]「危険を(あえて)冒す」 動 を危険にさらす □ rísky 形 危険を伴った
amount [əmáunt] □□ 1486	名 **(ある)量**；合計，総額 TG **a large [great] amount of ～**「多量の～」 ▶ "～" は不可算名詞。可算名詞ではnumberを使う(➡601)。 ▶ the amount of ～「～の量」 動 (amount to ～ で)(総計)に達する
skill [skɪl] □□ 1487	名 **技能，技術**；(熟練した)技量，腕前 TG **improve [develop] *one's* skills** 「技能を高める[磨く]」 ▶ skill in [at] ～「～の腕前」
period [píəriəd] □□ 1488	名 **期間**；時代；(授業の)時限；ピリオド TG **in [within] a short period (of time)** 「短期間のうちに」 ▶ for [over] a long period of time「長期間で[にわたり]」
center [séntər] □□ 1489	名 **中心**；中心施設；中心的存在；中心地[街] TG **in the center of ～**「～の中心に」 動 を中心に置く
sense [sens] □□ 1490	名 **感覚**；意味；分別 TG **a sense of responsibility [duty]** 「責任感[義務感]」 ▶ a sense of smell [taste]「嗅覚[味覚]」 □ sénsible 形 分別のある □ sénsitive 形 神経質な；敏感な
opportunity アク [ɑ̀(:)pərtjú:nəti] □□ 1491	名 **機会**，好機(≒ chance ➡61) TG **have an opportunity to *do*** 「…する機会がある」

Indian English is one of the major **varieties** of English.	インド英語は英語の主要な種類の１つだ。
You run the **risk** of losing everything if you do that.	そんなことをすれば，すべてを失う恐れがありますよ。
They've wasted a large **amount** of time and money.	彼らは膨大な(＝多量の)時間とお金を浪費してしまった。
Keeping a diary in English helps improve your writing **skills**.	英語で日記をつけることはライティングの技能を磨くのに役立つ。
We have to decide in a short **period** of time.	私たちは短い期間で決めなければならない。
The main square is in the **center** of the city.	中央広場は市の中心にある。
She has a strong **sense** of responsibility.	彼女は責任感が強い。
You'll have the **opportunity** to meet him again.	彼とまた会う機会はありますよ。

effect アク [ɪfékt] □□ 1492	名 **影響，効果**；結果 TG **have a bad [negative] effect on ～**「～に悪影響を与える」 ▶ have the effect of *doing*「…する効果がある」 ▶ cause and effect「原因と結果」 □ efféctive 形 効果的な，効き目のある
public [pʌ́blɪk] □□ 1493	名 〔the ～〕**大衆，一般の人々** TG **in public**「公然と，人前で」 ▶ the general public「一般大衆」 形 大衆の；公共の；公然の
transportation [træ̀nspərtéɪʃən] □□ 1494	名 **交通[輸送]機関**；輸送 TG **by public transportation**「公共交通機関で」 ▶ a means of transportation「輸送[交通]手段」 □ transport 動 [trænspɔ́ːrt] を輸送する，運ぶ 名 [trǽnspɔːrt] 英 交通[輸送]機関；輸送
atmosphere アク [ǽtməsfɪ̀ər] □□ 1495	名 **雰囲気**；〔the ～〕大気 TG **create a friendly [relaxed] atmosphere**「和やかな[くつろいだ]雰囲気を創り出す」
attention [əténʃən] □□ 1496	名 **注意(力)**；注目；関心；配慮 TG **pay attention to ～**「～に注意を払う」 ▶ *be* the center of attention「注目の的だ」 ▶ Attention, please.「お知らせいたします」(アナウンス)
space [speɪs] □□ 1497	名 (空いている)**場所，空間**；宇宙；(字・行)間 TG **(a) space for ～**「～のための場所」 ▶ a blank space「空欄」 ▶ in space「宇宙(空間)で」
behavior [bɪhéɪvjər] □□ 1498	名 **振る舞い，行儀**，態度；行動 TG **good [bad] behavior**「行儀の良さ[悪さ]」 □ behave [bɪhéɪv] 動 振る舞う，行動する
object アク [á(ː)bdʒekt] □□ 1499	名 (無生物の)**物，物体**；対象；目的語；目的 TG **an everyday object**「日常的な物」 ▶ the object of interest「興味の対象」 動 [əbdʒékt] 反対する ▶ object to ～「～に反対する」

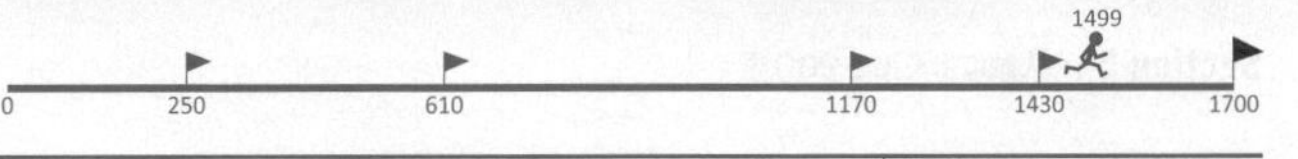

Social media sometimes has a negative **effect** on society.	SNSは時として社会に悪影響を与える。
It's not rude to speak loudly in **public** in that country.	その国では人前で大きな声で話すのは不作法ではない。
It's convenient to get there by public **transportation**.	そこへは公共交通機関で行くのが便利だ。
The host tried his best to create a friendly **atmosphere**.	ホストは和やかな雰囲気を創り出そうと最善を尽くした。
He pays no **attention** to what others say.	彼は他人が言うことにまったく注意を払わない。
We need to make some **space** for the newcomer.	私たちは新顔のためにスペースをいくらか作る必要がある。
I can't put up with his bad **behavior**.	彼の行儀の悪さには我慢ならない。
She turns ordinary everyday **objects** into art works.	彼女はごく普通の日常的な物をアート作品に変えてしまう。

company [kʌ́mpəni] □□ 1500	名 **会社**；同伴，同席；仲間 TG **work for a company**「会社に勤務する」 ▶ in ~'*s* company / in the company of ~ 「~と一緒で」
field [fiːld] □□ 1501	名 **分野，領域**；畑；競技場 TG **in [outside] the field of ~** 「~の専門分野において[専門外で]」

形容詞 1

following [fɑ́(ː)louɪŋ] □□ 1502	形 (the ~)**次の，以下の** 名 (the ~)以下のこと[物・人] □ fóllow 動 の後について行く[来る]；に従う ▶ ~ is [are] as follows: ...「~は次の通りだ。…」
various 発 アク [véəriəs] □□ 1503	形 **さまざまな，多様な** TG **for various reasons**「さまざまな理由で」 □ váry 動 異なる，さまざまである
several [sévrəl] □□ 1504	形 **いくつかの** TG **several times**「何度か」 ▶ a fewよりも多く，manyよりも少ない感覚。 代 いくつか，何人か
local 発 [lóukəl] □□ 1505	形 **地元の，現地の**；各駅停車の TG **a local custom**「地元[現地]の風習[習慣]」 ▶ at 2 p.m. local time「現地時間で午後2時に」
related [rɪléɪtɪd] □□ 1506	形 **関連して**；親類関係で TG ***be* related to ~**「~に関連している」
possible [pɑ́(ː)səbl] □□ 1507	形 **可能な**(⇔ impossible ➡ 1596)；あり得る TG **It is possible (for ~) to *do*.** 「(~が)…することは可能だ」 ▶ It is possible (that) ....「…ということはあり得る」
similar [símələr] □□ 1508	形 **似ている，同様の** TG ***be* similar to ~**「~に似ている」 □ símilarly 副 同様に □ similárity 名 似ていること，類似

He works for a trading **company**.	彼は貿易会社に勤めている。
He's a leading researcher in the **field** of AI.	彼は人工知能分野での研究者として第一人者だ。
We'll arrive on Thursday and leave the **following** Monday.	私たちは木曜日に到着し，翌月曜日に出発します。
He decided not to participate for **various** reasons.	彼はいろいろな理由で参加しないことに決めた。
I visit the website **several** times a week.	私は週に何度かそのウェブサイトを見る。
I believe visitors should follow the **local** customs and traditions.	観光客は地元の風習や伝統に従うべきだと思います。
Education is closely **related** to poverty reduction.	教育は貧困の減少と密接に関連している。
Is it **possible** to change my appointment date and time?	予約の日時を変更することは可能でしょうか。
Her character is very **similar** to mine.	彼女の性格は私のとよく似ている。

concerned [kənsə́ːrnd] □□ 1509	形 **心配して**；関心を持って TG ***be* concerned about [for] ～** 「～を心配している」 ▶ *be* concerned with ～「～に関心を持っている」 □ concérn 動 を心配させる；に関係する 名 心配(事)；気遣い；関心(事)
available 発 [əvéɪləbl] □□ 1510	形 **利用できる，手に入る**； (時間があり)会える，話せる TG ***be* available to [for] ～**「～に利用[入手]できる」 ▶ I'm not available this evening.「今晩は都合が悪いです」
dry [draɪ] □□ 1511	形 **雨の少ない，乾燥した**；乾いた 動 を乾かす，乾く □ dried 形 乾燥した，干した ▶ dried fruit「ドライフルーツ」
past [pæst] □□ 1512	形 **過ぎたばかりの，この前の**；過去の TG **for [over] the past ～**「過去[この]～の間」 名 過去　前 ～を(通り)過ぎて 副 (場所を・時が)過ぎて
modern ア [má(ː)dərn] □□ 1513	形 **近代的な，最新の**；現代の，近代の TG **modern methods [techniques]** 「近代的手法[技術]」 ▶ modern times「現代」 ▶ modern history「近代史」
unique 発 [juníːk] □□ 1514	形 **特有の**；唯一の；格別の TG **unique to ～**「～に特有[固有]の」 ▶ a unique feature of ～「～特有の特徴」 ▶ a unique opportunity「格別の[絶好の]機会」
common [ká(ː)mən] □□ 1515	形 **よくある，普通の**；共通の TG **It is common (for ～) to *do*.** 「(～にとって)…するのはよくあることだ」 ▶ to *do* の代わりとしてthat節を用いないことに注意。 ▶ *be* common to ～「～に共通している」 ▶ common knowledge [sense]「常識[良識，分別]」 名〔次の表現で〕 ▶ in common with ～「～と同じように」

We're **concerned** about the safety of the victims.	私たちは被害者たちの安否を心配している。
The information is freely **available** to anyone.	その情報は誰でも自由に利用できる。
The hot **dry** weather caused the forest fire.	暑く乾燥した天候がその森林火災を引き起こした。
I've lost contact with him for the **past** few weeks.	この数週間，彼との連絡が途絶えている。
Modern farming methods are widely used in those fields.	それらの畑では近代的農法が広く利用されている。
The four seasons are not **unique** to Japan.	四季は日本特有のことではない。
It's **common** for couples to take pictures here.	カップルがここで写真を撮るのはよくあることだ。

動詞2

prepare ㋐ [prɪpéər] □□ 1516	動 (を)**準備[用意]する**；(食事)を作る TG **prepare for** ～「～の準備をする」 ▶ prepare to *do*「…する準備をする」 □ preparátion 名 準備
regard [rɪgáːrd] □□ 1517	動 を(～と)**思う，考える** TG ***be* regarded as** ～「～と見なされている」 ▶ regard *A* as *B*「AをBと見なす」 名 (～s)よろしくという挨拶 ▶ (Best [Kind]) Regards,「敬具」(手紙などの結びとして) ▶ in [with] regard to ～「～に関しては」 □ regárding 前 ～に関して □ regárdless 副 (それでも)構わず
occur 発 ㋐ [əkə́ːr] □□ 1518	動 (予期せず)**起こる**；(場所・状況などに)存在する，ある ▶ occur to ～「(考えなどが)～(人)に思い浮かぶ」 ▶ It occurs to ～ (that) ....「…という考えが～に思い浮かぶ」
suppose [səpóuz] □□ 1519	動 だと**思う，考える** TG ***be* supposed to *do*** 「…することになっている；…するはずだ」 ▶ 否定文は「…してはいけない(ことになっている)」の意味。 ▶ It is supposed (that) ....「…だと考えられている」
serve 発 [səːrv] □□ 1520	動 (食事)を**出す**；(に)役立つ；(のために)勤務する TG **serve breakfast**「朝食を出す」 ▶ serve ～ hot「～(食事など)を熱い状態で出す」 □ sérvant 名 使用人；奉仕者 ▶ a civil [public] servant「公務員」(組織やその勤務者全体を表すときはthe civil service(➡636))。
wonder 発 [wʌ́ndər] □□ 1521	動 **だろうかと思う**；驚く TG **wonder if** [疑問詞] **...**「…だろうか(と思う)」 ▶ I was wondering if you [I] could *do* 「…して[させて]いただけないでしょうか」 名 驚き；驚くべき事[人・物] ▶ No wonder (that) ....「…は少しも不思議ではない」

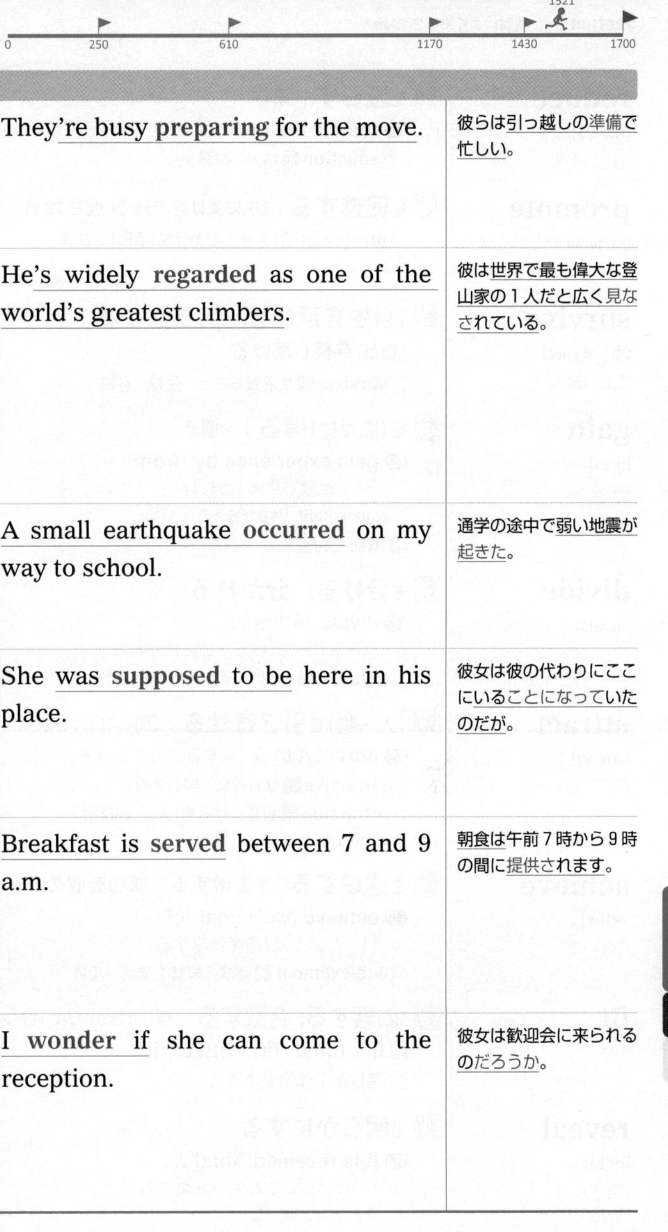

They're busy **preparing** for the move.	彼らは引っ越しの準備で忙しい。
He's widely **regarded** as one of the world's greatest climbers.	彼は世界で最も偉大な登山家の１人だと広く見なされている。
A small earthquake **occurred** on my way to school.	通学の途中で弱い地震が起きた。
She was **supposed** to be here in his place.	彼女は彼の代わりにここにいることになっていたのだが。
Breakfast is **served** between 7 and 9 a.m.	朝食は午前７時から９時の間に提供されます。
I **wonder** if she can come to the reception.	彼女は歓迎会に来られるのだろうか。

reduce [rɪdjúːs] □□ 1522	動 を**減らす**，減る TG **reduce the number of** ～「～の数を減らす」 □ redúction 名 減少，削減
promote ア [prəmóut] □□ 1523	動 を**促進する**；〔主に受け身で〕を昇進させる □ promótion 名 昇進；販売促進(活動)；推奨
survive ア [sərváɪv] □□ 1524	動 (を)**生き延びる，切り抜ける**； (物が)存続し続ける □ survíval 名 生き残ること，生存，存続
gain [geɪn] □□ 1525	動 を(徐々に)**得る**；を増す TG **gain experience by** [**from**] ～ 「～で経験を得る[積む]」 ▶ gain weight「体重が増える」 名 増加；利点
divide [dɪváɪd] □□ 1526	動 を**分ける，分かれる** TG **divide** (*A*) **into** *B* 「(Aを)Bに分ける；Bに分かれる」 □ divísion 名 分割，分配；割り算；部門
attract [ətrǽkt] □□ 1527	動 (人・物)を**引き寄せる**；(関心など)を引く TG **attract** *A* **to** *B*「AをBに引きつける」 □ attráctive 形 魅力的な，関心を引く □ attráction 名 引きつける物[人]，呼び物 ▶ a tourist attraction「観光名所」
achieve [ətʃíːv] □□ 1528	動 を**達成する**；を獲得する；成功を収める TG **achieve** *one's* **goal** (**of** ～) 「(～という)目標を達成する」 □ achíevement 名 達成，成就；業績，功績
fit [fɪt] □□ 1529	動 (に)**適する，合致する**；(型・寸法が)(人に)合う 活 fit - fitted [fit] - fitted [fit] 形 適した；体調がよくて
reveal [rɪvíːl] □□ 1530	動 を**明らかにする** TG **It is revealed** (**that**) .... 「…ということが明らかにされる」

Global efforts are needed to **reduce** the number of nuclear weapons.	核兵器の数を減らすためには全世界の努力が必要だ。
The organization attempts to **promote** free trade.	その組織は自由貿易を促進しようとしている。
All the passengers **survived** the accident with only minor injury.	乗客は全員軽傷だけでその事故を生き延びた。
I've **gained** useful experience by doing the internship.	私はインターンシップをすることで有益な経験を得た。
The book is **divided** into seven chapters.	その本は7章に分けられている。
The traditional festival **attracts** many visitors to the town.	伝統的なその祭りは多くの観光客をその町に呼び寄せている。
They **achieved** their goal of raising money for her operation.	彼らは彼女の手術に必要な資金を集めるという目標を達成した。
She doesn't **fit** my image of the main character.	彼女はその主人公の私のイメージに合わない。
It was **revealed** the talks would be called off.	会談は中止となることが明らかになった。

wish [wɪʃ] □□ 1531	動 (を)**願う**；を祈る TG **I wish** (**that**) *S' did* [**could** *do*]. 「S'は…すれば[できれば]よいのだけど」 ▶ 実態とは異なること・実現不能なことへの願望や後悔などの表現で，that節内は仮定法。hope (that) *S' does* (➡ 31)は，現実としてそうなることを望む表現。 ▶ wish to *do*「…したいと思う」(want to *do*より堅い表現) 名 願い(事)；(〜es)祝福の言葉 ▶ (With) Best wishes,「ご多幸をお祈りします」(手紙の結び)
fill [fɪl] □□ 1532	動 を**満たす**；いっぱいになる TG *be* **filled with** 〜「〜でいっぱいだ」
hurt 発 [həːrt] □□ 1533	動 を**傷つける**，**害する**；痛む TG **hurt** 〜*'s* **feelings**「〜の感情を傷つける」 ▶ hurt *oneself*「(主語が)けがをする」 活 hurt - hurt - hurt 名 けが；苦痛 形 けがをした；気分を害した ▶ *be* [get] hurt「けがをしている[する]」
discover [dɪskʌ́vər] □□ 1534	動 を**知る**，が**わかる**；を発見する，見つける TG **discover** (**that**) **...**「…ということがわかる」 ▶ discover how to *do*「…する方法を発見する」 □ discóvery 名 発見
indicate ア [índɪkèɪt] □□ 1535	動 を**示す**；を指し示す；の徴候を示す TG **indicate** (**that**) **...**「…であることを示す」
overcome ア [òuvərkʌ́m] □□ 1536	動 を**克服する**，に**打ち勝つ** TG **overcome** *one's* **difficulties** [**fear** / **problems**]「困難[恐怖／問題]を克服する」 活 overcome - overcame [òuvərkéɪm] - overcome
protect [prətékt] □□ 1537	動 を**守る**，**保護する** TG **protect** *A* **from** [**against**] *B* 「AをBから守る」 □ protéction 名 保護

I **wish** I could do that again.	それをやり直すことができればなあ。
His mind was **filled** with hopes and fears.	彼の心は期待と不安でいっぱいだった。
I didn't mean to **hurt** her feelings.	彼女の気持ちを傷つけるつもりはなかった。
The guard **discovered** that the man had escaped.	警備員はその男が逃げたことに気づいた。
The research **indicates** the concept of family is changing.	その調査は，家族の概念が変化していることを示している。
I managed to **overcome** my difficulties.	私は何とか困難を乗り越えた。
A healthy diet will **protect** us against many diseases.	健康的な食事は私たちを多くの病気から守ることだろう。

remove [rɪmúːv] □□ 1538	動 を**取り去る，移動させる**；を取り除く；を脱ぐ，外す TG **remove *A* from *B*「AをBから取り除く」** ▶ remove *one's* gloves「手袋を外す」 □ remóval 名 除去，撤去
rely 発 ア [rɪláɪ] □□ 1539	動 〔rely on ～ で〕を**当てにする，に頼る** TG **rely on ～ to *do*** 「～が…してくれると当てに[頼りに]する」 ▶ rely on *A* for *B*「AをBのことで当てに[頼りに]する」 □ relíable 形 当てになる，信頼できる
bother [bá(ː)ðər] □□ 1540	動 〔通例否定・疑問文で〕**わざわざ…する**；を悩ませる，面倒をかける TG **don't bother to *do*「わざわざ…しない」** ▶ don't bother with ～「～を気にかけない」 ▶ bother *A* with *B*「A(人)をBのことで煩わせる」 ▶ Sorry to bother you, but .... 「ご面倒をおかけしますが，…」(依頼の丁寧な前置き)
seek [siːk] □□ 1541	動 (を)**追い求める**；を得ようとする；(助け・情報など)を求める ▶ seek help [advice]「助け[助言]を求める」 活 seek - sought [sɔːt] - sought
matter [mǽtər] □□ 1542	動 (が)**重要[問題]だ** TG **It doesn't matter (to ～) what ....** 「(～にとって)何が…かは問題ではない」 ▶ whatの他にwho，ifなどの節やthat節を続ける表現。節内は未来の内容でもwillなどを用いない。 ▶ It doesn't matter.「問題ないよ，気にしないで」 (相手からのおわびなどを受けて) 名 (対処すべき)事，問題；事態；困難 ▶ What's the matter (with you)?「どうしたのですか」
concentrate ア [ká(ː)nsəntrèɪt] □□ 1543	動 **集中する，専念する**；(注意など)を集中させる TG **concentrate on ～「～に集中する，専念する」** ▶ concentrate *one's* efforts [energy] on ～ 「努力[精力]を～に集中させる[注ぐ]」 □ concentrátion 名 集中力；専念，集中

How can I safely **remove** snow from the roof?	どうしたら安全に雪を屋根から除去することができるだろうか。
You can **rely** heavily on him to keep his promise.	彼が約束を守るのは大いに当てにしていいよ。
I didn't **bother** to call her back.	私は彼女にわざわざ折り返しの電話をすることはなかった。
They continued to **seek** evidence of it.	彼らはその証拠を探し続けた。
It doesn't **matter** to me what he does.	彼が何をするかは私には問題ではない。
I can't **concentrate** on my study these days.	最近勉強に集中できない。

react
[riǽkt]
□□ 1544

動 **反応[対応]する**
TG **react to ～**「～に反応[対応]する」
□ reáction 名 反応

struggle
[strʌ́gl]
□□ 1545

動 **奮闘する**；(人と)もみ合う
TG **struggle to *do***「…しようと奮闘する」
▶ struggle for ～「～を求めて奮闘する[必死になる]」
名 奮闘

admit
[ədmít]
□□ 1546

動 (を)(しぶしぶ)**認める**
TG **admit (that) ...**「…であることを認める」
▶ admit to ～ [(to) *doing*]「～[…したこと]を認める」
□ admíssion 名 入ること，入学(許可)，入場(料)

lock
[lɑ(:)k]
□□ 1547

動 (施錠して)を**しまい込む，閉じ込める**；にかぎをかける，かぎがかかる
TG **lock *A* in *B***「AをBにしまう[保管する]」
名 錠

名詞2

issue
[íʃuː]
□□ 1548

名 **問題(点)**；発行；発行物
TG **discuss an issue**「問題を議論する」
▶ raise [consider] an issue「問題を提起する[検討する]」
▶ the date of issue「発行日付」
▶ the latest [current] issue「最新号」

relationship
[rɪléɪʃənʃɪ̀p]
□□ 1549

名 **関係**
TG **have a good [close] relationship with ～**「～と良い[親密な]関係にある」
▶ a relationship between *A* (and *B*)「A(とB)との関係」

list
[lɪst]
□□ 1550

名 **リスト，一覧(表)**
TG **on the list**「リスト(の中)に」
▶ (make) a list of ～「～のリスト(を作る)」
動 をリスト[一覧表]にする

item
発 [áɪtəm]
□□ 1551

名 **1品，1点**；(リストなどの)項目，品目
TG **an item of ～**「1点の～」
▶ "～" はclothing(➡1251)，jewelry(➡725)，furniture(➡1257)，information(➡1260)などの不可算名詞。

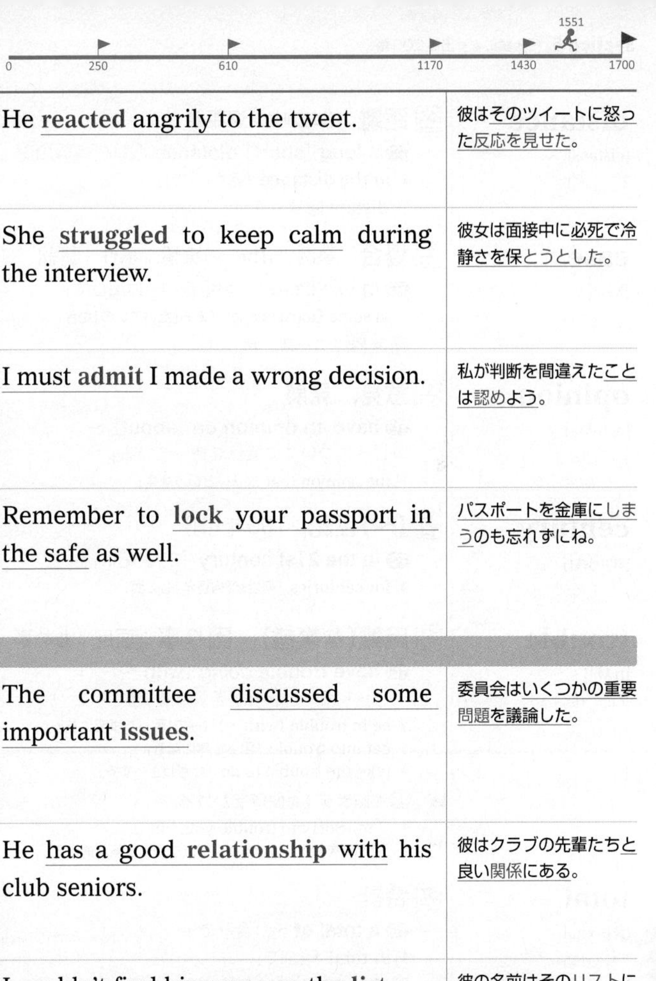

He **reacted** angrily to the tweet.	彼はそのツイートに怒った反応を見せた。
She **struggled** to keep calm during the interview.	彼女は面接中に必死で冷静さを保とうとした。
I must **admit** I made a wrong decision.	私が判断を間違えたことは認めよう。
Remember to **lock** your passport in the safe as well.	パスポートを金庫にしまうのも忘れずにね。
The committee discussed some important **issues**.	委員会はいくつかの重要問題を議論した。
He has a good **relationship** with his club seniors.	彼はクラブの先輩たちと良い関係にある。
I couldn't find his name on the **list**.	彼の名前はそのリストに見つからなかった。
She selected a few **items** of clothing for me.	彼女は私に服を数点選んでくれた。

distance [dístəns] □□ 1552	名 **距離**；(単数形で)遠距離 TG **a long [short] distance**「長い[短い]距離」 ▶ in the distance「遠くに[で]」 □ dístant 形 遠い
case [keɪs] □□ 1553	名 **場合**；事例；(the ～)実情；事件；訴訟 TG **in ～'s case**「～の場合，～に関して」 ▶ in some [most] cases「ある[たいていの]場合」 名 容器，ケース，箱
opinion [əpínjən] □□ 1554	名 **意見，見解** TG **have an opinion on [about] ～** 「～についての意見を持っている」 ▶ the opinion that ...「…という意見」
century [séntʃəri] □□ 1555	名 **(～)世紀**；100年(間) TG **in the 21st century**「21世紀に」 ▶ for centuries「何世紀[何百年]もの間」
trouble [trʌ́bl] □□ 1556	名 **困難(な事態)，困り事**；面倒；もめ事 TG **have trouble *doing* [with ～]** 「…するのに[～に]苦労する」 ▶ *be* in trouble (with ～)「(～で)困った事態にある」 ▶ get into trouble「困った事になる」 ▶ take the trouble to *do*「わざわざ…する」 動 を悩ます；に面倒をかける ▶ (I'm) Sorry to trouble you, but .... 「ご面倒をおかけしますが，…」(依頼の丁寧な前置き)
total 発 [tóutəl] □□ 1557	名 **合計** TG **a total of ～**「合計で～」 ▶ in total「全部で」 形 合計の；まったくの □ tótally 副 まったく，完全に
advantage 発 アク [ədvǽntɪdʒ] □□ 1558	名 **有利な点，強み**；長所 (⇔ disadvantage 名 不利な点) TG **have an advantage of ～** 「～の強み[利点]がある」 ▶ an advantage over ～「～に対する[～をしのぐ]利点」 □ advantágeous 形 有利な

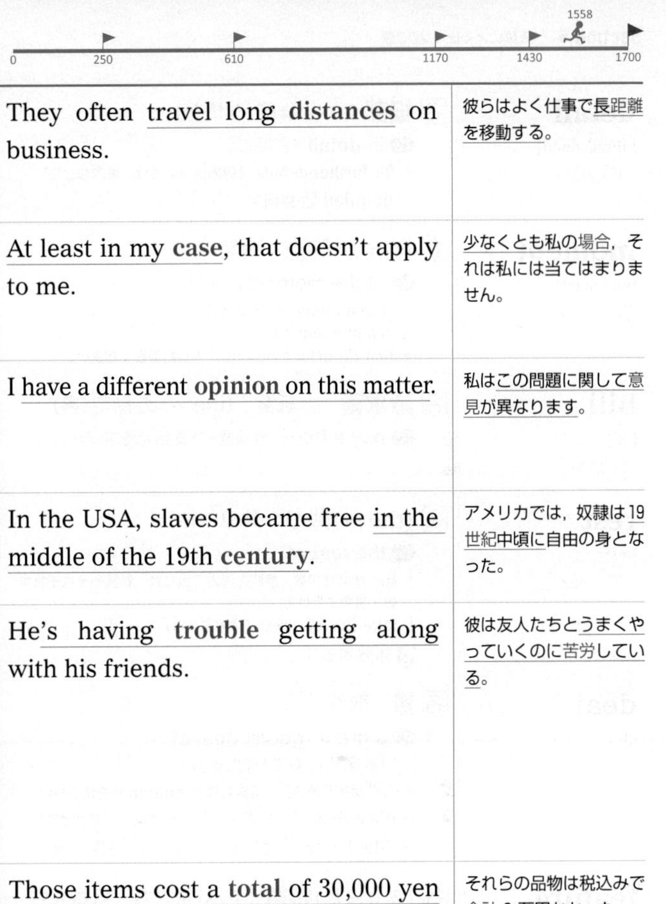

They often travel long **distances** on business.	彼らはよく仕事で長距離を移動する。
At least in my **case**, that doesn't apply to me.	少なくとも私の場合，それは私には当てはまりません。
I have a different **opinion** on this matter.	私はこの問題に関して意見が異なります。
In the USA, slaves became free in the middle of the 19th **century**.	アメリカでは，奴隷は19世紀中頃に自由の身となった。
He's having **trouble** getting along with his friends.	彼は友人たちとうまくやっていくのに苦労している。
Those items cost a **total** of 30,000 yen including tax.	それらの品物は税込みで合計 3 万円かかった。
The organic food has the **advantage** of being safe.	オーガニック食品には安心という強みがある。

detail [dí:teɪl, dɪtéɪl] □□ 1559	名 **細部**；〔~s〕詳細(な情報) TG **in detail**「詳細に」 ▶ for further details,「詳細については」(案内などで) □ détailed 形 詳細な
moment [móumənt] □□ 1560	名 (特定の)**時点**；瞬間 TG **at the moment**「(ちょうど)今」 ▶ at that moment「そのとき」 ▶ in a moment「すぐに」 ▶ Just [Wait] a moment.「少しお待ちください」
bill [bɪl] □□ 1561	名 **請求書**；米 紙幣；〔the ~〕英 勘定(書) TG **pay a bill**「(請求書の)支払いをする」
rest [rest] □□ 1562	名 〔the ~〕**残り**；休息；休止 TG **the rest of ~**「~の残り，残りの~」 ▶ the restは単数・複数の両方で扱われ，動詞もそれぞれ単数・複数で受ける。 ▶ take [have] a rest「休憩をとる」 動 休憩する
deal [di:l] □□ 1563	名 **量**；取引 TG **a great [good] deal of ~** 「非常にたくさん[大量]の~」 ▶ "~" は不可算名詞。可算名詞ではnumberを使う(➡601)。 ▶ It's a deal.「それで決まりだ」(提案などを受けて) 動 〔deal with ~ で〕~に対処する；~を扱う ➡1634
feature 発 [fí:tʃər] □□ 1564	名 (際立った)**特徴**；〔~s〕顔立ち，目鼻立ち TG **a key [special] feature (of ~)** 「(~の)重要な[特別な]特徴」 ▶ (*one's*) handsome features「ハンサムな顔立ち」 動 を呼び物にする，取り上げる
survey アク [sə́:rveɪ] □□ 1565	名 (意見・行動などのアンケート)**調査** TG **carry out [do] a survey (of ~)** 「(~の)調査を実施する」 ▶ a survey shows [reveals] (that) ... 「調査では…が示されて[明らかにされて]いる」 動 [sərvéɪ] を調査する

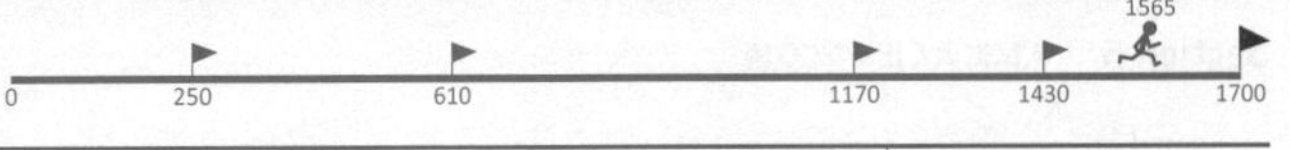

I described the process in more **detail**.	私はその経緯をより詳細に説明した。
Can I do that later? I'm busy at the **moment**.	それは後にしてもいいかな？ ちょうど今手が離せないんだ。
My friend pays her own phone **bill**.	友達は自分の電話代は自分で支払っている。
The **rest** of the day was full of things to do.	その日の残りはすることがぎっしりだった。
We've received a great **deal** of support from all over the country.	私たちは全国からたくさんの（＝大量の）支援を受けた。
A free atmosphere is a key **feature** of our school.	自由な雰囲気が我が校の重要な特徴です。
A **survey** of 500 teenagers was carried out.	500人のティーンエイジャーを対象に調査が実施された。

destination [dèstɪnéɪʃən] □□ 1566	名 **目的地，行き先** TG **a tourist destination**「観光地」 ▶ reach [arrive at] *one's* destination「目的地に着く」
conclusion [kənklúːʒən] □□ 1567	名 **結論** TG **come to [reach] a conclusion that ...** 「…という結論に達する」 ▶ in conclusion「結論として；最後に」➡1700 □ conclúde 動 と結論づける
attitude ア [ǽtətjùːd] □□ 1568	名 **態度，考え方** TG **have [take] an attitude to [toward / about] ～**「～に対する態度をとる」
impact ア [ímpækt] □□ 1569	名 (大きな)**影響(力)，衝撃** TG **have [make] an impact on ～** 「～に影響を与える」
source [sɔːrs] □□ 1570	名 **源**，原因；(通例～s)出所(でどころ) TG **a source of ～**「～の源」 ▶ an energy source / a source of energy「エネルギー源」
row [roʊ] □□ 1571	名 **列，並び**；(劇場などの)座席の列 TG **in a row**「一列に；連続して」 ▶ 通例，横方向の並びを指す。縦方向は通例line(➡50)。 ▶ three days in a row「3日連続で」 ▶ in the front [third] row「最前列[3列目]に」 動 (ボートなど)をこぐ
assistant [əsístənt] □□ 1572	名 **助手，補佐** TG **a personal assistant**「個人秘書」 形 補助の ▶ an Assistant Language Teacher「外国語指導助手」 □ assístance 名 援助
impression [ɪmpréʃən] □□ 1573	名 **印象**；(漠然とした)感じ TG **My (first) impression is (that) ....** 「私の(第一)印象では…だ」 ▶ get the impression that ...「…という感じを受ける」 □ impréss 動 に(よい)印象を与える □ impréssive 形 印象的な

The castle town has become a popular tourist **destination**.	その城下町は人気の観光地となっている。
We came to the **conclusion** that he wasn't responsible for it.	私たちは彼にはその責任はないという結論に達した。
She always takes a positive **attitude** toward challenges.	彼女は難題に対していつも積極的な態度をとる。
The result can have a big **impact** on our lives.	その結果は私たちの生活に大きな影響を与える可能性がある。
Is the Internet really a reliable **source** of information?	インターネットは本当に信頼できる情報源でしょうか。
All the performers were standing in a **row** on the stage.	出演者全員が舞台上に一列に並んで立っていた。
She applied for a job as a personal **assistant**.	彼女は個人秘書の仕事に応募した。
My first **impression** is they were very shy.	私の第一印象では，彼らはとても恥ずかしがり屋でした。

noise [nɔɪz] □□ 1574	名 **騒音**；物音，音 TG **(a) loud [a lot of] noise**「大きな音[騒音]」 ▶ sound(➡27)の特に不快な音はnoiseで通常表す。 □ nóisy 形 うるさい，騒々しい
sign [saɪn] □□ 1575	名 **兆し，表れ**，しるし；標識；合図 TG **show no sign [some signs] of ～** 「～の兆しが見られない[いくらか見られる]」 ▶ sign language「手話」 動 (に)署名[サイン]する □ sígnature [sígnətʃər] 名 署名，サイン
aim [eɪm] □□ 1576	名 **目的，目標**；ねらい TG **The aim of ～ is to *do* [that ...].** 「～の目的は…することだ[…だ]」 ▶ purpose「目的」(➡310)は行動や計画の「理由」に焦点が，aimは達成させようとすることに焦点がある。goal(➡133)は長期的な，将来の到達目標というニュアンス。 動 (を)目標にする；(武器などで)ねらう
occasion [əkéɪʒən] □□ 1577	名 (特定の)**時**；機会；(特別の)出来事 TG **on ～ occasion**「～の時に」 ▶ on occasion(s)「時々」
relation [rɪléɪʃən] □□ 1578	名 **関係，関連**；(～s)(団体・国家などの公式な)関係；親戚 TG **relation(s) between *A* (and *B*)** 「A(とB)との関係」 ▶ in relation to ～「～に関して，～について」
signal [sígnəl] □□ 1579	名 **合図**；信号；信号機 TG **give [send] a signal (to *do*)** 「(…する)合図を送る」 ▶「合図」の受け手側に何らかの態度や行動を促すニュアンスがある。sign(➡1575)は通常このニュアンスを伴わない。
balance ア [bǽləns] □□ 1580	名 **バランス，均衡**；(体の)平衡(感覚)；(預金)残高 TG **balance between *A* (and *B*)** 「A(とB)とのバランス」 動 (の)バランスをとる

I wonder why my computer was making a loud **noise**?	私のコンピューターはなんで大きな音を立てていたんだろう？
The situation has shown no **sign** of improvement.	その状況には改善の兆しがまったく見られない。
The main **aim** of this project is to promote a healthy lifestyle.	このプロジェクトの主な目的は，健康的な生活様式を促進することです。
Please drop in on this **occasion**.	この機会にぜひお立ち寄りください。
They study the **relation** between stress and illness.	彼らはストレスと病気の関係を研究している。
Please wait until she gives the **signal** to start.	彼女が出発の合図をするまで待ってください。
Try to keep a **balance** between study and club activities.	勉強と部活のバランスを保つようにしよう。

track [træk] □□ 1581	名 (人などが通ってできた)**小道**； (～s)通った跡，足跡；トラック競技 TG **keep [lose] track of ～** 「～の成り行きを把握している[見失う]」
symbol [símbəl] □□ 1582	名 **象徴，シンボル**；記号 TG **a symbol of ～**「～の象徴」 ▶ a symbol for ～「～を表す記号」
circle [sə́ːrkl] □□ 1583	名 **仲間**；円，輪 TG **a circle of friends**「友人の輪，交友関係」 動 を丸で囲む
leisure 発 [líːʒər] □□ 1584	名 **余暇，自由な時間** TG (*one's*) **leisure time**「暇な時間，余暇」
angle [ǽŋgl] □□ 1585	名 **観点，見方**；角度 TG **from another [a different] angle** 「別の[異なる]観点から」

形容詞 2

comfortable 発 ア [kʌ́mfərtəbl] □□ 1586	形 (物が)**快適な**；(人が)心地よく感じる TG *be* **comfortable to** *do*「…するのに快適だ」 □ cómfort 名 快適さ
recent 発 ア [ríːsənt] □□ 1587	形 **最近の** TG **in recent years**「近年では」 □ récently ➡1346
real [ríːəl] □□ 1588	形 **現実の，実在する**；真の；本物の TG **the real world**「現実世界，実社会」 □ réally 副 本当に；とても □ reálity ➡387 □ réalize ➡1442
dangerous [déɪndʒərəs] □□ 1589	形 **危険な** TG **It is dangerous** (**for ～**) **to** *do*. 「(～にとって)…することは危険だ」 □ dánger 名 危険(性)

I've lost **track** of what we were talking about.	私たちが何について話していたのか成り行きがわからなくなってしまった。
The pig is a **symbol** of good luck in some countries.	ブタは国によっては幸運の象徴だ。
She has a wide **circle** of friends.	彼女は交友関係が広い。
I spend my **leisure** time on my hobbies.	私は余暇を自分の趣味に充てている。
We considered the subject from another **angle**.	私たちはその話題を別の観点から検討した。
Your city seems **comfortable** to live in.	あなたの町は住み心地がよさそうですね。
The number of crimes has been decreasing in **recent** years.	犯罪件数が近年減少している。
She has little experience in the **real** world.	彼女は実社会での経験がほとんどない。
It's very **dangerous** to exercise in this heat.	この暑さの中で運動するのはとても危険だ。

current [kə́ːrənt] □□ 1590	形 **現在の，今の**；最新の 名 流れ；電流；風潮 □ cúrrently 副 現在は，目下
final [fáɪnəl] □□ 1591	形 **最後の**；最終的な ▶ a final decision「最終的な決定」 名 決勝(戦)；米 期末試験 □ fínally 副 ついに；(一連の情報で)最後に；最終的に
obvious 発 [ɑ́(ː)bviəs] □□ 1592	形 **明らかな** TG **It is obvious** (**to** ～) (**that**) .... 「…であることは(～にとって)明らかだ」 □ óbviously 副 明らかに
fair [feər] □□ 1593	形 (状況的に)**妥当な，適正な**；公平[公正]な TG **It is fair to** *do*.「…するのが妥当だ[正しい]」 ▶ *be* fair to ～「～にとって公平だ」 名 見本市，フェア □ fáirly 副 かなり；公正に
proud [praʊd] □□ 1594	形 **誇りに思って**；プライドの高い TG *be* **proud to** *do*「…することを誇りに思う」 ▶ *be* proud of ～ [that ...] 「～を[…であることを]誇りに思う」 □ próudly 副 誇らしげに □ pride 名 誇り；プライド，自尊心
anxious [æŋkʃəs] □□ 1595	形 **切望して**；心配して，不安で TG *be* **anxious to** *do* 「…することを切望している」 ▶ *be* anxious for ～ [that ...] 「～を[…ということを]切望している」 ▶ *be* anxious about ～「～のことを心配している」
impossible [ɪmpɑ́(ː)səbl] □□ 1596	形 **不可能な**(⇔ possible ➡1507) TG **It is impossible** (**for** ～) **to** *do*. 「(～が)…することは不可能だ」

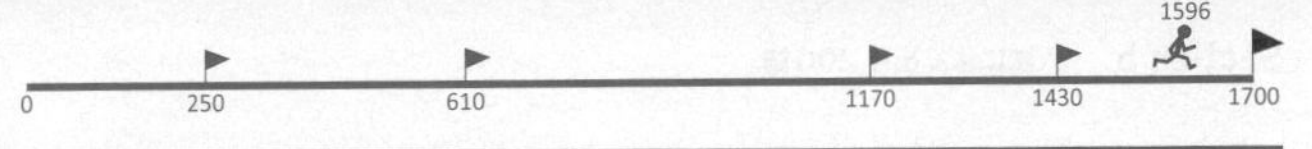

They're struggling to change the **current** social situation.	彼らは現在の社会情勢を変えようと奮闘している。
The peace process is in its **final** stages.	その和平プロセスは最終段階にある。
It was **obvious** to us that he was hiding something.	彼が隠し事をしているのは私たちには明らかだった。
It's **fair** to rely on him for this matter.	この件では彼に頼るのが妥当だ。
I'm **proud** to be a member of this group.	私はこのグループの一員であることを誇りに思います。
I'm **anxious** to know what she's going to do.	私は彼女が何をするつもりなのかとても知りたい。
It was almost **impossible** for me to understand his explanation.	彼の説明を理解するのは私にはほぼ不可能だった。

opposite ㋐ [ɑ́(:)pəzɪt] □□ 1597	形 **反対側の，向かい側の**；(正)反対の TG **on the opposite side of** ～「～の反対側に」 ▶ opposite to ～「～とは正反対で」 前 ～の向かい(側)に □ oppóse 動 に反対する
terrible [térəbl] □□ 1598	形 **ひどい，恐ろしい**(≒ awful ➡452) ▶ You look terrible.「顔色が悪いよ」 □ térribly 副 ひどく；関 とても
thick [θɪk] □□ 1599	形 **厚い**(⇔ thin「薄い」➡887)；濃い TG *be* ～ **centimeter(s) thick**「厚さ～センチだ」 ▶ thick clouds [fog]「厚い雲[濃い霧]」
narrow [nǽroʊ] □□ 1600	形 (幅が)**狭い，細い**；辛うじての，ぎりぎりの TG **a narrow street** [**path / passage**] 「狭い通り[小道／通路]」

副詞・接続詞

actually [ǽktʃuəli] □□ 1601	副 **実際に**；(いや)実は，実のところ ▶ 文修飾。前述内容を追加補強したり，訂正・対比補強したりする。in (actual) fact ➡1414 ▶ "Hi there, Satomi!"「あら，こんにちは，サトミ」 "Hello. Ah... my name is Satoko, actually." 「こんにちは。ええと，実は私の名前，サトコなの」 □ áctual 形 実際の，現実の
especially [ɪspéʃəli] □□ 1602	副 **特に，とりわけ**；(理由を強調して)特に(～のため) ▶ 文頭には置かず，強調する語(句)や節の前に通例置く。主語の修飾では，主語の後に置くことに注意。 We all miss you. He especially wants to see you. 「私たちは皆あなたがいなくて寂しいです。特に彼はあなたに会いたがっています」 ▶ especially for ～「特別に～のために」
perhaps [pərhǽps] □□ 1603	副 **もしかしたら(…かもしれない)** (≒ maybe ➡184)；(控えめに提案して)もしよければ ▶ 文修飾。文頭で通例用いる。 ▶ Perhaps you'd like to come with us. 「よろしければ私たちと一緒にいらしたらいかがですか」

The park is on the **opposite** side of this river.	その公園はこの川の反対側にあります。
Why did he say such a **terrible** thing?	彼はなんであんなひどいことを言ったのだろう？
This laptop is only about one centimeter **thick**.	このノートパソコンは厚さがわずか約１センチしかない。
We walked along the **narrow** mountain path to the rest area.	私たちは細い山道を休憩所まで歩いて行った。

She's really mad at me. **Actually**, we haven't talked for days.	彼女は私に本当に怒っている。実際，何日も話していない。
The tourist attraction is crowded with visitors, **especially** in spring.	その観光名所は，特に春は観光客で混雑する。
Perhaps he got lost on the way.	もしかしたら彼は途中で道に迷ったのかもしれない。

fortunately [fɔ́ːrtʃənətli] □□ 1604	副 **幸運にも**(⇔ unfortunately「不幸にも」) ▶ 文修飾。
less [les] □□ 1605	副 **より少なく** TG **less than** ～「～より少なく」 ▶ in less than ten minutes「10分たたずに」 形 より少ない[小さい]　名 より少ない量の物
least [liːst] □□ 1606	副 **最も～でない**；最も少なく(…する) 名 最小(の数・量) ▶ at least ➡ 1154 形〔the least ～〕最も～でない
abroad 発 [əbrɔ́ːd] □□ 1607	副 **外国に[で]** TG **study abroad**「留学する」 ▶ go [travel] abroad「外国に行く[旅行する]」 ▶ have been abroad「外国に行ったことがある」
overseas [òuvərsíːz] □□ 1608	副 **海外へ[に，で]**(≒ abroad) TG **a student from overseas** 「海外からの学生，留学生」 (= an overseas student ▶このoverseasは形容詞) ▶ live [work] overseas「海外に住む[で働く]」 形 海外の
rather ア [rǽðər] □□ 1609	副 **むしろ**；いくぶん TG ***A* rather than *B*** 「BよりもむしろA；BではなくてA」 ▶ AとBは文法的に同等の形を用いる。 ▶ I prefer *to play* sports rather than *watch* [*watching*] them.「私はスポーツは見るよりもする方が好きだ」(to不定詞句の場合，thanの後はふつうtoを付けないか動名詞の形) ▶ would rather *do*「むしろ…したい」
probably [prɑ́(ː)bəbli] □□ 1610	副 **たぶん(…だろう)** ▶ そうなる可能性が高いことを示唆。

I was late, but **fortunately** I made it on time.	私は遅れていたが，幸いにも時間通り間に合った。
It'll take **less** than three minutes to complete the survey.	そのアンケート調査は3分足らずで済みますよ。
I think she's the **least** suitable for the role.	彼女はその役に最もふさわしくないと思う。
He is preparing to study **abroad**.	彼は留学（＝外国で勉強する）の準備をしている。
Universities in America attract a large number of students from **overseas**.	アメリカの大学は非常に多くの留学生（＝海外からの学生）を引きつけている。
I'd prefer to go in March **rather** than in April.	私は4月よりもむしろ3月に行く方がよいです。
We'll **probably** have to wait an hour or so.	私たちはたぶん1時間かそこら待つことになりそうですね。

easily [í:zɪli] □□ 1611	副 **たやすく，簡単に**(≒ with ease ➡1672) TG ***be* easily understood**「理解しやすい」 ▶ get tired easily「疲れやすい」 □ éasy 形 容易な，簡単な；気楽な □ ease 名 容易さ；気楽さ
quite 発 [kwaɪt] □□ 1612	副 **かなり**；まったく，すっかり TG **quite a** [**the** / **some**] ～「かなりの～」 ▶ "～" は〈(形容詞＋)名詞〉。 ▶ quite an adventure ➡781 ▶ quite a lot [bit / few]「かなり，だいぶ」➡403, 1332 ▶ *be* quite different「まったく異なる」
exactly [ɪgzǽk*t*li] □□ 1613	副 **正確に，まさに**；正確には； (返答)その通り TG **exactly what ...**「まさに…な物[事]」 ▶ exactly a week ago「ちょうど1週間前に」 ▶ What [When] exactly ...?「正確には何を[いつ]…か」 ▶ not exactly「厳密には[必ずしも]…でない」(部分否定)；「ちょっと違います，そうでもない」(否定) □ exáct 形 正確な，まさにその
instead ア [ɪnstéd] □□ 1614	副 **その代わりに**，そうではなくて ▶ instead of ～ ➡1665
immediately [ɪmí:diətli] □□ 1615	副 **直ちに**(≒ right away [off] ➡1419)； 直接に，じかに ▶ immediately after [before] ～「～の直後に[直前に]」 □ immédiate 形 即座の
somewhere ア [sʌ́m*h*wèə*r*] □□ 1616	副 **どこかに[へ，で]** TG **somewhere in** ～「～(の中)のどこかに」 ▶ somewhere else「どこか他に[へ，で]」 ▶ ～ or somewhere「～かどこか」 代 どこか ▶ somewhere to *do*「どこか…する場所」
gradually [grǽdʒuəli] □□ 1617	副 **徐々に，だんだんと**(⇔ suddenly ➡190)

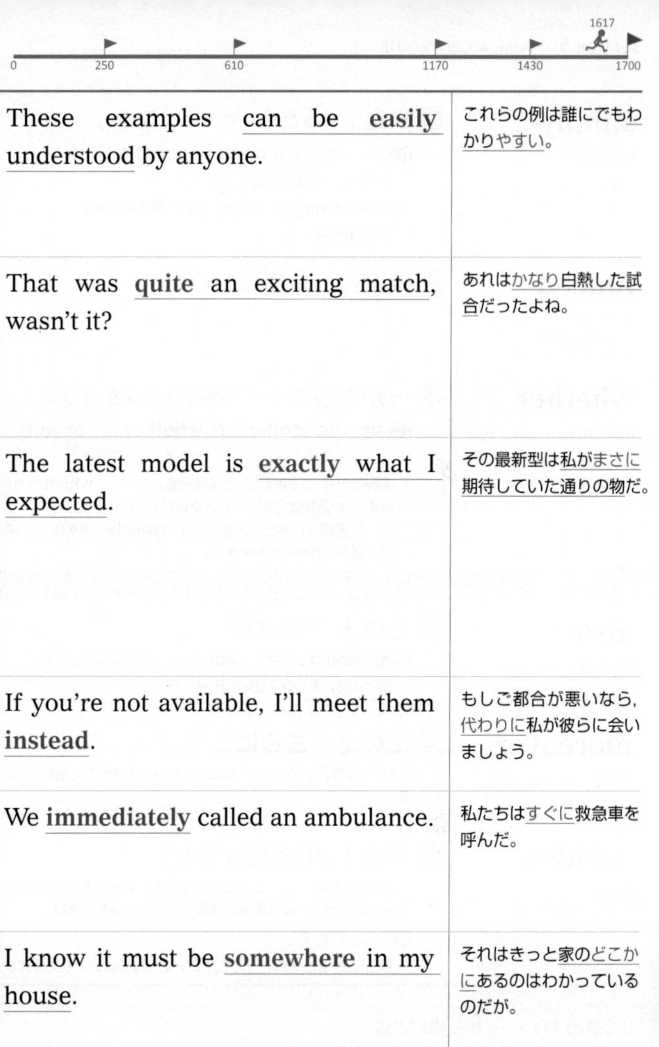

These examples can be **easily** understood by anyone.	これらの例は誰にでもわかりやすい。
That was **quite** an exciting match, wasn't it?	あれはかなり白熱した試合だったよね。
The latest model is **exactly** what I expected.	その最新型は私がまさに期待していた通りの物だ。
If you're not available, I'll meet them **instead**.	もしご都合が悪いなら，代わりに私が彼らに会いましょう。
We **immediately** called an ambulance.	私たちはすぐに救急車を呼んだ。
I know it must be **somewhere** in my house.	それはきっと家のどこかにあるのはわかっているのだが。
The earth is **gradually** becoming warmer and warmer.	地球は温暖化が徐々に進んでいる。

simply [símpli] □□ 1618	副 **単に**；まったく，とても；簡単に TG ***be* simply a matter [question] of ～** 「単に～の問題だ」 ▶ to put it simply / simply put「簡単に言えば」 □ simple ➡ 439
indeed [ɪndíːd] □□ 1619	副 **確かに，本当に**；実に
whether [*h*wéðə*r*] □□ 1620	接 **…かどうか**；…であろうとなかろうと TG **decide [consider] whether ... (or not)** 「…であるかどうかを決める[検討する]」 ▶ 名詞節のif ... (or not)とほぼ同意。ただし，whether *or not* ...の語順は可だが，ifは直後にor notを続けない。また，前置詞の目的語や主語としてはwhether節を使う。補語も通例whether節を使用。

接続表現

also [ɔ́ːlsoʊ] □□ 1621	副 **その上**；～もまた 【情報の追加】同じ文中で，and alsoの形でも用いられる。 ▶ not only *A* but (also) *B* ➡ 246
moreover 発 アク [mɔːróʊvə*r*] □□ 1622	副 **その上，さらに** 【情報の追加】同じ文中で，and moreoverの形でも用いられる。
besides [bɪsáɪdz] □□ 1623	副 **その上(何と言っても)** 【情報の追加】副詞として接続詞的な働きをするときは，直後にコンマを付ける。より重要な情報を追加する場合が多い。 前 ～に加えて ▶ besides me「私に加えて」(コンマを付けないことに注意)

接続表現 (1) ―― 接続表現とは

英語の文章，つまりまとまりのある話題では，文と文とのつながりや，まとまり全体の構造が明快に示されている。「また」「しかし」「例えば」など，つながりが明快だと，相手の意図を正しく，効率よく理解でき，そして言いたいことをより正しく伝えられる。

つながりの働きをするこの語(句)のことを，本書では「接続表現」と称しておく(ディスコースマーカー(discourse marker)とも呼ばれている)。「その上」「要は」など，文脈の方向性を決める指標のようなものと理解しておけばよい。

It's not **simply** a matter of money.	それは単にお金の問題ではない。
He admitted there was **indeed** a serious mistake in the report.	彼はその報告書には確かに重大な間違いがあることを認めた。
We need to decide **whether** we'll accept it or not.	私たちはそれを受け入れるかどうかを決める必要がある。

I don't like its design. **Also**, it's too expensive.	私はそのデザインが好きではない。その上，値段が高すぎる。
The hotel is in a good location. **Moreover**, their service is perfect.	そのホテルはよい場所にある。その上，サービスは申し分ない。
I have no time. **Besides**, I'm not that interested in it.	私には時間がありません。おまけに，それほどそれに興味がないのです。

この接続表現は実に多く存在し，また1つの語（句）でも複数の働きを持つこともある。接続表現は一般的に，話題の前後関係・方向性ごとに，すなわち機能ごとに語（句）がまとめられている。代表的なものをpp.458〜459, 462〜463に掲載した。

本書では，単語（1621〜1630）と熟語（1680〜1700）で集中的に取り上げている。そのほかターゲットフレーズなどにも使用している場合もある。これら表現の機能と，例文での具体例を結びつけ，使いこなせるようになってほしい。

though 発 [ðoʊ] □□ 1624	副 **でも，だけど**(≒ however) 【情報の追加】前述の内容と対比的な情報を追加する働き。口語に多く，通例は文末にコンマ付きで添える。although(➡ 1626)にこの用法はない。 ▶ even though ➡ 1677 接 …だけれども；(もっとも)…なのだが ▶【対比・逆説】(≒ although)
however ア [haʊévər] □□ 1625	副 **しかしながら**；どんなに…でも 【対比・逆説】前述の内容と対比的な内容を強意的に述べる指標。独立した文と文をつなぐ。接続詞butのように，節と節をつなぐことはできないことに注意。 He's happy with it, but I'm not. 「彼はそれに満足しているが，私はしていない」
although ア [ɔːlðóʊ] □□ 1626	接 **…だけれども，…にもかかわらず**；(もっとも)…なのだが 【対比・逆説】thoughよりも堅い語。 ▶ She won't be back today, although I'm not sure. 「彼女は今日は戻らないよ，よくわからないけど」(≒ but)

接続表現 (2) ── 4 技能での活用

接続表現は，いわゆる英語の4技能で全方位的に重要な役割を果たしている。

1. リーディング

文章中の筆者の主張やその根拠，具体例は何か，論理はどう展開しているのかなどの把握は，とても重要だ。限られた時間で長い文章を読む場合，同質の調子で読み進めても効果的な読み取りや把握は困難だろう。文章を効率よく，緩急つけて読み取るキーとなるのが接続表現なのだ。

2. リスニング

発話を聞き取るとき，リーディングのように文章を戻って理解することはもちろんできない。聞こえてくる言葉の流れをそのまま受け止めながら，特に要点を押さえるためには，接続表現への意識がやはり重要だ。この表現を押さえられれば，「この先は何か具体的な例が続く」「何か対照的な話が来る」など，話の方向性を先読みして聞く準備ができるからだ。先読みのこの心構えは，聞き取って理解するときの負担を減らし，聞き取れる分量を効率よく増やすことにもつながる。

I heard it's delicious. I haven't tried it, **though**.	それはおいしいらしいね。私は食べたことがないけど。
He was happy with it. Soon after that, **however**, his attitude changed.	彼はそれに満足していた。しかしそのすぐ後で，彼の態度が変わった。
Although they were all in top form, they lost the game.	彼らは全員ベストコンディションだったけれども，試合に負けた。

3. ライティング

英語の文章作成では，一定の構造・体系で構成することが求められる。文章全体の典型的な構成について知っておくこと，そして個々のまとまりにおける文脈を適切に組み立てる技能が，安定した文章に仕上げる土台となる。

後者の技能として，個人的な意見を述べる，客観的な情報を示す，その根拠を示したり列挙したりするなどは代表的だろう。読み手を戸惑わせず，明快な文脈を備えるためには，接続表現の活用が欠かせない。

4. スピーキング

自分の発話が相手に伝わっていないと感じることは，よくあることだ。その場合，「つまり」「言い換えると」「例えば」などと補足して，より正しく伝えようとすることが大切である。自分の発話を調整しながら，伝えたいことに近づけていけばよいのだ。

また，相手の発話に適切かつ即座に応じるには，相手の発話の要点をきちんと押さえておくことが大前提となる。そのためにも，「先読み」をしながら効率よく聞き取ることの大切さ，接続表現の大切さは通底していると言える。

true [truː] □□ 1627	形 **本当の，真実の** TG **It is true (that) ～, but ....**「確かに～だが，…」 【譲歩】that節内の話題を「そうである」(true)と認めつつ，but以下でその対極的な主張を述べる構文。相手の発話を受けて，True, but ...「確かにそうだが，…」と展開することもある。 ▶ a true story「実話」 ▶ true or false「正しいか誤りか」 ▶ come true ➡ 202
because [bɪkʌ́ːz] □□ 1628	接 **なぜなら，…なので** TG **This is because ....** 「これは…だからです，なぜかと言うと…」 【原因・理由】前文の理由を述べる表現。That [This] is why ....「だから…」は，原因である前文の結果として生じることを表す。 ▶ probably [simply] because ...「たぶん[単に]…なので」 ▶ Because ....「なぜなら…」(Why ...?「なぜ…」への応答) ▶ because of ～ ➡ 1694
therefore アク [ðéərfɔ̀ːr] □□ 1629	副 **したがって，それゆえ** (≒ as a result ➡ 1698) 【結果・結論】論理的な結論を述べるときの指標。同じ文中で，and thereforeとする場合もある。
anyway [éniwèɪ] □□ 1630	副 **いずれにしても** (≒ in any case [event] ➡ 1699)；**(それは)ともかく；さて，では** 【要点】前述の内容を補って，より重要な話題や要点を述べるときの指標。ほかに，話題を元に戻すとき(「それはさておき」)，話題を変えるとき(「さて」)，話を終えるとき(「では」)にも用いる。 ▶ Anyway, I must leave now.「では，おいとまします」

It's **true** e-money is useful, but we should be aware of its risk.	確かに電子マネーは便利だが，その危険性は認識しておく必要がある。
This is probably **because** they don't know how to do it.	これはたぶん，彼らがそのやり方を知らないからだ。
Their budget was tight, and **therefore** they couldn't afford it.	彼らの予算は限られており，それゆえそれを買う余裕などなかった。
There's no need to finish today. **Anyway**, we still have three days.	今日中に終わらせる必要はありません。いずれにしても，私たちにはまだ 3 日あります。

一般動詞を含む熟語

bring about ～ / bring ～ about □□ 1631	**～を引き起こす，もたらす** (≒ cause ➡1364)
catch up (with ～) □□ 1632	**(～に)追いつく** ▶ 能力や水準の面で「追いつく」ことも表す。
check out ～ / check ～ out □□ 1633	**～を調べる**；～に注目する ▶ Check it out!「要チェック！」 ▶ check out ➡97
deal with ～ □□ 1634	**～に対処する，処理する**； ～を扱う；～と取引する
end up *doing* □□ 1635	**最終的には…することになる** ▶ 〈end up + 副詞句〉「最終的に～の状態で終わる」の表現。*doing*のほか，with ～「～で」，as ～「～として」などもよく使われる。
figure out ～ / figure ～ out □□ 1636	**～を理解する，解決する**； ～を計算する ▶ I can't figure him out.「彼を理解できない」
fill in ～ / fill ～ in □□ 1637	(必要な情報を)**～に記入する** ▶ fill in the blanks [blank spaces]「空欄を埋める」
get rid of ～ □□ 1638	**～**(不要な物)**を処分する，取り除く**；～(不快な状況など)から脱する ▶ get rid of a bad habit「悪習慣を断つ」
have *A* in common (with *B*) □□ 1639	**(Bと)共通のAを持つ** ▶ "A" はほかにsomething, a lot, muchなどで「共通点がいくらか[たくさん]ある」の意味。
keep up with ～ □□ 1640	**～に(遅れずに)ついて行く**； ～(情報・流行など)について行く ▶ 移動速度，進行，変化などの点で，同じ程度を維持するという意味。

What **brought about** a change in her attitude?	何が彼女の態度に変化をもたらしたのですか。
We'll **catch up with** him in a moment.	私たちはすぐに彼に追いつきますよ。
I suggest you **check out** the prices in advance.	価格を事前に調べておくことをお勧めします。
They need to **deal with** the problem quickly.	彼らは早急にその問題に対処する必要がある。
I **ended up** wasting her time.	私は結局彼女の時間を無駄にしてしまった。
Can you **figure out** how to operate this?	これの操作の仕方がわかりますか。
Please **fill in** this application form.	この申込用紙に記入してください。
She had trouble **getting rid of** a computer virus.	彼女はコンピューターウイルスを除去するのに苦労した。
I **have nothing in common with** those people.	私はそういった人々と何の共通点もない。
Not all of us can **keep up with** the class.	私たち全員が授業について行けるわけではない。

look to *A* (for *B*) □□ 1641	**Aに(Bを)期待する, 当てにする；** **Aに注意を払う** ▶ "A" には通例「人」が来る。 ▶ look to ～ to *do*「～が…するよう期待する」
make sense □□ 1642	**意味を成す, 理解しやすい；** **道理にかなう, 賢明である** ▶ It makes sense to *do*. 「…するのは賢明だ[道理にかなっている]」
make sure (that) ... □□ 1643	**…(ということ)を確かめる；** **確実に…であるようにする** ▶ Please make sure no one enters the room. 「(確実に)誰も部屋に入らないようにしてください」 ▶ make sure of ～ 「～を確かめる；～を確実なものにする」
make up for ～ □□ 1644	**～の埋め合わせをする, ～を償う** ▶ make up for lost time「遅れを取り戻す；(かつて)失った時間を取り戻す」
make up *one's* mind □□ 1645	**決心する**(= make *one's* mind up) ▶ make up *one's* mind about ～ [to *do*] 「～について[…しようと]決心する」
never fail to *do* □□ 1646	**必ず…する**
result in ～ □□ 1647	**～という結果になる** ▶ result from ～「～の結果として生じる」 ▶ *S* results in *A*は,「Sを原因として生じる結果がA」, *S* results from *B*は,「Sの原因がBにある」の意味。
set off (for ～) □□ 1648	**(～に向けて)出発する** ▶ set off ～ / set ～ off 「～を(意図せず)引き起こす；～を作動させる」
set out to *do* □□ 1649	(目的をもって)**…し始める,** **…しようと試みる** ▶ set out (for ～)「(～に向けて)出発する」 ▶ set out on a journey「旅に出る」

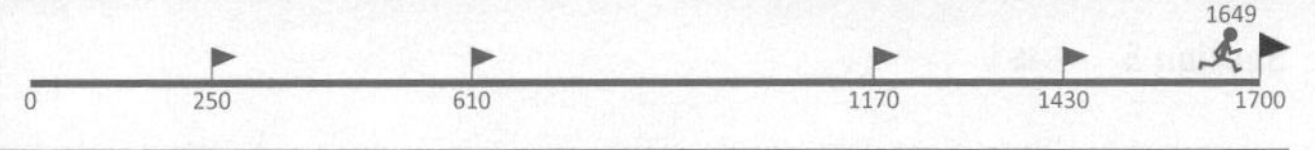

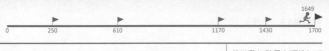

He's **looking to** me **for** advice.	彼は私に助言を期待している。
The last two sentences don't **make** any **sense** to me.	最後の２文は私にはさっぱり理解できない。
Did you **make sure** you locked the door?	ドアに鍵をかけたか確かめましたか。
Let me pay for this to **make up for** being late.	遅れた埋め合わせに，これは私に支払わせてください。
She **made up her mind** to study abroad.	彼女は留学しようと決心した。
You **never fail to** make me smile.	君はいつも私を笑顔にしてくれるね。
Their efforts **resulted in** the development of new drugs.	彼らの努力は新薬の開発という結果に至った。
We **set off for** the next destination.	私たちは次の目的地へと出発した。
He **set out to** write his first novel.	彼は自身初の小説執筆に着手した。

set up ~ / set ~ up □□ 1650	**~(事業など)を始める，設立する**；~を組み立てる ▶ set up a company「会社を設立する」
stay up □□ 1651	**(寝ないで)起きている**(≒ sit up) ▶ stay up late [all night]「夜遅くまで[一晩中]起きている」
take advantage of ~ □□ 1652	**~(機会など)を利用する**；~(人)につけ込む ▶ take advantage of ~ to *do*「~を利用して…する」
take in ~ / take ~ in □□ 1653	**~(人)をだます**；~を摂取する ▶ *be* taken in by ~「~にだまされる」と受け身形でよく用いられる。
take over ~ / take ~ over □□ 1654	**~(職務・責任など)を引き継ぐ**；~(会社など)を買収する
turn down ~ □□ 1655	**~を拒む，断る**；~(音量など)を小さくする ▶ turn down the TV「テレビの音量を下げる」

副詞・前置詞の働きをする熟語

according to ~ □□ 1656	**~によれば**；~に従って ▶ 情報源を表す"~"には，第三者に当たる語句を用いる。話者自身の場合は，通常in my opinionなどの表現が適切(➡ 1663)。
at [from] a distance □□ 1657	(場所的に)**離れた所に[から]**；(時間的に)ずっと後で
by means of ~ □□ 1658	**~によって，~を用いて** ▶ 手段を表す表現。
for a moment □□ 1659	**少しの間** ▶ at the moment, in a moment ➡ 1560

The overseas students will **set up** their own business in Japan.	その留学生たちは日本で自分たちの会社を興すつもりだ。
I had to **stay up** late three days in a row.	私は3日続けて夜遅くまで起きていなければならなかった。
We'd better **take** full **advantage of** the opportunity.	私たちはその機会を最大限活用するべきだ。
Don't be **taken in** by those ads.	そうした広告にだまされてはいけない。
She got promoted and **took over** his position.	彼女は昇進して彼の職を引き継いだ。
I don't know why he **turned down** our invitation.	彼がなぜ私たちの誘いを断ったのかわからない。

According to his mother, he's in the hospital.	彼の母親によると，彼は入院しているそうだ。
I can't tell the difference **at a distance**.	離れた所ではその見分けがつかない。
He explained to them **by means of** sign language.	彼は手話を使って彼らに説明した。
She thought **for a moment** and replied to me.	彼女は少しの間考えて，私に返答した。

in a [one] sense □□ 1660	**ある意味では**(≒ in a [one] way ➡1412)
in case of ~ □□ 1661	**(もし)~の場合は**；~に備えて ▶ in the case of ~「~に関しては」 ▶ (just) in case ...「(もし)…である場合には；…である場合に備えて」
in contrast to [with] ~ □□ 1662	**~とは対照的に** ▶ in [by] contrast「対照的に」(前述の内容と対照的に異なることを導く。(on the other hand ➡1692))
in *one's* opinion [view] □□ 1663	**~の考え[意見]では** ▶ in the opinion of ~「~の考えでは」 ▶ according to ~ ➡1656
in terms of ~ □□ 1664	**~の観点から**(= in ~*'s* terms)
instead of ~ □□ 1665	**~の代わりに，~ではなくて** (≒ in place of ~ / in ~*'s* place ➡1162)
next to ~ □□ 1666	(位置などが)**~の隣に**；(順序などが)~に次いで；〔否定表現で〕ほとんど~で ▶ know next to *nothing*「ほとんど何も知らない」
no more than ~ □□ 1667	**わずか~，たった~**；~にすぎない ▶ 数量の少なさを強調する表現(≒ not more than ~)。反意表現はno less than ~「~(ほど多く)も」。
nothing but ~ □□ 1668	**ただ~だけ** ▶ "~" は名詞，動名詞，原形不定詞。 He did nothing but *complain*. 「彼はただ不平を言うばかりだった」(原形不定詞)
out of order □□ 1669	(機械などが)**故障して，調子が悪い**；順序が乱れて

What he says is true, **in a sense**.	彼の言っていることは，ある意味本当だ。
In case of rain, the event will take place indoors.	雨天の場合，行事は屋内で行われます。
The results of their experiment were **in contrast to** ours.	彼らの実験結果は私たちのとは対照的だった。
In my opinion, she's the most suitable.	私の考えでは，彼女が最もふさわしいと思います。
In terms of performance, this would be a better choice.	性能の点では，こちらの方がよい選択でしょう。
How about going by train **instead of** by bike?	自転車ではなくて電車で行かない？
The ATM is right **next to** the exit.	ATMなら出口のすぐ隣にありますよ。
The beach is **no more than** three minutes walk away.	その浜辺はわずか 3 分歩いたところにある。
I have **nothing but** praise for them.	彼らには賞賛の言葉しかない。
The restroom on this floor is **out of order**.	この階のトイレは故障中だ。

regardless of ~ □□ 1670	**~に関係なく，かまわず** ▶ regardless of whether ... 「…かどうかに関係なく」
to make matters worse □□ 1671	**さらに悪いことに**
with ease □□ 1672	**容易に**(≒ easily → 1611) ▶ at ease「気楽に，くつろいで」 feel at ease「くつろぐ」

形容詞・接続詞・その他の働きをする熟語

a variety of ~ □□ 1673	**いろいろな~** ▶ "~" には複数名詞を用いる。
as ~ as possible [*one* can] □□ 1674	**できるだけ~** ▶ "~" には副詞や〈形容詞(+名詞)〉を用いる。 need as *many people* as possible 「できるだけ多くの人を必要とする」 ▶ 右の例文は，... as soon as *you can* とも表せる。
as if [though] ... □□ 1675	**(まるで)…である(かの)ように** ▶ if [though] 節内は，話者が事実であると見なせば直説法。事実ではない，ありそうにないことの仮定であれば，仮定法(過去形，過去完了形)で表す。 He talks as though he *knew* it. 「彼はまるでそれを知っているかのように話す」
by the time (that) ... □□ 1676	**…するまでに(は)** ▶ that 節内は未来の内容でも現在形で表す。
even if ... □□ 1677	**たとえ…だとしても** ▶ even though ...「(実際に)…であっても」 Even though they argue all the time, they trust one another.「彼らは口論ばかりしているものの，お互いを信頼し合っている」
now (that) ... □□ 1678	**今や…だから，…である以上は**

Everyone can enjoy the exhibit **regardless of** age.	年齢に関係なく誰もがその展示会を楽しめる。
To make matters worse, she had her purse stolen.	さらに悪いことに，彼女はハンドバッグを盗まれた。
I could solve those problems **with** relative **ease**.	私はそれらの問題を比較的簡単に解けた。
A wide **variety of** local foods can be found there.	そこでは実にさまざまな地元の食べ物に出会える。
I need you to return it **as** soon **as possible**.	君にはできるだけ早くそれを返してほしいのだけど。
He looks **as if** he's very satisfied with the service.	彼はサービスにとても満足しているようだ。
By the time I'm thirty, I'd like to have my own house.	30歳までには，自分の家を持ちたいと思います。
Even if she forgives me, I won't forgive myself.	たとえ彼女が私を許してくれても，私は自分を許せないだろう。
Now that we're all here, let's get started.	それではみんな揃ったので，始めましょう。

the moment [minute] (that) ... □□ 1679	**…するとすぐに**
接続表現	
by the way □□ 1680	**ところで，それはそうと** 【① 話題の導入・転換】目下の本題と直接は関係のない話題を切り出すときの表現。
as for ～ □□ 1681	**～については，** **～はどうかと言えば** 【② 話題の焦点・関連】
in general □□ 1682	**一般に，概して**；〔名詞の後で〕一般の 【③ 話題の一般化】 ▶ people in general「一般の人々」 ▶ generally speaking「一般的に言って」
on the whole □□ 1683	**全体的に見て** 【③ 話題の一般化】 ▶ as a whole「〔名詞の後で〕全体として(の)」 the country as a whole「国全体」
for example [instance] □□ 1684	**例えば** 【④ 例示】省略形はe.g.。話題にちなんだ具体的な例を示す。

接続表現 (3) ―― 具体例 1.

① **話題の導入・転換**
now「さて」，by the way(➡1680)

② **話題の焦点・関連** ―― 話題に関連した，別の新しい話題に焦点を当てる。
as [so] far as ...(➡1423)，with [in] regard to ～(➡1517)，regarding (➡1517)，as for ～(➡1681)

③ **話題の一般化** ―― 話者が一般的であると見なしている内容を述べる。
in general(➡1682)，generally speaking(➡1682)，on the whole(➡1683)

④ **例示** ―― 前述内容に関する，(特定の)具体的な例を示す。
A such as *B*(➡241), especially(➡1602), for example [instance] (➡1684), e.g.(➡1684)，in particular(➡1685)，：(コロン)

⑤ **言い換え** ―― 前述内容を，別のよりわかりやすい，またはより正確な言い方で言い直す。相手の発話から推測して，わかりやすく言い直す場合もある。

The moment I lay down, I fell asleep.	私は横になるとすぐに，寝入ってしまった。
I'm not sure if he knows it. By the way, where's he?	彼がそれを知っているかどうかは，よくわからないな。それはそうと，彼は今どこ？
As for myself, I prefer living in the country to the city.	私自身について言えば，都会よりも田舎に住む方が好きです。
In general, Japanese people are considered to be polite.	一般に，日本人は礼儀正しいと思われている。
On the whole, I'm in favor of his opinion.	全体としては，私は彼の意見に賛成です。
Green tea, for example, is a special product of our prefecture.	例えばお茶は，私たちの県の特産品です。

that is (to say) (➡1686), in other words (➡1687), or「すなわち」, :(コロン)

⑥ **情報の列挙** —— 複数にわたる一連の情報を示すとき，その全体の枠組みを意識させながら，順序立てて述べる。
first of all (➡1159), to begin [start] with (➡1688), in the first [second / last] place (➡1689), first(ly)「第一に」, second(ly) (➡515), lastly (➡1689)

⑦ **情報の追加** —— 前述内容と同系列の情報を追加する。より決定的な情報を追加する場合もある。
also (➡1621), moreover (➡1622), besides (➡1623), though (➡1624), not only *A* but (also) *B* (➡246), in addition (➡1690), *A* as well as *B* (➡1691), as well as that (➡1691)

⑧ **類似情報** —— 前述内容と同様の論点の話題を続ける。
similarly (➡1508), in the same way「同様に」

in particular □□ 1685	**特に，とりわけ**(≒ especially → 1602, particularly) 【④ 例示】特定の具体的事項に焦点を当てて示す。 ▶ "What's your plan tomorrow?" "Nothing in particular." 「明日の予定は？」「特に何もないよ」
that is (to say) □□ 1686	**すなわち，より正確に言えば** 【⑤ 言い換え】前述の内容を，よりわかりやすい，またはより正確な別の言い方で言い直す表現。 ▶ She's a musician, that is (to say), she plays the flute.「彼女は演奏家，より正確にはフルートを演奏している」
in other words □□ 1687	**言い換えると，つまり**，要するに 【⑤ 言い換え】前言をよりわかりやすく，または推測して言い直すときの表現。
to begin [start] with □□ 1688	**まず第一に**；最初は 【⑥ 情報の列挙】一連の情報を列挙する場合，最初の項目を提示するときの指標。 ▶ 状況経過の最初の段階を表す場合にも用いる。I regularly read it to begin with, but soon lost interest.「私は最初は定期的にそれを読んでいたが，すぐに興味がなくなった」
in the first place □□ 1689	**まず第一に**；そもそも 【⑥ 情報の列挙】in the second [third] place「第二[第三]に」と続け，最後は(and) lastlyと示す。 ▶ Why did you lie in the first place? 「そもそも何でうそをついたんだい？」 (この意味では通例文末で用いる)
in addition □□ 1690	**その上，さらに** 【⑦ 情報の追加】 ▶ in addition to ～「～に加えて」

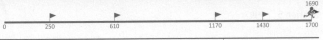

He has a good knowledge of modern art **in particular**.	彼は特に近代美術の知識が豊富だ。
She started it six years ago, **that is**, at the age of ten.	彼女は 6 年前，すなわち10歳の時にそれを始めた。
He's busy again? **In other words**, he doesn't want to come.	彼がまた忙しいって？つまり，彼は来たくないということだね。
For better communication, **to begin with**, learn to be a good listener.	よりよいコミュニケーションには，まず第一に，聞き上手になること。
There are three reasons for this. **In the first place**, it doesn't produce CO_2.	これには理由が 3 つあります。まず第一に，それは二酸化炭素を生み出しません。
In addition, she set up an NGO to support those children.	その上，彼女はそうした子供たちを支援するNGOを立ち上げた。

A* as well as *B □□ 1691	**BだけでなくAも** (≒ not only *B* but (also) *A* ➡246) 【⑦ 情報の追加】いずれも "A" の方に話者の焦点。 ▶ 右の例文のコンマはなくてもよい。また，As well as being a professor, he's a famous translator. の語順も可。 ▶ as well as that「それに加えて，その上」(≒ in addition ➡1690)
on the other hand □□ 1692	**他方では**(≒ while「…である一方」➡1357) 【⑨ 対比】on (the) one hand, ...「一方で，…」を先に述べて呼応させる場合も多い。 ▶ in contrast to [with] ～ ➡1662
in spite of ～ □□ 1693	**～にもかかわらず**(≒ 前despite) 【⑩ 対比・逆説】although(➡1626)やthough(➡1624)を用いる場合は，節で表す。
because of ～ □□ 1694	**～のために，～が原因で** 【⑫ 原因・理由】
on account of ～ □□ 1695	**～のために，～の理由で** 【⑫ 原因・理由】"～" は特に「困難」や「問題」など。

接続表現 (4) ── 具体例 2.

⑨ **対比** ── 前述内容とは視点を変えた内容を対比的に述べる。前後の内容は，どちらかを否定したり食い違ったりすることなく，対等の関係。
while (➡1357)，in [by] contrast (➡1662)，(on the one hand ...,) on the other hand (➡1692)

⑩ **対比・逆説** ── 前述内容に対する対比的な内容を，主張の焦点として強意的に述べる。
but「しかし」, yet「けれども」(➡1348), however (➡1625), although (➡1626), though (➡1624), in spite of ～ (➡1693)

⑪ **譲歩** ── ある論点や話題を「そうである」と認めて示しつつ，それとは対極にある(本来の)論点や話題を主張として展開する。
No doubt ～, but ... (➡1417)，It is true (that) ～, but .... (➡1627)，Certainly [Of course] ～, but ....「確かに[もちろん]～だが，…」

He's a famous translator, **as well as** being a professor.	彼は教授であるほかに，著名な翻訳家でもある。
This one is reasonable. **On the other hand**, that one is popular.	これは価格が手ごろだ。その一方で，あちらは評判がいい。
In spite of the bad weather, the outdoor concert was a great success.	悪天候にもかかわらず，野外コンサートは大盛況だった。
I couldn't concentrate on my study **because of** the noise outside.	外の騒音のせいで，勉強に集中できなかった。
I've been absent from school **on account of** illness.	私は病気のために学校を休んでいる。

⑫ **原因・理由**
because (➡1628)，now (that) ... (➡1678)，because of ～(➡1694)，on account of ～(➡1695)，due to ～(➡1696)，owing to ～(➡1696)，thanks to ～(➡1697)

⑬ **結果・結論** ── 前述内容から論理的に導かれる結論や結果を述べる。
therefore(➡1629)，as a result of ～(➡1479)，as a result(➡1698)，so「だから」

⑭ **要点** ── 前述内容を補完して，より重要な話題や要点を述べる。
anyway(➡1630)，in any case [event] (➡1699)

⑮ **要約** ── 前述の詳細な情報を簡潔にまとめる，結論づける。まとまった話や文章の最後に締めくくりとして用いる。
in short(➡1700)，in conclusion(➡1567)

due to ～ □□ 1696	**～のために，～が原因で** 【⑫ 原因・理由】because of ～ よりも堅い表現。 ▶ 類似表現のowing to ～ は，due to ～ のようにbe動詞の後には普通続けない。 Owing to the heavy snow, our flight was canceled. 「大雪のために，私たちのフライトは欠航となった」
thanks to ～ □□ 1697	**～のおかげで**；(批判的に)～のせいで 【⑫ 原因・理由】 ▶ Thanks to him, everyone knows the secret. 「彼のせいで，みんながその秘密を知っている」
as a result □□ 1698	**結果として** 【⑬ 結果・結論】同じ文中でand as a result「(そして)その結果」とする場合もある。 ▶ as a result of ～ ➡1479
in any case [event] □□ 1699	**いずれにしても**；とにかく 【⑭ 要点】 ▶ In any case [event], I'll give it a try! 「何はともあれ，やってみるよ！」 ▶ in that case「その場合は，もしそうなら」
in short □□ 1700	**要約すると，手短に言うと** 【⑮ 要約】 ▶ in conclusion ➡1567

The failure was **due to** a lack of preparation.	その失敗は準備不足が原因だった。
Thanks to her recommendation, I got the chance.	彼女の推薦のおかげで，私はその機会を得られた。
Our friendship developed, and **as a result**, I became interested in their culture.	私たちの親交は深まり，そしてその結果，私は彼らの文化に興味を持つようになった。
There're several ways, but **in any case**, this is the most effective.	いくつか方法はありますが，いずれにしても，これが最も効果的です。
In short, the book is ideal for English learners.	要するに，その本は英語の学習者にとって最適と言えます。

コラム⑤ 「時・期間」「位置・空間」を表す前置詞

□ **at** 「～(時刻)に」 ▶ at 8:00 p.m.

□ **on** 「～(曜日・日付)に」 ▶ on Friday ▶ on July 24

□ **in** 「～(年・季節)に」 ▶ in 2020 ▶ in summer

□ **before** 「～の前に」 ▶ the day before yesterday

□ **after** 「～の後に」 ▶ the day after tomorrow

□ **for** 「～の間」(任意の期間) ▶ for three days ▶ for a long time

□ **during** 「～の間」(特定の期間) ▶ during the night ▶ during the summer

□ **in** 「～(の期間)で；(今から)～後に」 ▶ in two weeks ▶ in an hour

□ **by** 「～までに(は)」(期限) ▶ Be here by noon.
「正午までにここに来なさい」

□ **until / till** 「～まで(ずっと)」(継続) ▶ I slept until noon.
「私は正午まで寝ていた」

□ **with** 「～と一緒に」

□ **by** 「～のそばに」

□ **beside** 「～の横に」

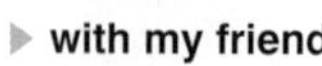

▶ with my friend

▶ by the tree

▶ beside the boy

□ between

「～(2者)の間に」

▶ between two people

□ among

「～(3者以上)の間に」

▶ among the people

□ along

「～に沿って」

▶ along the river

□ across

「～を横切って」

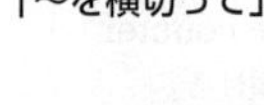

▶ across the river

□ through

「～を通り抜けて」

▶ through the tunnel

□ above

「～の上(の方)に」

▶ above the clouds

□ below

「～の下(の方)に」

▶ below the clouds

□ on

「～に(接して)」

▶ on the wall

□ over

「～の上に(広がって)」

▶ over the table

□ under

「～の下に」

▶ under the table

コラム⑥ 海外へ！（Let's go abroad!）

- □ **apply for a passport** 「パスポートを申請する」
- □ **get a visa** 「ビザ（入国査証）を申請する」
- □ **pack a suitcase** 「スーツケースを荷造りする」

- □ **go to the airport [the departure lobby]**
  「空港[出発ロビー]へ行く」
- □ **check your flight on the departure board**
  「出発掲示板で自分のフライトを確認する」
- □ **check in at the ticket counter**
  「カウンターでチェックインをする」
  - ▶ get your boarding pass「搭乗券を受け取る」
  - ▶ check your baggage at the counter
    「カウンターでスーツケースを預ける」
    （*cf.* carry-on baggage [hand baggage]「手荷物」）
- □ **change money** 「両替をする」
- □ **go to the departure gate** 「出国ゲートに行く」
- □ **go through baggage inspection** 「手荷物検査を受ける」
- □ **go through passport control** 「出国手続きを行う」
- □ **go to your boarding gate** 「搭乗ゲートに行く」
- □ **get on board the plane** 「飛行機に乗る」

"Would you like beef or fish?"
"I'll have fish, please."
「牛肉と魚のどちらがよろしいですか？」
「魚にします」

"What would you like to drink?"
"Coffee, please."
「お飲み物は何がよろしいですか？」
「コーヒーをお願いします」

- □ **fill out an immigration card** 「入国カードを記入する」

□ **line up for “foreigners” at immigration**

「入国審査で『外国人』の列に並ぶ」

□ **go through passport control**

「入国審査を受ける」

▶ tell the purpose of your visit 「訪問の目的を告げる」

▶ tell the place and period of your stay 「滞在先と滞在期間を告げる」

“What’s the purpose of your visit?”
“Sightseeing.”
「訪問の目的は？」
「観光です」

“How long will you be staying here?”
“Four days.”
「こちらにはどのくらい滞在予定ですか？」
「4日間です」

“Where are you staying?” “At my uncle’s place.”
「どちらにお泊まりですか？」「叔父の家です」

□ **go to the baggage claim and receive your suitcase**

「手荷物受取所でスーツケースを受け取る」

□ **go through customs** 「税関を通過する」

“Do you have anything to declare?” “No, nothing.”
「何か申告するものはありますか？」「いいえ，何もないです」

□ **check the local time and set your watch**

「時計を現地時間に合わせる」

□ **find transportation to your destination**

「目的地までの乗り物を調べる」

コラム⑦ 調理器具・料理 (Kitchen Utensils & Cooking)

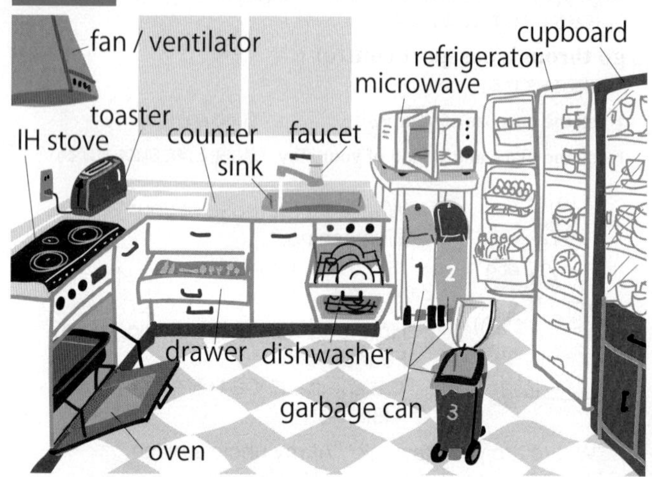

□colander

□peeler

□blender

□grater

How to Cook

□ stir-fry

□ boil

□ bake

□ steam

□ grill

□ roast

How to Cut Ingredients

□ chop

□ slice

□ dice

□ mince

□ mash

□ grate

コラム⑧ 日本の祝祭日と伝統行事 (National Holidays & Traditional Festivals / Events)

SPRING

March	▶ Doll's Festival / Girls' Festival	「ひな祭り」
	▶ Cherry-blossom viewing	「お花見」
	▶ **Vernal Equinox Day**	**「春分の日」**
April	▶ Entrance Ceremony	「入学式」
	▶ Opening Ceremony	「始業式」
	▶ **Showa Day**	**「昭和の日(4/29)」**
May	▶ **Constitution Memorial Day**	**「憲法記念日(5/3)」**
	▶ **Greenery Day**	**「みどりの日(5/4)」**
	▶ **Children's Day**	**「子供の日(5/5)」**

SUMMER

June	▶ the Rainy Season	「梅雨」
July	▶ Star Festival	「七夕」
	▶ **Marine Day**	**「海の日(第３月曜日)」**
	▶ Beach-opening Day	「海開き」
August	▶ **Mountain Day**	**「山の日(8/11)」**
	▶ Anniversary of the End of World War II 「終戦記念日(8/15)」	
	▶ Bon Festival	「お盆」

FALL / AUTUMN

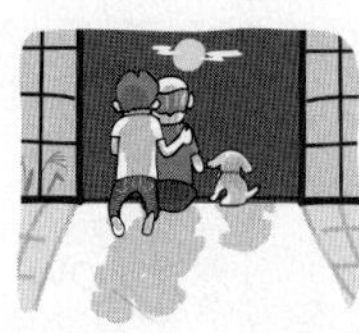

September ▶ Respect for the Aged Day
「敬老の日(第３月曜日)」
▶ Autumnal Equinox Day「秋分の日」
October ▶ Health and Sports Day 「体育の日(第2月曜日)」
November ▶ Culture Day 「文化の日(11/3)」
▶ Seven-Five-Three Festival「七五三」
▶ Labor Thanksgiving Day
「勤労感謝の日(11/23)」

WINTER

December ▶ New Year's Eve 「大晦日(12/31)」
January ▶ New Year's Day 「元日(1/1)」
▶ Coming-of-Age Day「成人の日(第２月曜日)」
February ▶ Bean-throwing Ceremony「節分」
▶ National Foundation Day
「建国記念の日(2/11)」
▶ Emperor's Birthday 「天皇誕生日(2/23)」

コラム⑨ 地形・災害・天気 (Landforms, Disasters & Weather)

Landforms

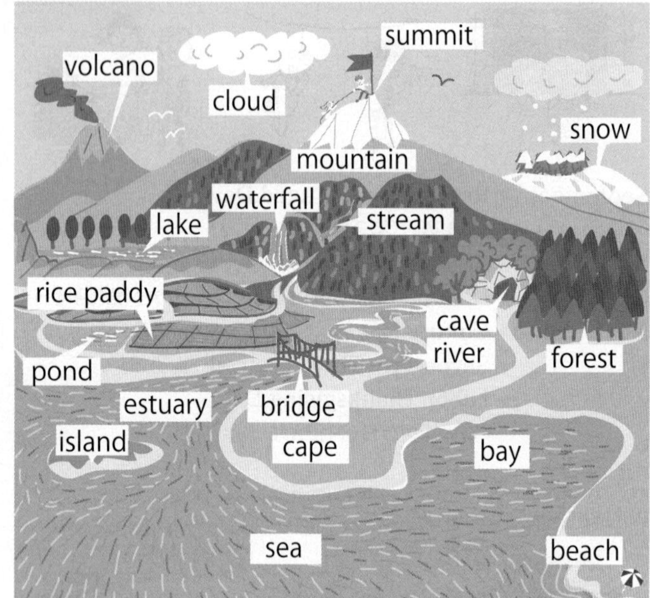

Natural Disasters

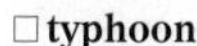

□typhoon

□earthquake

□tsunami

□flood

□landslide

□avalanche

Weather

□sunny

□cloudy

□rainy

□snowy

Temperature

hot - warm - comfortable [mild] - cool - cold [chilly] - freezing

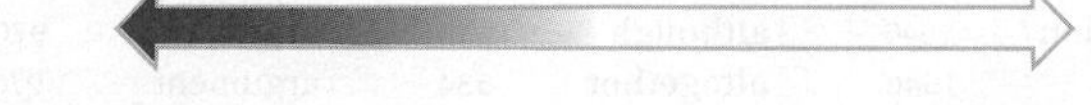

Humidity

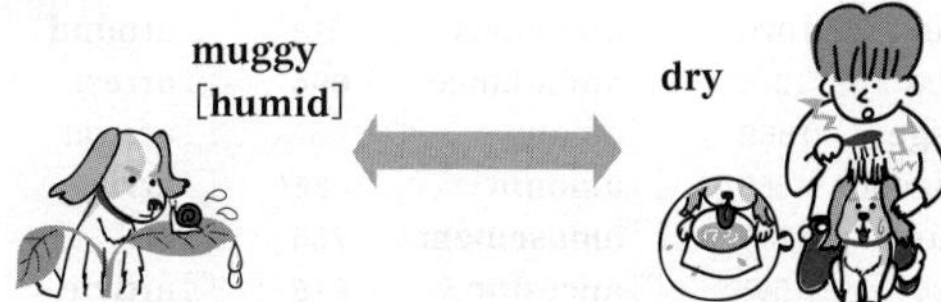

INDEX

・**太字**は見出し単熟語，**細字**は関連語・派生語，コラムや巻末に取り上げた単語を示す。
・黒の数字は**単熟語の番号**，青の斜体の数字は**ページ番号**を示す。

単語

A

B

D

E

F

O

P

S

U

V

熟語

A

B

C

K・L

M

N

O

ターゲット編集部

町田 智之（まちだ ともゆき）

室井美稚子（むろい みちこ）
清泉女学院大学教授

浦田 文夫（うらた ふみお）
元 埼玉県立高校教諭

装丁デザイン	及川真咲デザイン事務所
ペーパーイラスト制作・撮影	AJIN
本文デザイン	牧野 剛士
本文イラスト	駿高 泰子
	Ayumi Nishimura
編集協力	有限会社アリエッタ
校正・校閲	五十畑 真理子
	大磯 巖
	小林 美紀
	高橋 和良
	山本 知子
英文作成・校閲	Justin Roth
	Kosta Philipopolous
録音	株式会社巧芸創作
ナレーター	Julia Yermakov
	Josh Keller
	原田 桃子
組版所	幸和印刷株式会社
編集担当	嶋田 諭示

・〔英単語ターゲット1200・改訂版〕 S4h069